CHCĘ BYĆ KOCHANA
TAK JAK CHCĘ

zwierciadło

Katarzyna Miller
Ewa Konarowska

CHCĘ BYĆ KOCHANA TAK JAK CHCĘ

Mojej Mamie i Niani
– z pamięcią
Kasia

Moim Rodzicom, bez których by mnie TU nie było.
I moim Dzieciom: Stasiowi i Adelce
z miłością
Ewa

Spis treści

Chcę od niego wszystkiego

Ewa: Wygląda mi na to, Kasiu, że posiadłam umiejętność wchodzenia w związki, w których to facet decyduje o wszystkim.

Kasia: Wydawałoby się, że będzie z tego długo zadowolony, że jest taki ważny. Ale po jakimś czasie przestaje mu się to podobać.

Ewa: I nagle mówi mi: „To ty, mała, już sobie idź".

Kasia: Gdy on powiada: „Idź", nie wiadomo, co to tak naprawdę znaczy. Czy jest zmęczony, czy ma pracę, czy może ma ciebie dosyć?

Ewa: Dla mnie to znaczy: „Zaspokoiłaś już moje potrzeby i na razie mam cię dość".

Kasia: Ciekawe, co ty wtedy robisz?

Ewa: A co mam robić? Idę.

Kasia: I nic nie mówisz? Nie pytasz: „Dlaczego chcesz, żebym już poszła?".

Ewa: Nie, oczywiście tego nie robię.

Kasia: No, skoro nie robisz, to on następnym razem może ci znów spokojnie powiedzieć: „Idź już, mała".

Ewa: Tak. Robi to.

Kasia: Na początku w ogóle nie powinien mówić: „Idź, mała", bo powinno mu być ciebie ciągle mało, mała. W każdym razie tak byśmy chciały. A jak się czujesz z tym, co on robi?

Ewa: Nie ukrywam, że czuję się głęboko dotknięta obiema tymi rzeczami: i tym, że on mnie nie pragnie aż tak bardzo, i tym, że mi mówi: „A teraz, mała, to już idź".

Kasia: Kiedy słyszysz to „mała", to co?

Ewa: Pfffuuu.

Kasia: Niezależnie od tego, że on jest wysoki, a ty niska, jest jednak jeszcze coś innego w tym „mała".

Ewa: Ja myślę tak: gdy wchodzę w związek, to pokazuję najpierw moją bardzo silną, a potem bardzo słabą stronę. I zaraz bym chciała, żeby ten facet pokierował mną i moim życiem, wziął odpowiedzialność za wszystko, co ja czuję, robię i myślę. Wtedy pokazuję siebie małą, więc mówienie w tym momencie do mnie „mała" jest adekwatne do sytuacji. Choć oczywiście ja nie jestem tylko mała. I po jakimś czasie mnie to doprowadza do furii.

Kasia: Czy byłaś „niemała" wtedy, gdy jeszcze nie pozostawałaś z nim w związku, gdy byłaś jego przyjaciółką i współpracowaliście? Wtedy cię nie lekceważył?

Ewa: Wtedy mnie szanował.

Kasia: Wtedy pokazywałaś swoją inteligencję i różne umiejętności, wobec czego on liczył się z twoim zdaniem. Coraz bardziej pociągało go, że jesteś taka interesująca i niezależna.

Ewa: Więc jak do tego doszło, że teraz już jestem „mała"?

Kasia: Pewnie trochę tak: dopóki byłaś jego przyjaciółką i współpracownicą, korzystałaś ze swoich dorosłych cech, wiedziałaś, że one są potrzebne. Ale kiedy zaczęło się między wami nawiązywać coś romansowego, coraz bardziej zaczęła dochodzić do głosu mała dziewczynka, stęskniona wielkiej miłości. Teraz ta dziewczynka chce, żeby on włożył ją w kieszeń i nosił zawsze przy sobie, a on mówi: „To już sobie idź".

Ewa: I nie rozumiem, czy wszystkie kobiety tak mają, czy to tylko ja trafiłam na kolejnego sukinsyna. Czy każdy facet, nawet święty, będzie się zachowywał według tego scenariusza, który ja sama napisałam i podałam mu pod stołem, a teraz udaję, że wcale nie ja to zrobiłam?

Kasia: Oczywiście, nie wszystkie kobiety tak mają. Niektóre całe są dorosłe. A niektóre z tych jeszcze niedorosłych próbują załatwić swój problem, mówiąc: „Kolejny sukinsyn...".

Ewa: ...odwracając się i idąc do następnego „kolejnego sukinsyna".

Kasia: A jednocześnie odwracając się od swojego pytania: Czy to nie ja robię coś takiego, że każdy facet po jakimś czasie zacznie mnie tak traktować, bo nie będzie miał innego wyjścia; bo pcham mu się w ręce w postaci „małej"?

Ewa: Która w dodatku się buntuje.

Kasia: Czasem się buntuje i trzeba to ukrócić. Bo jak jest taka mała, to jakim prawem się buntuje? A jak się buntuje, to dlaczego, do licha, jest taka mała?

Ewa: Po prostu to jest wpuszczanie przeciwnika w maliny.

Kasia: Przede wszystkim to jest ogłupianie samej siebie. Mam do ciebie kolejne ważne pytanie: Jak się czujesz, gdy sama sobie, tak uczciwie, powiesz: „Chcę od niego wszystkiego – żeby się mną opiekował, żeby był wielki, żeby był dobry, żeby cały był dla mnie, żebym ja już nic nie musiała"? Jak ty się czujesz, gdy to mówisz sobie samej albo mnie?

Ewa: Hm, czuję się mała.

Kasia: A czy wypowiadasz swoje prawdziwe pragnienie?

Ewa: Tak. Z jednej strony wypowiadam je i jestem jak dziecko, ale z drugiej coś we mnie wie, że powinnam czmychać czym prędzej od stanu, gdy ktoś za mnie decyduje, bo to mnie ubezwłasnowolnia i osłabia, nie mam kompletnie miejsca dla siebie. I nie mogę wtedy powiedzieć: „Zaraz, zaraz, nie chcę, żebyśmy szli na spacer do lasu, chcę do kawiarni". Bo skoro ktoś ma za mnie brać odpowiedzialność w całości, to ja muszę być może zawsze chcieć do lasu?

Kasia: Wtedy, gdy jemu się zachce.

Ewa: I to jest dla mnie sprzeczność: z jednej strony wielka tęsknota, żeby ktoś wziął za mnie odpowiedzialność, zwłaszcza że ja już bardzo długo ją za siebie biorę, z drugiej strony lęk, że jak już mu ją oddam...

Kasia: ...to się znajdziesz w lesie.

Ewa: Dokładnie. Bo wtedy dzieją się takie rzeczy, że ten ktoś mnie umniejsza, nie traktuje mnie poważnie, jak partnera, tylko jak dziecko, które wlecze za rękę przez ulicę, bo jest zielone światło i on wie, że należy już przejść, a ja nie mam wiele do powiedzenia.

Kasia: Wiesz, czego ty faktycznie chcesz? Żeby twoje wewnętrzne dziecko, które nie dostało kiedyś tego, o czym marzyło, czego potrzebowało, czyli prawdziwej opieki, zostało przez niego potraktowane jak przez dobrego ojca. Czyli z jednej strony, żeby wiedział, że jesteś dzieckiem, a z drugiej strony, żeby rozumiał, że masz rosnąć, i pomagał ci w tym. Czyli żeby cię wychował. Rozumiał, wyczuwał i nie umniejszał, tylko pozwalał ci przy sobie dorastać. To znaczy, stał się dla ciebie tatusiem, który jest w dodatku tak dobry i mądry, żeby cię naprawdę podholować do twojej prawdziwej dorosłości. I żeby jeszcze potem wcale nie stracić tego, że jest to twój superman, a ty jesteś dla niego atrakcyjną kobietą. Czyli żeby on był dwa w jednym albo nawet wszystko w jednym.

Ewa: Czy to jest możliwe?

Kasia: Absolutnie niemożliwe!

Ewa: Gdy to mówisz, nasuwa mi się pytanie: Jak ty rozumiesz wspierający związek? Bo ten obraz, który przede mną rozsnułaś, ten piękny widok, który roztoczyłaś, to jest dla mnie właśnie obraz mojego marzenia o wspierającym związku.

Kasia: O, nie, nie, nie! To jest obraz bardzo dobrego rodzicielstwa, którego większość z nas nie zaznała. Należałoby dostać to wszystko od rodziców, ale, cóż, nie dostałyśmy. Zresztą oni też nie dostali, więc skąd mieli brać dla nas? Ale mimo to przeżyłyśmy. Jest nam nie najgorzej. Różnych rzeczy nauczyłyśmy się. Jednak mądrości rodzicielskiej było za mało, więc jedna część naszej osoby rosła, rosła i wyrosła na kobietę, która sobie radzi zawodowo, umie zrobić to czy tamto w życiu społecznym, ma znajomych, czasem męża i dzieci albo już miała męża...

Ewa: ...albo licznych mężów...

Kasia: ...albo licznych narzeczonych. Już mieszkała z tym i z tamtym, ale wewnątrz niej nadal tkwi mała dziewczynka (która będzie się przewijała przez całą książkę). Ta dziewczyneczka przez cały czas czeka, że tatuś pod postacią jej mężczyzny wreszcie przyjdzie. I to będzie ten „prawdziwy mężczyzna", który w końcu wyczyta jej potrzeby, szybciej je zrozumie niż ona. Bo ona sama dawno już je zapuściła i zapomniała, oduczyła się je mieć. Tak ją wytresowano. Ale ten wyśniony przywróci im istotną wagę i wartość. Będzie je uwzględniał, będzie o nie dbał. Stworzy dla niej bezpieczne, a jednocześnie ekscytujące i komfortowe warunki, w których ona rozwinie się i rozkwitnie. Oczywiście dla niego. Znów nie dla siebie, tylko dla niego. Bo przecież dziecko chciało być dla tatusia i dla mamusi takie, żeby je wreszcie pokochali tak naprawdę – do głębi jego istoty. A nie tylko wtedy, gdy ono spełnia ich oczekiwania. I chociaż zrobiło wszystko, co mogło, i tak go nie pokochali aż tak, jak tego potrzebowało.

Ewa: Od razu nasuwa się pytanie: Czy ten facet może mieć w ogóle jakieś własne potrzeby?

Kasia: Za cholerę nie może. Przecież ma być cały dla niej.

Ewa: I czy on może istnieć dla siebie?

Kasia: Ona sobie nie życzy, żeby istniał dla siebie, bo wtedy ją zdradza, porzuca, zostawia. Tak samo jak tatuś, który był przeważnie nieobecny. A przecież dziewczynka tak chciała, żeby rano wstał z nią, zjadł śniadanko, a potem odprowadził do szkoły i na nią poczekał, żeby po południu wspólnie odrobili lekcje i żeby pochwalił ją za to, czego się nauczyła, powiedział jej, że jest słodka, ładna, miła, że jest dumny z takiej córeczki. I że takiej dziewczynki ślicznej to nigdy na świecie nie było. Ale on tego nie robił.

A jeżeli robił, to tylko troszkę i czasami, więc ona tylko czasem zachłystywała się szczęściem, że ją dostrzegł, a wciąż czekała: „Gdzie ta reszta? Gdzie ta reszta?". I myślała: „Czy on mnie kocha, ten mój tatuś? To dlaczego zapomniał mi o tym powiedzieć?". A potem przychodziło zwątpienie: „A może jednak mnie nie kocha, skoro o tym nie mówi? Jeśli tak, to ja muszę być supergrzeczna, taka, jak on sobie życzy. Co mam robić? Tatuś nie lubi, żebym płakała, to nie będę płakać. Ale przy moim ukochanym będę płakać i wypłaczę się za wszystkie czasy, i on mnie przygarnie, i powie: Płacz, kochanie moje".

Ewa: Ależ to piękne, co mówisz! Tak mnie to wciągnęło...

Kasia: Nie było to moją intencją. Jesteś niepoprawną recydywistką...

Ewa: Ja chcę, żeby było tak jak w twojej opowieści, a ty zaraz mi zaproponujesz coś strasznie trudnego...

Kasia: Ależ skąd! Wcale nie zaproponuję ci niczego strasznie trudnego, bo ty możesz zrobić tylko to, co możesz.

Ewa: Może mogę zrobić coś strasznie trudnego.

Kasia: Ach, jaka ambitna mała dziewczynka!

Ewa: Wiesz, Kasiu, ja byłam przez ostatnie kilka lat w strasznie trudnym związku. Kiedy przeczytałam książkę Mai Storch *Tęsknota silnej kobiety za silnym mężczyzną*, znalazłam w niej rozdział o stosowaniu strategii ofiary, ucieczki i walki jednocześnie i wtedy coś ważnego zrozumiałam. Myśmy się, mniej więcej, co trzy miesiące rozstawali. Dokładnie według scenariusza z książki. Ja, oczywiście, uważałam, że to przede wszystkim jego wina i w związku z tym miałam rosnące wrażenie, że ten facet w ogóle mnie nie kocha, że to jakaś pomyłka. Co ja tu robię? Zupełnie nie rozumiem, po co on ze mną jest (no bo ja, wiadomo, uważałam, że go kocham). Dopiero po lekturze dotarło do mnie, jak jemu nieludzko trudno było ze mną i jak on, na swój sposób, strasznie mnie kochał, skoro tyle ze mną wytrzymał.

Kasia: W tym momencie rysujemy kwiatek dla panów i dziękujemy serdecznie, że z nami wytrzymujecie.

Ewa: Wielki kwiatek dla panów, a ode mnie zwłaszcza dla tego pana. Fakt faktem, że wybrałam trudnego mężczyznę. Zupełnie tego nie rozumiem. Jeśli wziąć pod uwagę moje dziewczęce potrzeby, tęsknoty i marzenia, powinnam szukać jakiegoś łatwiejszego partnera.

Kasia: Otóż właśnie takie trudne związki wybiera sobie mała dziewczynka, nienauczona dokonywania dobrych wyborów. Ona nie zatrzyma się przy facecie, który jest zdrowy, normalny. Normalnego mała dziewczynka puści bokiem, nawet gdyby się jej oświadczył, bo nie wie, co z takim począć.

Ewa: Wydaje się jej, że jest śmiertelnie nudny.

Kasia: Przede wszystkim dlatego, że on nie miota się, nie przeżywa. Po pierwsze, nie daje się wciągać w jej grę, tylko robi swoje. W odniesieniu do niej robi też różne miłe rzeczy, ale nieprzesadnie. Nie otacza jej przepychem uczuć, nie rozciąga nad nią namiotu pożądania, szaleństwa, uwodzenia albo też obrażania się i odchodzenia.

Ewa: No to, Kaśka, powiedz sama, czy on nie jest nudny?

Kasia: (nadzwyczaj serio) O, nie! Ja już nie jestem małą dziewczynką! Kiedyś był dla mnie śmiertelnie nudny, ale teraz już nie. Ja już chcę normalnego.

Ewa: To ja się zastanowię.

Kasia: Tak, ty się zastanów. Masz czas. Ty jeszcze rośniesz. Ja już jestem duża. Ale słuchaj dalej, co z tą małą dziewczynką i z tym facetem, który musi być koniecznie taki wspaniały. Po pierwsze, oni się wyczuwają z dużej odległości, zdecydowanie większej niż kilometr, choć odległość nie została jeszcze naukowo dowiedziona.

Ewa: Wyobraź sobie małą dziewczynkę na balkonie, a poniżej trzystu facetów ukrytych pod czarnymi parasolami. Ona bez pudła wybierze spośród nich tego właściwego, wskazując na czarny parasol trzeci od lewej w piętnastym rzędzie, i powie: ON! I to będzie ten „słuszny", najgorszy z możliwych wybór.

Kasia: Prosimy tego pana na balkon, ale ma wejść po sznurowej drabince, żeby się troszkę pokiwał, bo schodami byłoby zbyt banalnie.

Ewa: Już go buja.

Kasia: A co drugi szczebelek leciutko nadłamany...

Ewa: Gdyby miała podobne szczęście w grach liczbowych, byłaby bogata. Pod warunkiem (chórem) że w piłeczce byłby ukryty ten facet.

Kasia: Niestety, ten rodzaj intuicji nie jest jej tak łatwo dany. Jej specyficzna intuicja jest nastawiona tylko na to, by szukać tego jedynego: rycerza *vel* tatusia, *vel* Pana Boga, *vel* dziadka czy nawet wszystkiego w jednym. I dzieje się coś tak dziwnego, że dorosła kobieta, która wie, co to znaczy dobra współpraca, na przykład w pracy zawodowej, i która umie się przyjaźnić, raptem ani nie współpracuje, ani nie przyjaźni się ze swoim mężczyzną. Tylko albo z nim walczy, albo się go boi, albo cierpi w milczeniu, albo się obraża, albo drętwieje wewnętrznie i staje się zupełnie bezradna. I jeszcze uważa, że to jego wina. Czuje się pokrzywdzona, niespełniona i nie wie dlaczego.

Ewa: Kasiu, czy ona jest chora?

Kasia: Na pewno jest obolała. Może chorym można by nazwać to, że jedna jej część nie wie nic o drugiej; że te części się nie znają i nie wspierają. Jest spora przepaść między sprawnie działającą (nazwijmy ją „dużą") kobietą a małą dziewczynką. Nie wspierają się dlatego, że nie chcą nic o sobie wiedzieć. Ta duża i sprawna wstydzi się tej małej bezradnej. A mała nie wierzy, że ta duża zechce się nią zaopiekować, bo nigdy dotąd tego nie zrobiła.

Człowiek zdrowy jest w miarę kompletny, zintegrowany wewnętrznie. To znaczy, że jego różne aspekty ze sobą współgrają, współpracują i siebie wzajemnie wzbogacają.

Mała dziewczynka oczekuje wsparcia od mężczyzny, a nie od siebie, czyli od tej własnej „dorosłej części". Mała dziewczynka, siedząc zamknięta (przez tę dużą) w komórce, czeka na wybawcę i pragnie, żeby ktoś wreszcie ją z niej wyciągnął.

Ewa: I w dodatku od razu zrobił z niej królewnę. Bo po co inaczej wychodzić?

Kasia: Wiesz, dlaczego tak jest? Bo kiedy siedzi tak w tej komórce, marzy, przecież nic innego nie może robić. A jak już marzy, to tylko o złotogłowiu, koronie i haftowanych trzewiczkach. Nie marzy o niczym zwykłym, realnym, bo tego, po pierwsze, nie zna, a po drugie, musi dostać coś ekstra, żeby wyrównało jej te wszystkie lata spędzone w zapomnieniu.

No i powiedz teraz, kto jest to w stanie dać? Ten, którego wybiera? Ten spod czarnego parasola? On też ma swoje problemy. Nie może ich nie mieć. Ma tak jak każdy. Jego też ktoś nie dokochał, nie dopieścił i nie zrozumiał. Sam też się nie rozumie. Podobnie jak my.

Ewa: Rozumiem już, Kasiu, jak są pisane te gotowe scenariusze. Ale czy to znaczy, że moimi związkami rządzi mała dziewczynka?

Kasia: Trafiłaś w samo sedno. Bardzo często tak właśnie się dzieje, że rządzi niedorosłość.

Ewa: Czyli jeśli nie zaopiekuję się moją wewnętrzną dziewczynką, to każdy następny facet w pewnym momencie może mi powiedzieć: „Wiesz co, mała, to ty sobie już idź"?

Kasia: Tak właśnie może być.

Ewa: Ale ja już nie chcę, żeby tak było, Kasiu.

Kasia: Naprawdę?

Ewa: Naprawdę.

Kasia: No to ci zaproponuję coś rzeczywiście trudnego. Podaruj sobie czas bez mężczyzny. Wykorzystaj go na budowanie własnej samodzielności, satysfakcji z niej, poznawanie siebie, radość w samotności i z bycia z przyjaciółmi, a także przeżywanie bólu i smutku, czasem w samotności, czasem z przyjaciółmi. Nie chodzi o to, żebyś na zawsze została sama, ale o to, żebyś potem umiała zbudować dobry, trwały związek.

Ewa: Czyli mam odbudować siebie, nie wieszając się na NIM. I wtedy to nie będzie ten spod parasola?

Kasia: Tak. I wiem, że to możliwe.

O wspaniałym rycerzu i zaklętej w zamek królewnie

Kasia: Opowiem ci pewną bajkę, którą widzę oczami duszy.
Ewa: O tym, jak to oni chcieliby żyć razem długo i szczęśliwie?
Kasia: Ćwicz cierpliwość i posłuchaj. On przebiera się bardzo pięknie, bo przecież chce być widziany jako wspaniały rycerz, dużej klasy. Wsiada na wielkiego konia, zakłada lśniącą zbroję.
Ewa: Koniecznie ma ze sobą długą lancę.
Kasia: Uważa, że im dłuższa, tym lepsza. Ma przyłbicę i pióropusz i galopuje przez równinę na swym pięknym rumaku, marząc o kim? O królewnie. Jedzie i rozgląda się. Nie zaspokajają jego ambicji żadne mijane po drodze chałupki, domki, osiedla. Chce zamku i królewny! Jedzie i jedzie, i jedzie. Nagle jest! Zamek. Och, jaki piękny! Wieże ma wysokie, fosy głębokie, a most podniesiony... Cud, nie zamek. Bogaty, nie do zdobycia. Rycerz, chrzęszcząc zbroją i powiewając pióropuszem, zbliża się do niego. I co się wtedy dzieje? Most się opuszcza.
Ewa: Łał!

Kasia: Więc co rycerz na to? Wjeżdża na dziedziniec! A tam pięknie, przepięknie. Wszystko jest.

Ewa: Aż się boję końca.

Kasia: Wszystko jest, tylko jakoś pusto. Mówię ci, pusto! Może oprócz zwodzonego mostu trzeba jeszcze czasem pokonać jakieś przeszkody, żeby się tam dostać. Różnie bywa z tymi zamkami. Jedne ulegają szybciej, inne trochę się bronią. A rycerz zwiedza i się zachwyca. Ale bogato, ale ślicznie przystrojone!

Ewa: Widać inteligencję właścicielki-królewny.

Kasia: Widać jej gust i niezwykłą wszechstronność. Rycerz ogląda i podziwia. Zwiedza zamek, komnata po komnacie, ale królewny znaleźć nie sposób. W sali balowej – nie ma, w tronowej – nie ma, w kuchni – nie ma, w sypialni – nie ma, ale gdzieś coś cichutko kwili. W korytarzach też księżniczki ani śladu, ale za to kwilenie słychać coraz głośniej. Rycerz biega po zamku od komnaty do komnaty. W końcu trafił do lochu: tu już coś naprawdę głośno płacze! No i co? W ostatniej komóreczce, na samiusieńkim końcu najciemniejszego korytarza znalazł...

Ewa: Co? Dziecko malutkie, dziewczyneczkę małą?

Kasia: Tak, dzidzia. Siedzi i zalewa się łzami.

Ewa: Pół roczku?

Kasia: No, nie, może więcej. Ze dwa latka ma, góra trzy. Siedzi i płacze, a on myśli: „O Jezus Maria, kto to dziecko tu wsadził i zamknął? Czy ta królewna jakaś okrutnica, czy co? Gdzie ona w ogóle jest?".

Ewa: No i co?

Kasia: Bierze to dziecko na ręce, ale trochę nie wie, co z nim począć. Bo nikt go nie uczył.

Ewa: Przecież w końcu nie po dziecko tu przyszedł. Dzieci (jak mawiał jeden mój znajomy rycerz, powtarzając za Słonimskim) to zakała ludzkości.

Kasia: Jak daleko sięga pamięcią, w jego rodzinie kazali się dziećmi zachwycać i on się z grzeczności zachwycał trochę, choć nie wiedział za bardzo czym. A potem szybko uciekał, bo takie dziecko to jeszcze mu kupę na rękę zrobi albo się zsika. A w ogóle co się z takim dzieckiem robi? Czym to się karmi? Są oczywiście tacy, którzy wiedzą, ale oni nie przebierają się, proszę ciebie, w zbroję, tylko siedzą u siebie w domu, mają własne dzieci i je hodują.

Ewa: To są ci nudni.

Kasia: No, nie powiem... Oni wiedzą, jak się dzieckiem zająć. Mają już dzieci, bo chcieli je mieć, wiedzieli, kiedy i po co, i z kim, i żadna królewna im niepotrzebna... Ale wróćmy do naszego pięknego rycerza. On coś z tym bachorkiem zrobi, bo przecież świnią nie jest. No, może co poniektóry zostawiłby dziecko i odjechał, ale taki porządniejszy rycerz je weźmie i nawet pójdzie do kuchni, znajdzie coś do jedzenia i nakarmi.

Ewa: I tak się będzie z tym dzieckiem obtykał, choć tego nie lubi.

Kasia: Pewnie, że nie lubi. Pyta nieustannie: „Gdzie jest, kurde, królewna? No, przecież musi być. Przecież zamek stoi...".

Ewa: Piękna bajka!

Kasia: I jaka prawdziwa...

Ewa: A czy on poczeka, aż dziecko dorośnie?

Kasia: A ile lat by to musiało trwać, kochana? My byśmy chciały, żeby poczekał, ale to się rzadko zdarza, choć takie dziecko szybko rośnie.

Ewa: Szybciej niż normalne dzieci?

Kasia: Zdecydowanie. Jednak musiałby się zasadzić na dobrych kilka lat, żeby ono się wykwiliło, wypłakało, nausypiało, narobiło mu na rękę i żeby on się tym nie przejmował, nie krzyczał ani ze wstrętem się nie odwracał. A prawda jest taka, że jak dziecko kupę robi, to on się ze wstrętem odwraca. No i zgadnij, co się teraz dzieje? Dziecko jest nieszczęśliwe. Bo znowu nie dostało tego, czego chce i potrzebuje.

Ewa: A ja już w międzyczasie, powiem ci szczerze, wzięłam stronę tego faceta. Jestem głęboko przejęta jego losem.

Kasia: A to miło z twojej strony. Ale zostawiłaś dziecko. To bardzo charakterystyczne. Zachowałaś się jak większość kobiet, które najchętniej zajmują się facetem. To jest straszne. Bo on sam sobą ma się zajmować, kochana. Ma różne możliwości: albo zostaje w zamku, albo wiezie dzidzię do najbliższej opiekunki i tam ją zostawia, albo w końcu zauważa, że zamek to niekoniecznie królewna. Różne rzeczy może zrobić.

Ewa: Ja wciąż nie rozumiem, czy jest gdzieś ta królewna, czy nie.

Kasia: Królewna jest zamkiem. Jest w niego niejako zaklęta. Zamek jest tą częścią niej, którą ona, dużym nakładem sił i środków, wzniosła na zewnątrz. Pokazuje tę cudowną sylwetkę prosto z fitnessu. Nogi na niebotycznych obcasach albo we wspaniałych tenisówkach. Iskrzącą inteligencję za markowymi okularami. Mądrość i fajność kobiety-kumpla...

Ewa: Albo pokazuje kobietę do łóżka...

Kasia: Niekoniecznie do tego łóżka dochodzi, a jeśli już dojdzie, to raptem może się okazać, że nie ma tam tej nieokiełznanej lwicy, tylko mała dziewczynka.

Ewa: Czy to znaczy, Kasiu, że my widzimy atrakcyjną kobietę, zadbaną, uwodzicielską i dorosłą, a ona w środku jest emocjonalnie małym dzieckiem?

Kasia: Właśnie tak. Ta zewnętrzna fasada to zamek, w którego świetność kobieta wciąż inwestuje. Wewnątrz, w ukryciu (ja to nazywam „w komórce"), pozostaje opuszczone, nieszczęśliwe, małe dziecko.

Ewa: Dlaczego o nim zapomniała? Ono przecież wydaje się takie ważne...

Kasia: Jednak wtedy, kiedy było to potrzebne, nie podobało się takie zwyczajne. Z tych zwyczajnie kochanych dzieci rosną zwyczajni ludzie, czyli te nasze miłe chałupki. A większość zamków to dzieci, które musiały się bardzo starać, żeby sprostać wymaganiom, czyli być bardzo ładną, bardzo inteligentną, bardzo grzeczną. W ogóle wyjątkową i bardzo-bardzo.

Ewa: Zdaje się, że znam to z własnego doświadczenia.

Kasia: I dlatego czekasz, żeby ktoś inny zajął się twoim porzuconym dzieckiem.

Ewa: Bo sama nie umiem. Nie wiem nawet, czego ono chce.

Kasia: I bardzo byś chciała, żeby ktoś, najchętniej jakiś rycerz, wiedział lepiej niż ty, czego potrzebujesz? Spójrz, jak często wraca ten wątek dbania o własne potrzeby. Jest to jeden z najważniejszych progów na drodze do dorosłości i dobrego życia.

Ewa: Może kiedyś przestanę szukać kogoś, kto mnie wyręczy w opiece nad sobą, ale na razie jestem recydywą i wobec tego powiedz mi: Co robi królewna zaklęta w zamek, gdy rycerz nie chce się zajmować małą dziewczynką?

Kasia: A będziesz chciała pamiętać?

Ewa: Nie mogę obiecać. To co? Nie powiesz?

Kasia: Powiem, bo może jakaś inna mała dziewczynka ukryta w zamku będzie chciała pamiętać.

OD ŻADNEGO RYCERZA DZIEWCZYNKA NIE MOŻE DOSTAĆ TEGO, CZEGO POTRZEBUJE, ŻEBY STAĆ SIĘ DOROSŁĄ KOBIETĄ.

To, czego nie udało się dostać w młodych latach od mamy, taty, babci, dziadka, prawdziwych lub „przyszywanych" cioć i wujków oraz od nauczycieli, może zdobyć już tylko sama. Mogą jej w tym pomóc przyjaciele i ukochany też, ale TYLKO POMÓC!

Chciałaś wiedzieć, co się dzieje w zamku? Rycerz już trochę utulił dziecko i ma serdecznie dość. Jednak dziecko, wyciągnięte po latach z komórki, ma przecież rosnące potrzeby.

Co robi zamek, gdy widzi, że rycerz zbiera się do odwrotu? Wypuszcza lwy z klatki: „Ty taki, owaki, to ty miałeś... Ty obiecywałeś... Po coś ty w ogóle przyjechał? Mówisz, że chcesz królewnę? Masz taki zamek i nie chcesz się jednym małym dzieckiem zająć? Za to wszystko?! Wynoś się!".

Ewa: No i słusznie!

Kasia: Umówmy się, że on został zwabiony.

Ewa: Co zrobi rycerz, kiedy zamek go wyrzuca?

Kasia: Zacznie z lwami walczyć, bo przecież jest wojownikiem.

Ewa: O, to ja trafiłam naprawdę na wielkiego wojownika!

Kasia: Ten, co cztery i pół roku wytrzymał?

Ewa: Z lwami walczył dzielnie, że aż...

Kasia: Jeszcze mogło mu się pomieszać, że walczy o królewnę, a nie że z nią.

Ewa: Oczywiście, że mu się pomieszało.

Kasia: I trochę czasu mu zajęło, żeby się w tym rozeznać. Tym też można tłumaczyć długość przebywania obok ciebie.

Ewa: Myślę, że on bardzo chciał coś mieć.

Kasia: Pewnie, że tak. Przede wszystkim już zdobył zamek. Nie jest tak łatwo z dnia na dzień wyprowadzić się z zamku.

Ewa: (nostalgicznie) To prawda, to prawda.

Kasia: Poza tym ciągle podoba mu się ten zamek. Wprawdzie okazało się, że są lwy, a może jeszcze jakieś szczury, które co rusz podgryzają, jakieś zapadnie, pułapki i nietoperze, ale tak czy inaczej jest to zamek i nawet jeszcze remontu nie wymaga. Można szyku zadać! Pokazać się z takim zamkiem albo czuć się już prawie jego właścicielem...

Ewa: No właśnie, bo rycerz w pewnym momencie czuje się właścicielem zamku.

Kasia: Szczególnie jeśli zamek jest nie bardzo obsadzony.

Ewa: Niezamieszkany w pewnym sensie.

Kasia: Tak, ale sam zamek jest też żywy. Robi mu różne hopsztosy. Łoże się zapada, baldachim go dusi, jak u Edgara Allana Poe. Oczywiście, można uskoczyć, można być niezwykle dumnym z siebie, że się daje radę. Nawet podekscytowanym: „O, z tobą to ja dopiero zawalczę, mam naprawdę godnego przeciwnika". Zobacz, jak często ludzi łączy to, że on jest rycerzem, nieustraszonym wojownikiem, a ona jest tak cwanym zamkiem, ciekawym, walecznym i pomysłowym, że przez długie lata nie mogą się rozstać.

Ewa: Bywa, że zmęczony walką rycerz zamknie się w wieży, żeby odpocząć, a zamek dalejże robić mu wstrząsy. Nieźle musi potelepać, żeby go z tej wieży wypluło.

Kasia: No i tak im lata lecą. Zamek uważa, że ma już swojego mieszkańca, prawie królewicza, już jest niemal jego właścicielem, bo przecież zamek nigdy całkiem się nie podda.

Ewa: To ważne, co mówisz: bo i zamek się nie podda, i rycerz się nie podda. Po obu stronach rośnie jednak przekonanie, że chyba nie o to chodzi w związku.

Kasia: Gdyby umieli być zwyczajnie szczęśliwi, ona nie musiałaby marnować energii na stawianie zamku, byłaby zadowoloną z siebie willą, a i on by się nią zadowolił, zamiast pętać się po rubieżach, żeby koniecznie spotkać królewnę. Bo i on ma przecież w sobie małego zagubionego chłopca, który łudzi się, że zdobycie królewny uczyni go dużym i silnym. Wyśnił ją sobie, wymarzył, no i już prawie ją miał...

Ewa: Po raz kolejny, prawdopodobnie...

Kasia: Bo przecież tu i ówdzie jakiś zameczek stoi. Nie jest to pierwszy zamek, do którego przybył. Niektóre są już zajęte, ale są takie, które wpuściły już niejednego rycerza. A są i rycerze, których przeznaczeniem wydaje się jeżdżenie od zamku do zamku.

Ewa: Co tu się dzieje? Czy to jest jakiś cud niepamięci? Czy to jakieś przekleństwo?

Kasia: To jest cud iluzji. Cud obdarzania iluzji taką wartością i wagą, jakiej nie daje się prawdzie. Czyli marzenie jest tak ogromne, że zasłania wszystko.

Ewa: Zasmucasz mnie...

Kasia: Mnie też to nie cieszy. Kiedy rycerz zostawia dziecko i odjeżdża, zamek jest po prostu wściekły. Bo to znaczy, że musi wybudować jeszcze lepszą pułapkę na następnego: trzeba upiększyć flanki, chorągiewki muszą powiewać kolorowe, może ściany trzeba by na różowo przemalować. Wściekłość rośnie, tak jak w bajce o dżinie zamkniętym w butelce. Przez pierwsze sto lat mówił: „Kto mnie uratuje, dostanie królestwo, pieniądze i sławę". Po dwustu latach tylko pieniądze, po trzystu już tylko sławę, a po czterystu latach dżin był tak wściekły, że postanowił zabić swojego wybawcę. No i tak też jest z zamkiem. Jeśli było tam już iluś rycerzy, to zamek powoli ma ochotę zabijać. Pod warunkiem, oczywiście, że nadal uważa, że partnera łowi się na zamek, a dzieckiem ma się zająć ktoś inny, czyli rycerz. I dopóty, dopóki zamek trwa w tej iluzji, nic się nie zmieni, choćby do późnej starości. Tyle że coraz nędzniejsi rycerze będą przyjeżdżać.

Ewa: Bo oni dalej będą przyjeżdżać, tylko coraz bardziej zniecierpliwieni.

Kasia: I coraz bardziej złachmanieni. Tacy, którzy też już byli w iluś zamkach, i one się też nie zmieniły. Tacy, którzy myślą: „Przyjadę, prześpię się i pojadę".

Ewa: A w dupie to dziecko... Zdenerwowałam się, muszę coś zjeść.

Kasia: Zjedz coś, na zdrówko, żebyś rosła.

Ewa: Nie wiem, czy do ośmiu latek już dociągnęłam.

Kasia: Wysyłam teraz podziękowania dla wszystkich moich rycerzy, którzy podkarmili moje dziecko i podciągnęli mnie w latach rozwoju dzięki temu, że chcieli. Zdarzało się, że któryś chciałby jeszcze dłużej, ale mojemu zamkowi wydawało się, że to strasznie nudne, bo ten rycerz tylko by się tym dzieckiem zajmował, a zamek się wściekał, że nie nim. Zdarzają się rycerze dobrzy dla dzieci, ale zamek nieustannie żąda podziwu dla siebie. Bo wcale nie jest tak, że zamek zwabia dla dziecka. Zamek zwabia dla siebie, tyle że dziecko jest najprawdziwsze. Owszem, zamek wydaje się żywy – w tym sensie, że wabi oraz animuje te pułapki, lwy i staje z rycerzem do walki – ale jest nastawiony wyłącznie na siebie.

Ewa: Kasiu, to brzmi strasznie. Bo z tego wynika, że zamek jest nastawiony na siebie i dziecko jest nastawione na siebie.

Kasia: I nie ma między nimi komunikacji.

Ewa: Czy to może się jakoś zmienić?

Kasia: Owszem. Jeśli zdarzy się kilka rzeczy – dziecko podrośnie, zamek zacznie stwierdzać: „Wystarczy mi tego podziwu, już nic więcej z niego nie wyniknie", a jeszcze rycerz znajdzie się niegłupi i powie: „Fajnie, dziecko miłe chwilami, zamek piękny, ale gdzie ta całość?". Może już nawet nie „Gdzie ta królewna?", ale „Gdzie ta normalna kobieta?". Z takich doświadczeń można się czegoś nauczyć. Gdy ma się trochę samoświadomości, widać, że nie można w nieskończoność ulepszać zamku. Kiedy dziecko i zamek zostają sam na sam, jest szansa, że coś może się zmienić. To jest ten czas, gdy dziecko może rosnąć, o ile zamek przestanie się zajmować wyłącznie sobą, a zacznie dzieckiem. Czyli gdy kobieta zrozumie, że dopiero wtedy stanie się prawdziwa i dojrzeje do szczęścia, kiedy urośnie jej dziecko wewnętrzne. Dlatego przerwy między rycerzami są tak potrzebne – wtedy dziecko może podrastać.

Ewa: Bo nie wystawiam się na zewnątrz?

Kasia: Nie wystawiasz się na zewnątrz, nie marnujesz energii na zwabianie. Niezbędne są okresy, kiedy się zajmujesz sobą, uczysz się siebie, umacniasz w samodzielności i atrakcyjności dla samej siebie. Dzięki temu, gdy potem wyjdziesz na zewnątrz, będziesz potrafiła robić to jakoś równolegle.

Ewa: Chcesz powiedzieć, że w okresach, kiedy nie ma rycerza, kobieta może zrobić dwie rzeczy: albo zająć się sobą, albo cała jej uwaga zostaje skierowana na to, co się dzieje poza nią, na rozglądanie za jakimś chłopem, bo wciąż musi się od czegoś odbijać?

Kasia: Tak. Całą energię wkłada w przyciągnięcie mężczyzny, który przyjdzie i wtedy wreszcie w jej życiu nastanie porządek. Na pewno znasz takie kobiety – to są zamki do entej potęgi – które zajmują się wyłącznie własnym wyglądem. Miałam klientkę, która powiedziała na pierwszym spotkaniu: „Przyszłam do pani, żeby mój mąż przestał się oglądać za innymi kobietami". Była wyjątkowo śliczna, ale miała taki lęk, że jeśli on się za którąś ogląda, to ją dla niej zostawi, choć nigdy tego nie zrobił.

Ewa: Rozumiem ten lęk. To jest lęk przed porzuceniem.

Kasia: Wewnętrzne dziecko boi się, że rycerz je zostawi. Czuje tylko lęk i kwili, a zamek wyłącznie się stroi, bo wierzy, że to najważniejsze, że za to będzie kochany.

Ewa: Jednak ten lęk wydaje się uzasadniony, bo zamek ma przyjemność z kimś, kto – jak wiadomo – jest rycerzem podróżującym od zamku do zamku. Jest więc duże prawdopodobieństwo, że może wyjechać. Przecież skądś przybył i prawdopodobnie dokądś zmierza.

Kasia: Bo poszukuje najpiękniejszej. Ma iluzję, że jeśli ona jest taka piękna i modna i można się z nią pokazać, to on już ma wszystko. Zresztą do jakiegoś stopnia ma – jeśli jego wewnętrzne potrzeby są tak uśpione, że wystarcza mu tyle, że kobieta wygląda jak z okładki albo że rozebrana jest tak śliczna jak z rozkładówki „Playboya". Owszem, długo można być nią zachwyconym i dumnym. Można ją wszędzie pokazać, nasycać się tym, że jest zazdrosna – to znaczy, że kocha. Ale gdzie tam kocha – ona się boi, że ją porzuci. Dlatego on czuje się wielki i ważny, bo jest jej niezbędny, ale ona mu też. To może na długie lata im wystarczyć. Tylko że oboje z upływem tych lat coraz bardziej się na siebie złoszczą i mają dziwne poczucie, że czegoś coraz bardziej brakuje.

Ewa: Rośnie frustracja, ale i rośnie świadomość. Dla mnie te wątki się łączą. Bo kiedy rośnie frustracja, wzrasta też szansa, że przynajmniej jedno z nich zrozumie, iż nie dostaje tego, czego tak bardzo pragnie, choć już tak długo się stara.

Kasia: Kobieta może odkryć, że jest coś więcej niż tylko wybór: albo samotność, albo rycerz (ten, z którym już nie może wytrzymać, lub kolejny). Ma szansę budować siebie inaczej niż tylko jako zamek. Nie proponuję, żeby była sama do końca życia, ale żeby najpierw polubiła i poznała siebie.

Daj dziecku żyć

Ewa: Kasiu, poproszę coś na temat frustracji po tym, jak z kolejnym rycerzem nie wyszło. Odjechał w siną dal, a pozostał jeno żal...

Kasia: No i co zrobić, żeby nie ciągnęło się to w nieskończoność? Żebyśmy nie zostawały z coraz większym żalem, smutkiem, tęsknotą, złością, a czasem nawet nienawiścią.

Ewa: Zabójczą i niszczącą nienawiścią do niego...

Kasia: I też do siebie. Wtedy to jest nienawiść do wewnętrznej małej dziewczynki, że wszystko zepsuła.

Ewa: A tego dziecka nie można utłuc?

Kasia: Jeśli je zabijesz, to sama umrzesz. Skoro więc nie możesz zabić, trzymasz je w komórce.

Ewa: A jeżeli wypuszczę, to co? Dlaczego go nie wypuszczam?

Kasia: Ty czekasz, żeby ktoś inny je wypuścił i się nim zajął, bo przecież jesteś skrzywdzona i ci się to należy. Ale to ty sama musisz się nim zająć! Ty, nikt inny! Tu chodzi o wygodę! O bezczelną wygodę chodzi!

Ewa: Jak ja mam się nim teraz zająć? Mam je teraz ciućkać? Nie umiem. Kasiu, musisz mi powiedzieć, co się z nim robi.

Kasia: Cudzym byś się zajęła.

Ewa: Przecież się zajmuję. Jakimiś dziećmi zajmuję się bez przerwy. Choćby własnymi.

Kasia: Matki tak robią. Kochają, ale kiedy dzieci je denerwują, myślą sobie: „Po co ja je mam?" albo „Zabrałby je ktoś!". Zauważ, jak często matki na ulicy mówią: „Oddam cię komuś", a czasem „Ten pan cię zabierze...". Niby stosują to jako trik wychowawczy, ale dziecko przeraźliwie się boi i wie czego. Ono czuje: mamusia mnie nie chce. Przynajmniej w tej chwili. A jeśli jeszcze tatuś powie: „Pętasz się tu pod nogami. Po co ty się tu tak pętasz?", to dziecko wpada w panikę i w wielkim napięciu stara im się jakoś przypodobać. Jednak mimo wysiłków znów to słyszy i znów... I czuje... W ten sposób we wnętrzu kolejnego człowieka tworzy się małe, niepewne swej wartości dziecko. Pamiętam sytuację, gdy w kolejce w sklepie do małego, ruchliwego trzylatka mama wysyczała: „Jak będziesz biegał, to cię zabiję!".

Ewa: Smutne, co mówisz.

Kasia: To smutne i głęboko ważne. Bo ci rodzice powtarzają to, co sami słyszeli, gdy byli mali.

Ewa: Jest tak, jakbyśmy mieli jakiś skarb, który wciąż odtrącamy od siebie nogą, spychamy do piwnicy, nie widząc, że jest prawdziwy!

Kasia: Tak, Ewciu, bo myśmy uwierzyli, że nie jesteśmy skarbem. A jesteśmy! Nie ma większego skarbu świata niż dziecko.

Ewa: To powiedz, jak pielęgnować własne wewnętrzne dziecko, żeby je uratować? Bo my przecież nie umiemy tego robić.

Kasia: Pracuję już długo, więc przeszłam różne fale psychologicznych mód i odkryć. Jeszcze zanim zaczęła się mowa o wewnętrznym dziecku, już spotykałam swoje. A rozpoczęło się od takiego oto wglądu: zaczęłam pracować z alkoholikami i wpadłam jak śliwka w kompot. Znalazłam swoje miejsce na Ziemi. Czułam, że jestem im niezbędnie potrzebna. Dostawałam tyle poczucia ważności, wartości, tyle wdzięczności, ile nigdy dotąd za to, co kiedykolwiek robiłam. Łykałam to jak najsłodsze pigułki. I jeszcze ta moja działalność przynosiła rzeczywiste, ważne efekty. Było mi to wtedy bardzo potrzebne.

Zauważyłam, że w czasie indywidualnej pracy potrafię bardzo daleko wejść z pacjentem w jego przestrzeń, towarzyszyć w drodze w odmęty i piekło, nie bać się tego, będąc czułą i czujną towarzyszką. Pomagałam i byłam szczęśliwa; mieszał się egocentryzm z altruizmem.

Aż zdałam sobie sprawę, że powstał rozziew między moją prywatnością a byciem dla nich. Nadwyrężyło się moje małżeństwo. Praca, mój rozwój jako terapeutki i to „coś" stawały się ważniejsze niż mąż, choć był naprawdę udany. Takiego zestawu nie mógł dać związek z mężczyzną. Jeszcze nie umiałam godzić wartości i ważnych wątków ze sobą. Jeszcze neuroza była górą.

Ewa: I tu mówimy o czymś bardzo ważnym, o cenie, którą płacimy za oddanie się czemuś tak całkowicie. Jak wysoka może być i czy warto ją płacić?

Kasia: Wielokrotnie się nad tym zastanawiałam. Można różnie wybrać.

Ewa: Bo są takie sytuacje, gdzie nie ma miejsca na zastanawianie, pojawia się jakaś siła, która cię nieuchronnie zawłaszcza.

Kasia: We mnie była taka siła. Zapłaciłam, ale mam poczucie, że więcej zyskałam. Nie żałuję tej ceny.

Ewa: Czyli co, tanio kupiłaś?

Kasia: Nie, drogo kupiłam. Ale było warto. Początkiem końca mojej neurozy było odkrycie: ja jestem – że tak powiem w cudzysłowie – „wspaniała" dla innych, a nie jestem taka dla siebie.

Ewa: Aaaaa, skąd ja to znam, no pewnie...

Kasia: I od tego momentu naprawdę zaczęła się moja wewnętrzna praca. Zdałam sobie sprawę, czym jest uzależnienie. Odkryłam własne, zaczęłam je rozbierać na czynniki pierwsze z coraz większą uwagą i ciekawością. To jest w ogóle podstawa do tego, żeby się sobą zajmować: dziecięca ciekawość. Co to jest? Dlaczego tak? A po co? A jak się to ze sobą wiąże? Ty też to masz.

Ewa: Oczywiście.

Kasia: Dlatego tak nam się fajnie gada.

Ewa: Ale wiele osób mi zarzuca, że to nie ciekawość, tylko egoizm i że zajmuję się wyłącznie sobą.

Kasia: Nieprawda. Ja jestem mikroświatem i ty jesteś mikroświatem. Kiedy odkrywam własną złożoność, bogactwo i głębię, wtedy także światy innych ludzi stają się dla mnie arcyciekawe. I dociera do mnie, że dla każdego jego wnętrze też takie jest.

Spotkałam się z tym samym niesłusznym zarzutem, jeśli chodzi o moje wiersze. Dlaczego tam jest cały czas o tobie? Mówię na to: mogę napisać też o Paryżu albo o lesie, nawet piszę czasem, o ludziach piszę, bo ich widzę, ale podmiot liryczny poety jest najważniejszy. Nie ma poezji bez przepuszczenia przez siebie. Nawet gdy patrzę na Paryż, to przez siebie, i mogę napisać: mój Paryż, ja Paryż.

Ewa: Wszystko przepuszczamy przez siebie. I czy to nie jest właśnie droga do wewnętrznej małej dziewczynki?

Kasia: Jest. Terapeuci wiedzą, że trzeba siebie uczciwie poznawać, żeby móc towarzyszyć innym w ich poznawaniu siebie. A więc wtedy zobaczyłam: ofiarowuję uwagę ludziom, a nie sobie. Przemierzam cudze odmęty, a własnych nie, a przecież tak samo tego potrzebuję. W tym sensie niczym nie różnię się od swoich pacjentów.

Ewa: Różnisz się, bo to jednak ty się nimi zajmujesz, a nie oni tobą.

Kasia: Nie, ja ich uczę zajmowania się sobą. A mogę to robić tylko dlatego, że nauczyłam się robić to dla siebie. Inne w tym czasie budowały mosty, projektowały domy, hodowały kury, czego ja zupełnie bym nie umiała.

Ewa: I zajmowały się swoimi mężczyznami zamiast sobą...

Kasia: Mężami, kochankami, ale i dziećmi. Zbyt wiele kobiet oddaje się bliskim tak jak ja wówczas „moim" alkoholikom.

Ewa: A jak wpadłaś na to, że można przestać tak się zatracać, eksploatować?

Kasia: Odkryłam, że potrzebuję wewnętrznego głosu, który będzie dla mnie tak samo dobry, jak ja jestem dla tych, którym towarzyszę. Że przede wszystkim mam towarzyszyć sobie, a dopiero potem innym. Lubię ludzi, rozumiem ich, słucham, nie nudzi mnie, że muszę im coś powtarzać po raz trzydziesty siódmy, bo robię to za każdym razem inaczej. No i pomyślałam wtedy: „Dobrze, ale dlaczego ja sobie nie daję takiej uwagi? Czy mam resztę życia spędzić na wędrówce po cudzych ogrodach bądź ugorach?".

Ewa: Z których potem wracałaś wypluta...

Kasia: Oczywiście i zmęczona, i zadowolona, ale nieludzko wydrenowana. No właśnie: „Gdzie moja reanimacja?" – myślałam. Zaczęłam sobie mówić: „Potrzeba mi dobrej mamusi. Wewnętrznej dobrej matki"*. A ponieważ z moją prawdziwą nie było mi łatwo, to i tę wewnętrzną miałam, tak jak wiele z nas, karzącą, niezadowoloną ze mnie, taką...

Ewa: ...krytykującą.

Kasia: I to jak! Na szczęście miałam tego wewnętrznego rodzica „podwójnego", bo z tatą było inaczej; dużo więcej wolności, ciepła i naturalności. Każdy ma takiego niejednorodnego wewnętrznego rodzica, pozbieranego z różnych kawałków.

Jeszcze miałam nianię, która mnie kochała bezwarunkowo. I myślę, że to mnie uratowało. Ciepło i radość życia mojego ojca, ta cudowna niania i parę cech matki, bardzo fajnych...

* Wewnętrzne dziecko, wewnętrzny rodzic, wewnętrzny dorosły – pojęcia te pochodzą z analizy transakcyjnej Erica Berne'a, który opisał pod tymi nazwami trzy stany ego, psychologicznie obecne w każdym z nas.

Na przykład niezawodność, och, jaka ona była pod tym względem niesamowita!

Ewa: No właśnie, warto popatrzeć, jakie cechy mieli nasi rodzice, te złe, ale i te dobre. Bo one wpływają na to, jakiego mamy wewnętrznego rodzica. Ja miałam troskliwą, wręcz nadopiekuńczą matkę, ale i neurotyczną, niezadowoloną, chwiejną emocjonalnie, typową polską matkę oraz solidnego, odpowiedzialnego, ale dosyć oschłego ojca.

Kasia: Trzeba wziąć jeszcze poprawkę na to, że my tego wewnętrznego rodzica przepuszczamy przez sito budującej się osobowości, własnych predyspozycji. I dobrze jest się przyjrzeć, co my sobie sami robimy, kiedy prawdziwi rodzice już dawno przestali nam to robić: nadal odrzucanie, nadmierne wymagania, niekonsekwencja, gaszenie siebie.

Ewa: Jak to się przekłada na nasze dalsze życie?

Kasia: A więc jeśli oni nie lubili, gdy ja biegam, śpiewam, podskakuję, tańczę, wsadzam nos wszędzie, to ja musiałam coś zrobić, żeby to w sobie powstrzymać. Jeśli oni nie akceptują, że nie jem, tylko biegam, i zmuszają mnie do jedzenia, to muszę jeść.

Ewa: I grzecznie siedzieć na krześle, chociaż nogi same się rwą... Kasiu, ja to wszystko znam. To tak, jakbyś opowiadała o mnie.

Kasia: Ja myślę, że jeszcze parę innych dziewczynek powie: „To o mnie". A ja postanowiłam, że będę dla siebie dobrą mamusią. I zaczęłam siebie inaczej traktować. Inaczej się do siebie odzywać.

Ewa: Co sobie mówiłaś?

Kasia: Na przykład: „Wolno ci, kochanie, zjeść tyle, ile chcesz". Bo mój wewnętrzny rodzic*, głosem mamy, mówił mi

* Wewnętrzny rodzic – każdy miał faktycznych rodziców (lub opiekunów), a później inne autorytety. W spadku po nich nosimy w sobie wskazówki, przekonania, normy, oceny oraz zasady, słyszane wewnętrznie jako stwierdzenia typu: „to wypada", „tego nie wypada", „to wolno", „tego nie wolno", „to trzeba", „tego nie powinnaś", „to należy", „to jest w porządku", „to karygodne", „jesteś świetna", „zupełnie nawaliłeś", „jestem z ciebie dumna", „grzeczne dziewczynki tego nie robią" itp., itd.

dotychczas: „No tak, znowu się obżerasz" albo „Znowu się wylegujesz i czytasz. Zrobiłabyś coś". To ja głosem mojej dobrej wewnętrznej mamusi mówiłam: „Droga Kasiu, możesz sobie poleżeć i poczytać tyle, ile będziesz chciała, ponieważ teraz jesteś zmęczona. I dopiero gdy ci się zachce wstać, to wstaniesz. Nie robisz nic złego, wręcz przeciwnie, robisz bardzo mądrą rzecz: odpoczywasz!". Tak do siebie przemawiałam – czułymi słowami, pełnymi zrozumienia, ale z tyłu głowy wyłaziło: „Ale ty nic nie robisz!". Bo tu są naraz dwa głosy: dziecka, które uważa, że jest nie w porządku, i tego karcącego rodzica, który to potwierdza: „Tak, jesteś nie w porządku".

Ewa: A we mnie dodatkowo jest lęk, że jeśli sobie pozwolę i się położę na „tyle, ile chcę", to już nigdy nie wstanę, będę już tak leżała... No trzy dni co najmniej.

Kasia: Trzy dni to proszę bardzo! Widzisz, jaka moja mamusia jest dobra?

Ewa: I ty sobie na to pozwalasz?

Kasia: Oczywiście, że tak! Mój dorosły, który...

Ewa: A skąd teraz wytrzasnęłaś dorosłego?

Kasia: Dorosły* też jest w każdym z nas. Ale często w uśpieniu, biedny... Bo rodzicom tak bardzo nie zależy na tym, żeby dorosły się w nas rozwijał. Zresztą ich rodzice też nie na to stawiali, tylko na posłuszeństwo, na tę słynną grzeczność. Na szczęście mojemu tacie zależało na tym, żeby się we mnie dorosły rozwijał.

Ewa: Dorosły to ten, kto bierze odpowiedzialność?

Kasia: Ten, kto podejmuje decyzje. Bierze wszystkie dane pod uwagę i robi z nich sensowny zbiór. Ktoś, kto myśli, dedukuje, wyciąga wnioski.

---

* Wewnętrzny dorosły – każdy nosi w sobie dorosłego (także małe dzieci i ludzie chorzy psychicznie). Dorosły to rodzaj komputera, zbierającego dane, wyciągającego wnioski. Odzywa się on słowami: „opłaca się", „nie opłaca", „warto", „nie warto", „weź pod uwagę", „rozumiem, że to właśnie tak", „aha, to na tym polega" itp. Dorosły spełnia także funkcję pośrednika między wewnętrznym rodzicem a wewnętrznym dzieckiem.

Ewa: Menedżer?

Kasia: Może być menedżer, komputer, może być biznesmen.

Ewa: Ktoś ze sfer zarządzających.

Kasia: On bierze pod uwagę, co się opłaca. Ponieważ ma za zadanie godzić dziecko z rodzicem i znajdywać im różne dobre rozwiązania, więc mówi: „Kasiu, wypracuj, stwórz sobie dobrego, wewnętrznego rodzica, ponieważ dotychczas między twoim wewnętrznym dzieckiem a rodzicem trwała walka, była przepaść i z tego powodu pojawiał się smutek, czy nawet rozpacz. A potrzeba, żeby rodzic pocieszył, skutecznie motywował do ważnych zadań, sprawiedliwie oceniał i pokazywał dobre drogi".

Ewa: U mnie czasami coś się odezwie ze starego portfela i moje dziecko* załka w środku: „Boże, ale ja jestem do niczego", a karzący rodzic potwierdza: „Tak, tak, jesteś do niczego". Albo odwrotnie – rodzic skrytykuje, a dziecko ze łzami w oczach: „Tak, tak, jestem do niczego".

Kasia: Wtedy niech zareaguje dorosły: „Zaraz, zaraz, co się tu dzieje? Przyjrzyjmy się temu". Niech powie do rodzica: „Co ty mówisz do tego dziecka? Zobacz, jak ono się teraz czuje?". A do dziecka: „No, kochana, popadłaś w stary nawyk". Wtedy budzi się nowy rodzic, ten fajny: „Ojej, gdzie ja polazłem...

Ewa: ...że pozwoliłem tej niedobrej matce dołować moje kochane dziecko".

Kasia: No właśnie. I mówi: „Przepraszam cię, moja słodka dziewczynko. A swoją drogą mogłabyś dupcię ruszyć i coś zrobić" (ale to zupełnie inaczej brzmi niż: „Znowu się wylegujesz, ty wstrętny leniu"). Więc: „Swoją drogą mogłabyś

---

* Wewnętrzne dziecko – każdy nosi w sobie wewnętrzne dziecko, niezależnie od liczby lat, swego temperamentu i stylu życia. Dziecko to energia, siła witalna, intuicja, uczucia, twórczość. Bez niego nie ma życia. Kiedy słyszymy: „chcę", „nie chcę", „uwielbiam", „boję się", „to mnie pociąga", „mam dosyć", „ciągle się mnie czepiasz", „lubię cię", „pragnę tego" itp. – odzywa się w nas właśnie dziecko. To od jego kondycji i radości zależy nasza życiowa satysfakcja.

dupcię podnieść i coś zrobić, bo już sama się zaczęłaś nudzić". Dziecko na to: „Nie nudzę się, tylko cierpię". „A po co ci cierpieć – mówi dobry rodzic – jak możesz coś fajnego zrobić? (śmiejemy się) Ale jeśli bardzo cierpisz, to najpierw cię przytulę i ukołyszę, i powiem ci, że jesteś kochana, moja i niczyja inna tak bardzo jak moja".

Ewa: Ale tu, Kasiu, wchodzimy w...

Kasia: ...autoterapię.

Ewa: A to wymaga wielkiej uważności.

Kasia: Tak. I niektórym się nie chce.

Ewa: Ta uważność jest potrzebna po to, byśmy nie pozwalały sobie na wpuszczanie się w stare maliny.

Kasia: Bądźmy czujne na stare maliny. Zamontujmy w środku lampkę albo brzęczyk, albo wymyślmy jakąś inną dobrą metodę...

Ewa: Czujnik na dym.

Kasia: Można posłuchać ciała, które natychmiast zaczyna się źle czuć. Gdy jesteśmy w starych malinach, to od razu niczego się nam nie chce. To jest niesłychanie wrażliwy czujnik. Kiedy słyszę w sobie: „Nie chce mi się", to myślę: „Uuuuu, już mnie maliny obrosły". Bo wiesz, jaka jest różnica? „Nic mi się nie chce" to nie jest to samo co „chce mi się nic nie robić".

Ewa: Ja na takie „chce mi się nic nie robić" czuję podniecenie, to jest cudowne.

Kasia: Boskie, nie wyjdę z łóżka do godziny dwunastej albo czwartej, albo przez trzy dni. I będę się przeciągać i chodzić w koszuli po domu, i nie umyję się wcale, i niczego nie posprzątam...

Ewa: To szalenie twórcze!

Kasia: Na co zresztą rodzice najczęściej nie pozwalają. Moja mama robiła takie rzeczy i bardzo mi się to podobało, ale ona tego w sobie nie akceptowała i się za to strasznie karała, bo ją babcia karała. Nic więc dziwnego, że ona karała i mnie.

Ewa: O, doskonale rozumiem, bo ja uwielbiam tak robić, ale nie lubię, jak to robią moje dzieci.

Kasia: Widzisz, jaka jesteś?

Ewa: Wredna.

Kasia: Wredna matka i tyle! Pamiętam, jak leżałam na tapczanie na fioletowym kocu i mówiłam sobie tak: „O, jak mi się dobrze leży!", a z tyłu głowy zakradała się matka: „Ale nie wolno, nie wolno!". Na co mówiłam: „Cicho, cicho, bo ty jesteś ze starego zapuszczonego parku, a ja chcę mieć piękny, nowy ogród, ja sobie leżę dalej". Ale moja „stara niedobra matka" powtarzała: „Przecież ty nic nie robisz!". Na co ja odpowiadałam: „Nieprawda. Uczę się teraz tego, że mam prawo nic nie robić".

Ewa: Jaka to fajna odpowiedź!

Kasia: Fajna, prawda? Ale na to znów słyszałam uporczywe: „Nic nie robisz!". I wtedy nieśmiało pomyślałam coś, co dzisiaj wiem: nigdy nie jest tak, że się nic nie robi. Nigdy. Zawsze coś robimy. Jeżeli leżymy i myślimy, to coś robimy. Jeżeli siedzimy i patrzymy, to coś robimy. Jeżeli wspominamy, to coś robimy. Tym ludziom, którzy są popędzani przez wewnętrzne napięcie, wydaje się, że trzeba coś robić rękami, nogami, ciałem, a przynajmniej mózgiem. A ciało, gdy leży, to też coś robi, szczególnie gdy leży naprawdę. Wiesz? Gdy całe czuje, że leży: ręce, nogi, plecy zapadają się. Ciało kocha leżeć, kocha wodę, która po nim spływa pod prysznicem, powietrze, które je muska, gdy idzie. Ciało cały czas robi wiele rzeczy! A więc mamusia, która mówi: „Ty nic nie robisz!", jest biedną mamusią, która...

Ewa: ...kłamie.

Kasia: Jest biedną, także skrzywdzoną, istotą, która nie dowiedziała się od swojej mamusi, że jej ciało cały czas coś robi i że żyje, a to jest najważniejsze ze wszystkiego na świecie! To, że żyje! I swojemu dziecku zrobiła to samo. A tu fajne dziecko, zobacz jakie, nie dało się wpuścić w te stare maliny!

Ewa: Mnie to niesłychanie przejęło, bo to, o czym mówisz, wymaga od nas nieustannego bycia w kontakcie ze sobą. I wymaga nauki, samo nie przychodzi.

Kasia: Ależ, moja droga, wszystko wymaga nauki. Czy wsiadasz do samochodu bez nauki? A w sobie siedzimy od początku i nikt nas nie uczy! Jeżeli odzyskujemy przytomność lub ją mamy i nie ustaniemy w poszukiwaniach, to jest wielka szansa, że dotrzemy do radości życia, jaką ma w sobie zdrowe, szczęśliwe dziecko. Tu jest miejsce na mój wiersz:

Małe życie
napakowane radością
jak beczka kapustą
śmieje się, śmieje,
tak się śmieje
bo nie wie, co będzie
w następnym korytarzu.

Ewa: Lubię ten wiersz. Zawsze mam wrażenie, że dzieci w swoich niewielkich ciałkach mieszczą wielki zapas energii i radości na całe życie.

Kasia: To jest właśnie ta radość: Ale pyszna pogoda! Ale super zabawa! Ale klawy, ciekawy człowiek nowy, warto się z nim zaprzyjaźnić! Ale książka! Będę czytać! Ale robotę mam dobrą, jak świetnie, czuję, że mi coś w rękach rośnie! Albo: o, jak się uczę, to dopiero ciekawe!

Ewa: To znaczy, że jak się zabije dziecko...

Kasia: ...to nie ma już żywego człowieka, zostaje skorupa. To dziecko w człowieku jest życiem: z uczuciami, emocjami, energią, siłą witalną.

Ewa: A jeśli mamy depresję?

Kasia: To znaczy, że dziecko jednak utłuczone.

Miłość nasza ogromna, miłość nasza nieprzytomna...

Ewa: Kiedy się zakocham lub zauroczę, to o niczym innym nie mogę myśleć ani mówić...

Kasia: Stan i słodki, i smaczny. Ważne tylko, żeby się nie rozlał na wszystko. Jeśli się rozleje, a nie daj Boże, potem coś nie tak się zdarzy, to zauroczona się czuje, jakby cały świat jej zabrano, życie runęło, szczęście przepadło.

Ewa: Czy to znaczy, że cały świat nie może być tym zauroczeniem oblepiony? Nie myślimy o tym w pracy ani na spotkaniu z przyjaciółkami, ani w kinie, ani czytając książkę?

Kasia: Jeśli wyłącznie o tym myślimy, jesteśmy biedną panienką, mężatką lub wdową. A poza tym powoli stajemy się przeraźliwie nudną rozmówczynią. W swoim zaślepieniu nie zdajemy sobie sprawy, że fascynujący temat nowego narzeczonego jest tak samo interesujący jak nieustanne opowieści o nowej komórce, samochodzie, chorobach lub dziecięcych kupach. Subiektywnie może być to najważniejsza sprawa...

Ewa: Chcesz powiedzieć, że nie możemy zamęczać nią innych ludzi?

Kasia: Więcej powiem, niezbyt zdrowo jest też zamęczać siebie...

Ewa: Jak to się dzieje, że ja, zwykle mając coś do powiedzenia i do myślenia, w takim stanie jestem monotematyczna?!

Kasia: Bo stajesz się nieprzytomna, droga Ewo! Taki stan jest właściwy i zrozumiały u nastolatki. Przeżywa ona wszystko po raz pierwszy i zajmuje ją to całkowicie. Tak musi być, żeby poznała życie. To normalny etap rozwoju.

Ewa: To ja się zatrzymałam na tym etapie?

Kasia: Znam i osiemdziesięciolatki na tym etapie. To bywa urocze, ale na chwilę. Jest w tym wdzięczny odcień dziecięcości i jakaś energia, ale rozwój dorosłej części osoby nie nastąpił. Jest zasadnicza różnica między nieprzytomnym stanem bycia zalaną marzeniem o wszechogarniającej wielkiej MIŁOŚCI a pokochaniem kogoś.

Ewa: Przypomina mi się znakomite powiedzenie, które przypadkiem udało się znajomej Włoszce uczącej się polskiego. Powiedziała, że gdy ktoś jest zakochany, to ma słoninę na oczach, bo się jej słonina z zasłoną pomyliła. Mnie się wydaje to o tyle trafne, że słonina, w odróżnieniu od zasłony, jest całkowicie nieprzezroczysta i nic a nic nie da się przez nią zobaczyć. A ty zamiast słoniny co zdrowego proponujesz, Kasiu, w kwestii zauroczenia?

Kasia: Dojrzała osobowość jest jak piękny, duży dom o wielu pokojach. Mamy w nim bibliotekę, salon muzyczny, pralnię, prasowalnię, pokoje dziecinne i gościnne, jadalnię, gabinet do pracy, pokój telewizyjny i jeszcze inne, zależnie od wewnętrznego bogactwa. Może pracownię artystyczną, oczywiście ogród i może nawet ogród zimowy, piwnicę, strych, spiżarnię, kuchnię, garderobę...

Na zauroczenie i na „niego" przeznaczamy jeden bardzo miły i przytulny pokój, ale nie cały dom ani nawet nie całe mieszkanie. Ten pokój może być duży, piękny, specjalnie przygotowany i pieczołowicie urządzany... Może nawet z balkonem tonącym w kwiatach...

Ewa: A co ty myślisz, mówiąc: to ma być jeden pokój? Że ja mogę myśleć o NIM i o moim uczuciu do NIEGO przez dwie godziny dziennie?

Kasia: Nie, chodzi o to, że jeśli jesteśmy teraz na spacerze, to MY jesteśmy na spacerze, jestem z tobą, a nie z nim. Jeśli pracuję, to pracuję, a nie jestem z nim. Kiedy skończę pracę albo spacer, mogę sobie pomyśleć i przypomnieć, zajrzeć do tego pokoju, który rozkosznie czeka, posiedzieć w nim trochę, czasem spędzić noc, ale potem przymykam drzwi i idę do innych spraw i zajęć. W jadalni ani w łazience, nawet najpiękniejszej, też nie siedzisz cały czas.

Ewa: Ale jeśli idziesz na spacer i coś ci się przypomni *à propos*, co pasuje do toczącej się rozmowy?

Kasia: To sobie ciepło przypominam i rozmawiam dalej o czymś innym.

Ewa: Proponujesz rodzaj higieny myślenia?

Kasia: Ładne określenie. Ja nazwałabym to także dobrą strukturą. Mam ściany działowe tam, gdzie trzeba, i fundamenty tam, gdzie trzeba. Całe moje życie nie jest dla NIEGO ani przez NIEGO, ani tym bardziej OD niego. Ono jest moje i toczy się po mojemu.

Ewa: Dla NIEGO przeznaczam tylko trochę swojego życia? Aaaa, to ja już rozumiem. Ale chyba dotychczas nigdy tak nie robiłam. Oddawałam mu cały dom. Nic dziwnego, że po rozstaniu czułam, że moje życie kompletnie się zawaliło.

Kasia: Jeśli NIM zaścielisz cały swój wewnętrzny dom, usuwasz z tej przestrzeni wszystko inne, co przedtem funkcjonowało, działało, cieszyło cię, obchodziło, choć jego przecież wcale nie było. Więc kiedy potem nie ma go, zostajesz z pustką. Zresztą wcale nie musisz się z nim rozstać, żeby odczuć tę pustkę, bo żaden mężczyzna nie jest w stanie zagospodarować tak wielkiego obszaru, zwłaszcza w twoim wewnętrznym świecie.

A zwrócę ci jeszcze uwagę, że tej przestrzeni na NIEGO nie wypełniasz wcale nim realnym, tylko swoim idealizującym wyobrażeniem na temat tego, jaki to ON jest cudowny. I to też skazuje cię na niechybne rozczarowanie, niemające nic wspólnego z tym panem.

Ewa: O rany! Czyli na przykład zamiast pisać z tobą książkę, siedzę w domu i czekam, czy on zadzwoni, a potem pędzę, kiedy mnie potrzebuje. Odkładam ważne dla mnie sprawy i kontakty, a zajmuję się załatwianiem jego spraw.

Kasia: Wiele nieprzytomnie zakochanych pań oprócz tego toczy nieustannie w swych głowach dialogi z ukochanym, pełne tłumaczeń, pytań, próśb, gniewów, wyznań, gróźb i planów, najczęściej nigdy niewypowiedzianych, ale za to niedających spać.

Ewa: To przerażające!

Kasia: Zgadzam się. Szczególnie kiedy wyglądają tak nasze kolejne „miłości".

To, co czułe, nie może być lekceważące

Ewa: Jak to jest, że to, co mogłoby być czułe – na przykład nasze słynne „mała" – przy bliższym przyjrzeniu okazuje się po prostu lekceważące? Bo przecież to „mała" mogłabym traktować jako miłe...

Kasia: Wiedziałabyś, gdyby mówił to tylko tkliwie, czule. Powiedziałby: „No, mała, tak bym jeszcze z tobą chciał być, ale naprawdę muszę się zająć czymś innym. Chodź, mała, teraz cię przytulę", poczułabyś coś serdecznego i byłoby ci z tym dobrze. Jeżeli jest ci z tym niedobrze, to znaczy, że mówi to umniejszająco. To się wyczuwa w tonacji.

Ewa: W jakimś geście, w energii, która tu płynie...

Kasia: Oczywiście można dodać, co jest już trudniejsze do rozeznania, że może jesteś nadwrażliwa w tym zakresie. A może on to mówi trochę tak, a trochę tak, czule, a jednocześnie trochę lekceważąco, ale ty wyczuwasz głównie to lekceważąco. Ale to są subtelności, w których możemy czasami się nie pozbierać.

Ewa: Tak, chociaż gdy ktoś z zewnątrz pyta mnie, jak ja się czuję, gdy on tak do mnie mówi, to tym bardziej wzbudza to moją podejrzliwość.

Kasia: Gdyby zwracał się tak do mnie, byłoby mi niemiło. Mam taką przyjaciółkę, której mąż robi sobie z niej nieustannie żarty i się strasznie nimi bawi, po prostu jest przeszczęśliwy, natomiast ona robi dobrą minę do złej gry. Nie będę jej „otwierać oczu". Ona tak wybrała, nie chce wszczynać konfliktu. Ja bym może na to nie poszła, ale to ona wybiera, co robi. Może jej się to opłaca.

Ewa: Powiedz, Kasiu, właściwie po co ten ktoś to robi? Bo to jest z całą pewnością działanie celowe.

Kasia: Wszystko robimy po coś.

Ewa: I on to robi po coś dla siebie.

Kasia: Po to, żeby ustawić relację. Żeby ustawić ją według siebie.

Ewa: Żeby mi pokazać, jakie jest moje miejsce?

Kasia: Jeżeli ty będziesz zajmować mniej miejsca niż on, to on będzie zajmować więcej.

Ewa: A ja się na to nie zgadzam.

Kasia: Dlatego jesteś dla niego trudną partnerką. Jemu byłoby łatwiej z sobą samym, czyli mniej źle by o sobie myślał, gdybyś ty mu szybko dużo miejsca zrobiła i uznała jego wyższość. O to też nieustannie chodzi w związkach. O czym pan Strindberg pisał przejmujące, wspaniałe sztuki.

Ewa: Walka o władzę?

Kasia: O władzę, o poczucie wyższości, także o poczucie bezkarności.

Ewa: Jeśli tak ma wyglądać związek, to ja bardzo dziękuję. Bo mam wtedy uczucie, że mój partner się mną onanizuje, a ja nie bardzo chciałabym mu na to pozwolić.

Kasia: Możesz mu pozwalać albo nie pozwalać, ale on i tak będzie robił to, co sam chce. Nawet nie intencjonalnie – „chce" i „wie" – ale co mu się samo robi. Bo to jest bardzo często poza świadomością. Jeżeli ma potrzebę dowartościowywania się, to będzie to robił czym się da, a kobietą bardzo dobrze się da. Mężczyźni to robią kobietami, kobiety – mężczyznami. Można tak powiedzieć: im więcej niedowartościowania w każdej ze stron, tym więcej walki o to, kto będzie górą, kto zbierze więcej głasków i więcej profitów.

Ewa: Czy taki związek, twoim zdaniem, ma sens?

Kasia: To jest nieadekwatne pytanie. Po prostu są takie związki, bo są. Kto ma nadawać sens? Nie ja, nie ty. Nikt spoza. Jeśli ludzie są w takim związku, to znaczy, że ma to dla nich sens.

Ewa: A czy ty chciałabyś być w takim związku?

Kasia: Rozpoznaję takie aspekty również w swoich związkach, natomiast oczywiście moją świadomą chęcią jest nie używać drugiej osoby do podnoszenia swojego poczucia własnej wartości. Ale, tak jak mówię, skoro to jest często nieświadome, no więc może to czasem robię? Niekiedy łapię się na tym, że to robię, ale nauczyłam samą siebie, by nie bać się swojego Cienia*. Raczej cieszę się, że go odkrywam, bo wtedy mogę, już świadomie, nad czymś pracować. A „działalność" tego typu najczęściej należy do Cienia. Czujemy się aż tak niedowartościowani, że używamy ludzi – najchętniej tych, którzy nas kochają albo nas chcą, albo im się podobamy – do tego, żeby się dowartościować.

Ewa: Ale w ten sposób często ich ranimy i zniechęcamy do siebie...

Kasia: Możemy też nie ranić. Bo jeśli zdajemy sobie sprawę z tego, do czego ich wykorzystujemy, i się tym cieszymy, to już ich nie ranimy. Rozumiesz różnicę?

Ewa: Nie, nie bardzo... Czym się mogę tu cieszyć?

Kasia: Tym, że ktoś mi daje swoją aprobatę. Korzystam z niej, żeby do swojego koszyczka, który mam niewypełniony (czyli mam za mało poczucia własnej wartości), coś dołożyć. Biorę od niego dar.

---

* Cień – pojęcie z psychologii Carla Gustawa Junga. Najcelniej opisuje jego znaczenie zdanie samego Junga: „To, czym ktoś nie chce być". Jest to „inna osoba" w nas, ciemna, ukryta. Zawiera nasze kompleksy, urazy, bezradność. Stanowi żywotną część osobowości, nie do usunięcia. Nieświadome treści Cienia mogą ujawniać się w snach. Nawiązanie kontaktu z nim jest jednym z celów psychoterapii, gdyż przejście przez Cień jest warunkiem dotarcia do autentycznej świadomości.

Ewa: Mówisz o tym, że można to robić na różne sposoby? Można to brać tak, że ja czuję, że obdarowuję, albo można brać tak, że mi się to kradnie...

Kasia: I jeszcze ci się mówi, że za mało dajesz.

Ewa: Można okradać, wiążąc ręce sznurem i przypiekając ciało żelazkiem... Ale rozumiem, że można też wziąć w sposób piękny i elegancki...

Kasia: Tak, można wziąć w sposób dla wszystkich zdrowy.

Ewa: Czyli jest taka możliwość.

Kasia: Tak, przecież nas leczą miłości, przyjaźnie, bliskość. Jeśli człowiek bierze to jako dobry towar i używa z korzyścią dla siebie, to coraz bardziej wypełnia go coś dobrego, czyli coraz mniej mu potrzeba kolejnych dowodów, że można go kochać, że jest coś wart dla siebie i dla innych. Można od innych brać bez poczucia winy, bez wstydu albo z małym wstydem; troszkę zawstydzona, ale biorę. Mała dziewczynka jest często zawstydzona.

Ewa: Czy możesz mi powiedzieć, tak łopatologicznie, jak on może wziąć sobie od małej coś, co go wzbogaci, jednocześnie jej nie raniąc?

Kasia: Może powiedzieć sobie i tobie (ale najpierw sobie, bo to ważniejsze): „Spotkałem ją jako dużą i silną, taką, która wiele potrafi (bo nie zapominajmy, że ona jest nie tylko mała, ale też duża). Bardzo mi to zaimponowało i pociągnęło, bo pomyślałem, że i mnie uda się coś z tego uszczknąć, a tu się okazało, że ona też bywa mała. Więc gdy okazała się też mała, mogę sobie po pierwsze zdać sprawę z tych uczuć i powiedzieć tak: Wiesz, kochanie, kiedy jesteś mała pod tytułem: »Nic nie wiem, za nic nie odpowiadam i wszystko ty zrób i wszystkim zarządzaj«, to ja tego nie chcę. To dla mnie za dużo. Nakładasz na mnie zbyt wielki ciężar i to mnie złości. Ale kiedy jesteś mała w ten sposób, że się do mnie przytulasz i mówisz mi: »Potrzebuję twojego ciepłego ramienia – na chwilę, na jakiś czas«, to mnie to wzrusza i chętnie ci to dam. Mnie to też wtedy buduje, bo na trochę jestem wielki, ale nie muszę być taki bez przerwy. Wtedy dajemy sobie takie chwile, w których naprawdę ty jesteś mała, a ja duży, i oboje się z tym dobrze czujemy".

Ewa: Mówisz o nieprowadzeniu gry ze sobą. Mówisz o uczciwej komunikacji, kiedy ludzie mniej więcej zdają sobie sprawę z tego, co czują, i uczciwie oznajmiają to drugiej stronie...

Kasia: Najpierw sobie!

Ewa: Tak, masz rację, najpierw sobie, a potem już to, co sami wiedzą, mówią tej drugiej osobie bez chęci wyszarpania czegoś w sekretny, manipulancki sposób.

Kasia: Pięknie powiedziane!

Ewa: A co się dzieje, jeśli jedna strona chce grać uczciwie, a druga – kontynuować manipulację?

Kasia: To nie będzie z tego pary.

Ewa: Nie będzie...Tak mi się wydaje.

Kasia: Być może osoba uczciwa się ugnie i odejdzie z płaczem, bo będzie jej żal, albo odejdzie z satysfakcją, że udało się jej rozszyfrować manipulanta i uniknąć bólu, jeszcze większego bólu. Zresztą być może manipulant jest nie tylko manipulantem, ale do tej pory nie spotkał osoby uczciwej, którą zacznie cenić za to, że jest uczciwa, i powie: „Wiesz co? Jak na razie jeszcze manipuluję, ale może nauczę się być uczciwy?". I wtedy, być może, coś z tego wyjdzie, ale tego nie wiemy z góry. Bo przecież w ludziach jest dużo zasobów.

Ja się nauczyłam z uwagą patrzeć na to słynne pierwsze wrażenie. Ono się potwierdza albo nie, bo jak się ma dużo czasu i daje dobre warunki na otwarcie się i na otwartą komunikację, to często zaskakuje nas, ile w ludziach jest przemyśleń, otwartych postaw, własnego zdania, całkiem nieszablonowej dobroci, ile życzliwości i czułości, gdy czują się bezpiecznie. Więc trzeba sobie dać – albo warto sobie dać – czas, żeby to mogło się rozwinąć albo żeby sprawdzić, czy te zasoby są. Jednak danie czasu nie może polegać na tym, że przebieramy nogami, bo chcemy już! I tupiemy, że to się jeszcze nie spełniło. Oczywiście, powstaje tu też pytanie, czy chcesz inwestować w coś, co z góry nie ma gwarancji. Bo może wolisz dostać, co ci daję, żeby chociaż to mieć przez chwilę.

Ewa: Ale mogę też pójść szukać kogoś, kto od razu będzie lepiej rokował.

Kasia: Niekoniecznie tak łatwo jest go znaleźć. Myślę, że tu nie ma odpowiedzi, czy to jest sprawa przypadku, losu, czy dobrych energii, które się rozpoznają, gdy spotykamy ludzi dla nas łatwiejszych niż inni. Jest co prawda coś takiego, że gdy człowiek się rozwija i coraz pewniej czuje w swoich wyborach, to rzeczywiście jakby szybciej rozpoznaje ludzi, z którymi będzie mu łatwiej i przyjemniej; w tym sensie to spotkanie zaczyna się od razu na wyższym pułapie.

Ewa: I pewne rzeczy są już wiadome.

Kasia: Tego wam i sobie życzymy: żebyśmy więcej spotykały takich ludzi, z którymi szybciej i pewniej można się porozumieć w swoich rejonach, na wspólnych falach, jak to się mówi, tych z naszej książki, półki czy bajki.

Dobór niewłaściwy, czyli niedobór właściwy

Ewa: Rozumiemy coraz więcej i tyle spraw się wyjaśnia, a potem i tak wchodzimy w nowy trudny związek.

Kasia: Wchodzimy. A kiedy już w takim związku jesteś, warto go dobrze wykorzystać do przyglądania się, co robisz. Żeby uwaga była przy „ja" bardziej niż przy „on". To jest najtrudniejsze. Kiedyś odkryłam, że po to mam męża (choć oczywiście nie tylko po to), żeby móc być zła na kogoś, nie na siebie. Na kogoś! Nie powiedział tego, co chciałam, żeby powiedział, nie zrobił tego, co chciałam, żeby zrobił, nie wyjechał, chociaż chciałam, żeby wyjechał... za głośno oddychał...

Ewa: Ale przecież oni robią różne okropne rzeczy. Tak czy nie?

Kasia: A my to co? Nie robimy? Też robimy! I my odpowiadamy za to, co my robimy.

Ewa: A oni za to, co oni? Wątpię... No, ale ja nie o tym chciałam!

Kasia: Jasne, że nie o tym...

Ewa: Czy są jakieś sygnały na początku, które nam mówią, jaki to będzie związek?

Kasia: Są. Jeśli zaczniesz ćwiczyć uważność, nauczysz się je odczytywać. Ale te sygnały odczuwamy wyłącznie przez siebie, z ciała. Jeśli nie nauczysz się ich odbierać, to nie będziesz świadoma, jak się czujesz przy facecie.

Ewa: Mnie się to zdarza, że czuję się z kimś bardzo dobrze na poziomie ciała. Po prostu nasze ciała się przyciągają. I na tej płaszczyźnie jest porozumienie.

Kasia: I na niej, z tym człowiekiem, powinnaś pozostać. Ewentualnie korzystać z tego poziomu, żeby – przepraszam twoją inteligentną główkę – durnemu umysłowi, który jest uzależniony i pozostaje na usługach twojej neurozy, a nawet jest jej twórcą, żeby nie pozwolić mu snuć swoich podstępnych scenariuszy. W konsekwencji to ciało płaci za neurozę, którą tworzy umysł. Temu durnemu umysłowi twój wewnętrzny dorosły ma powiedzieć tak: „Kochany mój umyśle, ciało wie, co robi, więc go słuchaj i siedź cicho".

Ale ty nie. Musisz rozhuśtać wszystkie swoje nieufności, zastawić na faceta pułapki, wypuścić na niego lwy i to oczywiście od razu, gdy tylko on zrobi coś nie tak jak trzeba. Albo wytrzymać parę razy, ale za to potem dać mu popalić. Myślisz sobie: „Poczekam, może się zmieni". Ale przecież on nie wie, czego chcesz, bo mu tego nie mówisz. Robi więc swoje i nie wie, dlaczego ci się to nie podoba. A zamiast mu powiedzieć prosto, ty jeszcze zaciemniasz. Mało tego, on może nie chcieć, żebyś mu mówiła.

Ewa: Najczęściej nie chce.

Kasia: Wtedy powiedz mu: „Kochanie, ja ci nie po to mówię, żebyś ty nie chciał (śmiejemy się), bo jak nasze ciała cudownie się przyciągają, to znaczy, że nam może być dobrze. I warto, żeby było nam dobrze nie tylko w sprawie ciał. Ja będę słuchała, jak ty mi powiesz, co chcesz i czego nie chcesz, a ty słuchaj, jak ja ci mówię. A potem zrobimy negocjacje".

Ewa: A to się udaje? Kompromis to, moim zdaniem, taki stan, kiedy nikt nie jest naprawdę zadowolony...

Kasia: Niekoniecznie. Ja robiłam tak z mężem, np. kiedy kupowaliśmy rzeczy do mieszkania. Ustaliliśmy, że mogą być tylko takie, które spodobają się nam obojgu. Chociaż ja miałam ochotę na coś, on miał ochotę na coś, ale jeżeli nam się to jednocześnie nie podobało – to nie. Czemu potem któreś ma chodzić po chałupie niezadowolone? Myśleć: „Kupiła tę cholerną szafę, a ja jej nie znoszę!". Więc jeżeli jesteśmy związkiem, chcemy być związkiem i parą, to słuchajmy, czego ja i ty chcemy, a czego nie chcemy. Ale niestety czasami nie wiemy, czego chcemy, a czego nie...

Ewa: Wezmę historię z mojego życia, bo skąd mam brać? Wrócę do tego mężczyzny, z którym na poziomie ciała porozumiewałam się bosko, ale to nie wystarczyło. On miał problemy ze swoim dzieckiem, realnym, nie wewnętrznym (choć z tym pewnie też), i zupełnie nie akceptował moich dzieci. Nie mogliśmy robić niczego wspólnie z dziećmi. Nie wchodziły w grę żadne wakacje, spacery czy obiady.

Kasia: Czyli dla ciebie był to facet tylko do romansu seksualnego.

Ewa: Nie chciał ze mną mieszkać i w ogóle żadnego wspólnego życia.

Kasia: A ty chciałaś z kimś, kto nie chce?

Ewa: Problem w tym, że nie chciałam związku tylko seksualnego, chciałam wszystkiego: mieszkania, wspólnoty do dzieci, dzielenia trudów życia. Chciałam po prostu związku. Zaufałam mojemu ciału i przez kilka lat próbowałam wyszarpać coś, czego on nie chciał, a raczej nie mógł mi dać.

Kasia: To, co powiedziałaś, to: ufaj temu, że jedno ciało chciało drugiego ciała. Ponieważ w seksie było przyjemnie, wydawało ci się niesłusznie, że to już jakby samo z siebie gwarantuje całą resztę...

Ewa: Gdybym nie próbowała niczego wyszarpać, to byśmy pewnie tak do końca życia ze sobą byli.

Kasia: Tylko wtedy, gdybyś była gotowa podjąć samodzielnie trudy życia ze sobą i swoimi dziećmi, a on by dzielił swoje ze swoim dzieckiem. Może dawalibyście sobie bardzo dużo reanimacji w tej cielesnej rozkoszy. Tylko że ty chciałaś więcej. Tobie nie wystarczało. On przez jakiś czas może poprzestałby tylko na cielesności, potem może zechciałby i więcej? A może nie...

Ewa: Raczej by nie chciał, bo nigdy dotąd nie chciał.

Kasia: Może od innej kobiety też by nie chciał więcej, a może by chciał...

Ewa: Nie przypuszczam, bo już próbował i okazało się to dla niego zbyt trudne. Z żadną mu się nie udało, choć wiele razy próbował. W końcu dał sobie spokój z życiem we dwoje. Zresztą jasno deklarował to od samego początku naszej znajomości.

Kasia: Jeśli jest rzeczywiście tak, jak mówisz, to on pewnie ma daleko i głęboko schowanego małego chłopczyka. Zbudował wysoką wieżę, która przynosi męskiemu zamkowi wielki splendor i seksualne zapamiętanie, a chłopczyk zamknięty w komórce może już nawet nie płacze, więc można udawać, że go nie ma. Bo już przestał czekać.

Ewa: Sparafrazowałam kiedyś na jego cześć znany niegdyś przebój. Moja wersja szła tak: „Mieszkasz w wysokiej wieży, ona cię ochroni przed bliskością z ludźmi, przed miłością do nich...".

Kasia: Spójrz, łatwiej ci diagnozować jego, niż obejrzeć własne motywy – prawda? – to, że uporczywie oczekiwałaś od człowieka właśnie tego, o czym mówił, że nie ma i nie da... Nie byłaś na siebie uważna i nie przyjęłaś sygnałów ze swojego ciała, że ten mężczyzna nie chce dzielić z tobą trudów życia. Posłuchałaś sygnałów wyłącznie erotyczno-seksualnych. Otóż ciało kobiety może jej podpowiedzieć, że przy tym mężczyźnie nie będę pod opieką. Bo on nie chce. Choćby tego słowami nie powiedział.

Ewa: Potem już powiedział, kiedy go tak szarpałam.

Kasia: Twoje ciało szarpało jego ciałem, próbowało wymusić, wytrząść, usiłowało się dobić do niego. Twoje ciało używało siebie do tego, żeby go tak podniecić i tak go związać seksualnie, by również chciał czegoś innego: dzieci, domowej codzienności. To się nie udawało. Czyli twoje ciało wszystko wiedziało, tylko ty go nie słuchałaś.

Ewa: To prawda. Nie chciałam tego słyszeć.

Kasia: Twoje ciało wiedziało, że to jest mężczyzna tylko do seksu. A warto, żeby na to twój wewnętrzny dorosły powiedział: „Masz różne wyjścia. Albo odpuszczasz go sobie i przebolejesz, albo, jeśli naprawdę ci zależy, pobądź z nim, jak się da i ile się da, nie szarp się, sama zobaczysz, co z tego wyniknie. A potem, jeśli nie wynikło to, czego chciałaś, powiedz mu: Dziękuję ci, kochanie, było cudownie, ale ja jednak będę zapraszała innego rycerza, który przyniesie ze sobą chleb, sól, siekierę, huśtawkę dla dzieci i jeszcze kołyskę zrobi. Takiego ci ja chcę". Może on by wtedy pożałował i tę siekierę wziął do ręki. A może by nie pożałował, ale tylko wtedy miałabyś szansę się tego dowiedzieć. Bo może by się ocknął i pomyślał: „No, skoro już mamy taki świetny seks i ona taka mądra, i nie napiera, rozumie i nie szarpie, nie marudzi, nie wyzywa mnie od najgorszych (co robiły inne, bo przecież nie ty jedna), to może jednak...".

Ewa: Ale on się tak często podkładał, żeby mu przyłożyć...

Kasia: Znowu on... Mogłabyś przecież tej gry nie podejmować. On miał swoją grę i ty mu do tej gry, przez jakiś czas, pasowałaś. A nawet współpracowałaś z nim. I to jest znów ten słynny neurotyczny haczyk.

Ewa: A nawet hak... Na którym naiwnej kobiecie łatwo jest zawisnąć.

Kasia: Opowiem ci historię o naiwności: przychodzi dziewczyna i mówi: „Wychodzę za mąż". Ja na to: „No cóż, nie wyglądasz na specjalnie szczęśliwą", a ona nic tylko kwęka.

To ja: „Opowiedz mi o swoich narzeczonych". A ona: „Pierwszy mnie znudził, drugi był ślamazarny, trzeci za dużo myślał, a ten...? Jak go spotkałam, to pomyślałam sobie: O, ten to mi dopiero dopieprzy!". Pytam ją: „Czy ty słyszysz, co mówisz?". A ona na to: „O Jezus Maria!". Ale wyszła za niego. I nie chciała już nad tym pracować.

Ewa: Tak bardzo jej było potrzebne, żeby jej dołożył. Autodestrukcja. W najczystszej postaci.

Kasia: Taki alarm, rozumiesz, a ona go zignorowała! Ale, kochana, ja też to kiedyś zrobiłam. Wiele kobiet tak zrobiło i robi. Mamusie nas nie nauczyły. Tatusiowie też nie. Ani ich nikt nie uczył. Ale mimo to nasze ciało i nasza podświadomość ciągle do nas mówią. Ta dziewczyna przecież już przed ślubem wiedziała. Nawet mówiła to na głos. Ale tak jakby tego jednak nie słyszała.

Ewa: Patrzę, ale nie chcę zobaczyć?

Kasia: Innej się przyśniło przed ślubem, że leży na cmentarzu. I nie wzięła tego pod uwagę. A mnie się przyśniło, przed laty, że mój ukochany wywija nade mną łańcuchem. I też nie potraktowałam tego poważnie. Owszem, zdałam sobie sprawę z lęku. Ale zinterpretowałam to jako lęk w ogóle, lęk przed mężczyznami, przed odsłonięciem się, przed odrzuceniem. A to był znak, że to ten konkretny facet łańcuchem mi będzie nad głową wywijał.

Ewa: I wywijał?

Kasia: No pewnie. Choć nie dosłownie, bo to przecież symbol.

Ewa: Nasza podświadomość to jest bardzo mądra dziewczynka. I ja, gdybym jej posłuchała na początku związku z tym „trudnym" mężczyzną, to może wcale bym w ten związek nie weszła. Kiedy z nim byłam, wszystko śniło mi się mroczne, w sepii. Po rozstaniu pojawiło się słońce i powietrze. W tamtych snach było duszno, ciemno i strasznie. Jakieś lochy... pajęczyny...

Kasia: Lochy to twoja nieświadomość.

Ewa: Coś mrocznego we mnie wchodziło w relację z tym czymś mrocznym u niego. Pierwszy raz, gdy u niego nocowałam, przyśniło mi się, że właśnie jestem w jego domu i ktoś puka do drzwi. Otwieram. Przed drzwiami stoi ogromny kufer. Podnoszę wieko, a tam ni to lalki, ni kukły, jakby zmumifikowane kobiety, leżą poukładane jedna na drugiej, warstwami. To było straszne... Brrrr...

Kasia: Trupy kobiet przerobione przez tego strasznego chłopca.

Ewa: Nawet nie trupy, tylko takie motyle zdjęte ze szpilek, zasuszone kwiaty z książki.

Kasia: To mogły być postacie kobiet, które weszły na podobną drogę miłości, tak niszczącej jak twoja. Siostry z przeszłości.

Ewa: Moim zdaniem on wszystkie swoje kobiety przechowywał jakby w kufrze. Potem, gdy z nim byłam, miałam wrażenie, że on te baby ciągnie za sobą, bo się od nich nigdy nie uwolnił. Były wciąż obecne w jego życiu, właśnie w postaci zmumifikowanych wspomnień.

Kasia: Potem jeszcze ciebie dopchał do tego kufra. I następne, bo takich sprasowanych to się dużo zmieści.

Ewa: Gdybym posłuchała mojego snu, to może bym się w tym kufrze nie znalazła. A w tym samym związku miałam jeszcze jeden ważny sen. Ja, elegancka, zadbana i inteligentna, dobrze ubrana, jestem w pokoju, a pod stołem siedzę też ja, mam opuchnięte nogi, rozczochrane włosy, jestem w straszliwych, niemodnych, zniszczonych łachach, obrzydlistwo, jak ze śmietnika. Wchodzi on i w ogóle się mną, tą „ładną" nie zajmuje, tylko patrzy na tamtą. A ta, spod stołu, aż do niego piszczy i się rwie. I oni tylko ze sobą, zachowują się, jakby byli w szklanej bańce, jakby nikogo na świecie nie było. On na mnie nie zwraca uwagi; ja ładnie ubrana, inteligentna kobieta, a on z tą spod stołu ma jakieś konszachty, czuję, że oni się strasznie kochają, są ze sobą sklejeni, a ja nie mam z tym nic wspólnego.

Kasia: Ale sen!

Ewa: I wtedy pomyślałam, że to jest informacja, że jestem kompletnie oddzielona od tej postaci spod stołu.

Kasia: Ale po to masz taki sen, żeby zacząć nad tym myśleć, rozumieć i podpatrywać: kogo deleguję do miłości, kto tu kocha, kto jest kochany? Sen pokazuje, że można cię kochać taką „niezrobioną", naturalną, nawet dziką, „brzydką". Czyli taką, jaką się sobie nie pozwalasz pokazywać.

Jeżeli jednak nadal będziesz „cała na zewnątrz" – persona, maska, fasada – jeśli będziesz się pokazywać tylko jako osoba silna, inteligentna, sprawna, zadbana, dająca sobie radę, to przyjdzie do ciebie tylko taki, któremu potrzebna będziesz po coś. Albo on jest kiepski i chce mieć kogoś, kto go podciągnie, albo nie jest kiepski i chce mieć kogoś, z kim porywalizuje, albo chce się tobą pochwalić.

Ewa: Czyli on mnie nie widzi.

Kasia: Tej ukrytej nie widzi. Jak ma widzieć? Dopiero gdybyś się pokazała bez „retuszu", mógłby poczuć, czy taką cię chce. I wtedy byś się dowiedziała. Ale ty się boisz. Boisz się czekania, a najbardziej tego, że cię nie zechce.

Ewa: Boję się, że jak zobaczy, że płaczę, że bywam głupia, że jestem też czuła, słodka, że czasem nic nie wiem, że się najpierw pokłócę, a potem przeproszę, że w ogóle różne rzeczy robię, także nagadam, nawrzeszczę, nakrzyczę – to on powie: „O, nie, takiej nie chcę. Przecież ta upragniona miała być inna".

Kasia: Ale może być też odwrotnie: przyjdzie zdrowy, fajny facet, zobaczy taką wyretuszowaną i powie: „O, nie, ja nie chcę być z taką babą. Chcę normalnej, co to czasem popłacze, co to się mnie zapyta, czasem będzie niezdara, a czasem się ze mną pokłóci". Ominie tę nieprawdziwą. I będzie miał rację... W twoim interesie leży, żebyś się zintegrowała. Jeśli chcesz spotkać fajnego człowieka, to on musi ciebie rozpoznać. A ty jego.

Ewa: To tak jak w bajkach...

Kasia: No właśnie, nie na haczyk neurotyczny, tylko żeby zobaczyć człowieka-kobietę, człowieka-mężczyznę. Do tańca i do różańca, i do płaczu, i do śmiechu, i do kłótni, i do roboty. I do seksu, i do duszy... Ale nie istotę omnipotentną, tylko normalną, taką, która się czasem rozjeżdża, i on wtedy może być większy, mądrzejszy. A kiedy on się rozjedzie, to ona go wesprze. Ja właśnie takiego związku chcę. I wierzę, że sensowni mężczyźni też.

Ewa: Pewnego dnia twój ukochany przychodzi do ciebie, a ty masz nieumyte włosy, bałagan i jesteś w gaciach.

Kasia: Och, ile mnie kosztowało, żeby pierwszy raz kogoś tak wpuścić. Taki króciutki wierszyk napisałam:

Pokazywałam tylko
posprzątane pokoje.

Ewa: Kaśka, ja nie mogę wytrzymać, jak facet jest ze mną przez tydzień na wakacjach i codziennie niezmiennie wkłada spodnie od dresu lekko sprute na dupie, jest nieogolony i chodzi tak kolejny dzień, i ja muszę na to patrzeć. To dla mnie brak szacunku.

Kasia: To jest inny kawałek. Skoro ty się tak ciężko starasz być ciągle cudna, to jak on może sobie pozwolić się nie starać! Ty mu na to na pewno nie pozwolisz.

Ewa: Nie lubię cię.

Pozwól sobie na słabość

Ewa: Ostatnio bywam na różnych warsztatach psychologicznych dla kobiet, na których słyszę, że dobrze by było sobie odpuścić, porzucić kontrolę i poczuć się słabą. I ja mam z tym kłopot. Inne uczestniczki też. Potem wszystkie konsultujemy się w kuluarach, co to znaczy. Co ja mam właściwie zrobić?

Kasia: A te wasze wątpliwości nie wyszły na forum?

Ewa: Jakoś nie. Zadawałyśmy inne pytania, zresztą na warsztatach zawsze czasu jest „za mało".

Kasia: Szkoda, że nie wyszły. Namawiam, żeby pytać o wszystko. Bo jak się okazuje, te pytania, a także odpowiedzi na nie, są niezwykle ważne. Ale w tym waszym niepytaniu ujawniła się ważna rzecz. Pozwalać sobie na słabość to także otwarcie przyznać: „Nie rozumiem, o co chodzi. Nie wiem, jak się to robi. Na czym ma to polegać?". Wtedy zauważasz, że częściowo już to zrobiłaś. Pozwoliłaś sobie na przyznanie się do braku doświadczenia, do niewiedzy, do bezradności. Czyli „pozwól sobie na słabość" oznacza „pokaż siebie taką, jaką nie wolno ci być".

Ewa: A ja mam wrażenie, że dla ludzi oznacza to raczej: możesz się teraz położyć i nie podnieść z łóżka, bo możesz sobie pozwolić na zmęczenie, na to, że jak jesteś niedospana, to śpisz, jak nie masz siły sprzątać, to nie sprzątasz. Niech teraz inni zrobią coś za mnie, dla mnie. A ty mi mówisz, że „pozwól sobie na słabość" znaczy „mogę przez jakiś czas być głupia...".

Kasia: Oczywiście, również i to. Jeśli masz do przesunięcia wielką szafę, to nie musisz tachać jej sama. Można poprosić kogoś o pomoc. Ciekawa jest różnica między tym, co ty mówisz i co ja na ten temat uważam. W tym, co ty uważasz na temat słabości, jest przesunięcie ze sfery psychicznej na fizyczną, powstrzymanie działania, zastygnięcie, nieruchomość. To na pewno jest jeden z istotnych aspektów tej słabości, jakiej nie umiemy okazywać i na jaką nie umiemy sobie pozwalać. Ja raczej myślałam o słabości typu „nie wiem": nie czytałam, nie znam tego nazwiska, nie umiem wymawiać tego słowa, wstydzę się, jestem skrępowana, nie wiem, jak się to robi, pierwszy raz jestem w takiej sytuacji...

Ewa: To prawda. Często wszystko to czujemy, tylko nie chcemy się przyznać do swojej niedoskonałości. Rzadko to mówimy, raczej gdy nie wiemy, co zrobić, robimy cokolwiek, żeby nie zauważono, że nie wiemy, jak się zachować.

Kasia: Tu mówisz o kontekście społecznym, dotyczącym jakiejś niekompetencji, ujmując skrótowo.

Ewa: Czyli co? Dostaję po raz pierwszy w życiu zaproszenie na koktajl, nie wiem, jak się ubrać, więc dzwonię do tego, który mnie zaprosił, i pytam: „A jak się trzeba ubrać na koktajl?".

Kasia: Myślę, że ogromny obszar nieokazywanej słabości wiąże się ze sprawami, na których nam zależy. Zależy nam na kimś, na opinii, na uznaniu, na bliskości, na ważności, na zrobieniu dobrego wrażenia. Zależy nam na tym, żeby nas odbierano w jakiś określony sposób. Powiedziałabym, że jednym z podstawowych źródeł zawieszenia naszego niezbywalnego prawa do okazywania słabości jest to, że jesteśmy tak bardzo wcześnie frustrowani w swojej potrzebie, by być ważni, zauważani, wyjątkowo postrzegani.

Ewa: Nie daje nam się prawa, byśmy byli zwyczajni, tacy zwykli?

Kasia: Nie możemy być „po prostu" – po prostu zaakceptowani.

Ewa: Stawia nam się wymagania ponad naszą miarę.

Kasia: Albo obok naszej miary. Jeżeli lubiłam podskakiwać jako dziecko, a musiałam być spokojna, może to zaowocować tym, że nie będę pewna, czy moja spontaniczność jest dobrze przyjmowana. Mogę ją wciąż chować. Ujawnienie słabości to jest z jednej strony ujawnienie cienia, z drugiej – ujawnienie całej tej części, która nie zyskiwała aprobaty.

Ewa: W niektórych rodzinach nie można było się złościć ani nawet powiedzieć: „Jestem zła".

Kasia: Mam takie pacjentki, które zgrzytają zębami, zaciskają pięści, mówią bardzo oględnie coś złośliwego albo wyraźnie niechętnego. Ale gdy je zapytam: „Więc jest pani zła na nią (czy na niego)?", odpowiadają: „Zła? Ależ skądże! Ja ją lubię". Oczywiście nie możemy pomylić cienia ze słabością, bo to z całą pewnością nie jest to samo. Ale na pewno jakaś część cienia jest przez nas postrzegana jako nasza słabość.

Ewa: W przykładzie, który podałaś, wyrażeniem słabości byłoby przyznanie się do tego, że jestem zła!

Kasia: Jeżeli słabość to jest ta część nas, której nie wolno pokazywać, w ogóle mieć, to można by było powiedzieć, że uprawomocnienie tej całej części siebie wymaga powiedzenia sobie: „Wszystko, co czuję, co się we mnie pojawia, co się ze mnie wydobywa, jest moje. Przynajmniej w tej chwili. I to jest w porządku".

Zawsze odzywa się tu chór oburzonych: „Jak to? A jak człowiek by na przykład chciał kogoś zabić?". Ciekawe, że tak często w ludziach odzywa się ten motyw. Czyli ilość złości, agresji, niechęci i takiego nieujawnionego buntu, który pojawia się jako ta ostateczna, ekstremalna wypowiedź. Tak dużo jest tego nazbierane, że właściwie już tylko zabić.

Ewa: Ale przecież dla wielu osób to będzie zupełnie nie do przyjęcia albo co najmniej bardzo dziwne, jeśli powiemy, że powstrzymywanie złości jest nieokazywaniem słabości. Sama czuję przed tym jakiś opór. Myślę często o tym, że złoszczę się zupełnie jak mój ojciec: krzyczę, trzaskam drzwiami, mówię złośliwości – i nie lubię tego u siebie. Dlatego że strasznie nie lubiłam tego u ojca. Postanowiłam się więc kontrolować. Ale teraz, gdy to mówię, właśnie dociera do mnie, że moje „kontrolowanie się" polegało na tym, żeby nie wyrażać złości w ogóle, zamiast znaleźć inny sposób. I zdaje się, że u wielu osób dzieje się podobnie.

Kasia: To jest słynne „Nie bądź taka!". Ale jaka?

Ewa: No właśnie. Jak mam być „nie taka", to jaka?

Kasia: Język psychologiczny czy psychoterapeutyczny też ma taką wadę, że posługuje się gotowcami, pewnym skrótem. Ja doskonale wiem, co mam na myśli, mówiąc: „Pozwól sobie na słabość", ale naprzeciwko siedzi człowiek, dla którego jest to zagadka, niejasność.

Ewa: Tak. Dla mnie na przykład znaczy to też „pozwól sobie na to, na co masz chęć". Dziś rano chciało mi się spać, a nie robić śniadanie i wieźć dzieci do szkoły, to znaczy, że mogę zostać w łóżku?

Kasia: Oczywiście czasami to też jest to.

Ewa: (oburzonym tonem) Chcesz powiedzieć, że z mojego powodu dzieci mają nie iść do szkoły?

Kasia: Pewnie. Wiesz, jaka to dla nich frajda!

Ewa: Ale one potem hałasują i ja już nie mogę sobie pozwolić na słabość...

Kasia: Możesz sobie pozwolić. Czasem na nie nawrzeszczeć, czasem się popłakać, czasem zamknąć drzwi na klucz i powiedzieć: „Ja z państwem dziś w ogóle nie rozmawiam". Rzecz jest w tym, że ludzie pragną dostać receptę, która za jednym zamachem załatwi ileś trudnych sytuacji.

Ewa: To pokazuje, jak jesteśmy pogubieni.

Kasia: A przecież mamy bardzo szeroki wachlarz możliwości. Jeśli dziś jesteś zła, to możesz poinformować o swojej złości. Nie nawrzeszczeć na nich, tylko powiedzieć: „Jestem dziś zła i jak mi się tu ktoś napatoczy, to długo będzie żałował". Wyjawiasz wtedy swoje rozdrażnienie, uprzedzasz, a potem co kontrahent z tym zrobi, to już jego sprawa. Ty też na to zareagujesz tak lub inaczej, ale każda sytuacja odbywa się według innego scenariusza. Na tym polega zdrowie człowieka i wolność wewnętrzna, akceptacja swojej siły i słabości, czyli siebie w ogóle, że nie musi zawsze się nie złościć lub zawsze się złościć.

Ewa: I jeśli za każdym razem będę mogła się sprzeciwić, gdy mi coś nie pasuje, adekwatnie do sytuacji, wtedy nie będę tego kumulowała do takiego stopnia, że kiedyś wybuchnie i będę się wtedy oskarżać: „Boże, ale nie umiem kontrolować złości!".

Kasia: Gdy się nauczę mówić: „Uprzedzam, że dzisiaj nie należy ze mną rozmawiać" albo właśnie odwrotnie „bardzo potrzebuję, żebyście dzisiaj byli dla mnie mili" czy „szczególnie troskliwi". To są dwa odrębne przykłady, choć nie mogę codziennie prosić o troskę ani uprzedzać, że jestem zła. Jeśli mam taką postawę życiową, że nieustannie potrzebuję opieki i troski, to wszyscy będą mieli tego po dziurki w nosie. Choć iluś ludzi te wymagania spełni, jeśli osoba, która stosuje tę strategię, jest wystarczająco sprytna.

Ewa: Znamy takich.

Kasia: I znamy też osoby, które będą zawsze wrzeszczeć, domagać się i krytykować – wobec nich też część osób będzie ulegała i posłucha, ale jest to niewiarygodne zawężenie możliwości człowieka.

Ewa: Najczęściej jest to objaw wielkiej ciasnoty emocjonalnej. Takie osoby zachowują się tak, jakby nie mogły korzystać z gamy pośrednich uczuć. Ich emocje są skrajne: albo euforia i podniecenie, albo wściekłość i agresja. A inny człowiek jest kochany albo – gdy coś zrobi nie tak – natychmiast staje się wrogiem.

Kasia: Jeśli człowiek długo trzyma tę sprężynę ściśniętą, to gdy już ją puści, ona wylatuje z wielkim chrzęstem. A potem znowu ją ściska: „O Jezus Maria, wyrwało mi się! Co to się stało? Przestałem pilnować mojego normalnego stanu ściśnienia".

Przypomina mi się tu pewna historia. Na wyjeździe z alkoholikami trzeźwiejącymi byłam świadkiem rozkwitu jednego pana. Od długiego czasu przechodził terapię, stawał się człowiekiem coraz bardziej świadomym, coraz lepiej rozpoznawał swoje potrzeby. Zaczął być już taki bardziej niekontrolujący się i się zakochał. Człowiek, który uczy się otwierania na swoje potrzeby, często dotychczas niespełnione, dotyka potrzeby miłości. Wylewa się gotowość, która była bardzo długo powstrzymywana. Zakochał się zresztą w kobiecie, która już się w nim od dawna kochała i była gotowa na przyjęcie jego uczucia. Oboje bardzo fajni. Zobaczyłam, jak taki naburmuszony, raczej chłodny, może nawet surowy, powstrzymujący się facet raptem rozmiękł. Tak jak gąbka, która jest wyschnięta, a potem nasącza się ją wodą i ona się powiększa, nabiera swojego prawdziwego kształtu, odżywa. Wszystko się w nim zmieniło: skóra się wygładziła, uśmiechał się oczami, światło biło od niego, był dla ludzi serdeczny i pogodny, chodził z nią za rękę. Mówił, że nigdy nie był tak szczęśliwy. Wrócił do możliwości bycia szczęśliwym. Poddał się uczuciu, relacji, niekontrolowaniu się. I rozsiewał blask, który ogrzewał wszystkich.

Ewa: Ale czuję, że ta historia nie skończy się jak w bajce. Nie żyli długo i szczęśliwie?

Kasia: Koniec tego wyjazdu był jednocześnie końcem tego związku. Oboje poczuli, że trzeba wracać do tak zwanej „normalności". To jest najgorsze, tak zwana normalność!

Ewa: I do czego wrócili? Do normalnego nieszczęśliwego życia?

Kasia: Do zgody na niepełność, na kontrolę, na ograniczanie się, choć trzeba przyznać, że wszystko to bez osłony alkoholu, czyli był to wybór na trzeźwo. Jest to wyrazem dojrzałości, ale bardzo smutnej. Zobaczyłam, jak zgasł. Pojawił się we mnie żal. Oczywiście wiadomo było, że on nie będzie zawsze taki rozpromieniony, ale miał szansę.

Ale to było dla niego tak nowe, tak świeże po latach emocjonalnego ściśnięcia i skurczenia, że tego nie uniósł. Przypuszczam (bo nie wiem), że zachował to w sobie jako wspomnienie szczęścia, które było mu dostępne choć przez chwilę. Był wtedy sobą! Oprócz tego, że czuł, że sam kocha i ktoś go kocha, to był sobą takim niepowstrzymanym.

Ewa: Tak jakby wrócił do swojego dzieciństwa, do jakiejś wewnętrznej prawdy...

Kasia: Raczej do możliwości swojego dzieciństwa. Był otoczony ludźmi, którzy cieszyli się razem z nim. A my tego nie mamy w swoich domach. Nie mamy od rodziców ani od partnerów, którzy nie cieszą się naszym szczęściem, a szczególnie naszym szczęściem z kimś innym.

Ewa: Ale to nie jest łatwa sytuacja.

Kasia: Nie jest. On miał żonę. Ta kobieta całe lata żyła z nim w jego nieszczęściu. Teraz miał przeżywać szczęście z kimś innym? Aczkolwiek, niestety, kończy się to tak: jak ja jestem nieszczęśliwa, to ty też będziesz nieszczęśliwy. Nie ma takiego myślenia: aha, jak ty jesteś szczęśliwy, to ja też zrobię tak, żebym była szczęśliwa.

Ewa: Czy ty, opowiadając tę historię, chcesz powiedzieć, że on sobie nie pozwolił na słabość?

Kasia: Tak. Nie pozwolił sobie na zgodę, że będzie mu trudno. Bo jego lata ściśnięcia były też latami kontroli. Nie kontrolował swojego picia, ale miał iluzję, że manipuluje swoimi emocjami. Uzależnienie w ogóle na tym polega, że manipulujemy uczuciami. Nie chcemy czegoś przeżywać, więc sprawiamy sobie inne przeżycia, które zasłaniają nam te prawdziwe uczucia. Stawiamy się w sytuacji nałogowego sięgania po zastępcze przeżycia.

Ewa: Czyli czujemy coś, żeby nie czuć czegoś.

Kasia: Tak. To zastępcze, wywołane przez nas samych przeżycie niweluje to pierwsze czy też pierwotne uczucie, które z jakiegoś powodu jest dla nas trudne czy niewygodne. Gdyby ten mężczyzna się zgodził na szczęście, musiałby kiedyś bardzo boleśnie i przykro przeżyć okoliczności, które mu kiedyś tego szczęścia nie dały.

Ewa: Musiałby wrócić do przyczyn. Do stanu bezradności dziecka, które takie szczęśliwe być nie mogło.

Kasia: Po czym mógłby znów wrócić do szczęścia. Ale potem znów musiałby choć na chwilę wrócić do bólu. Bo to się tak w człowieku odbywa. Gdy idziemy w stronę prawdy, to idziemy zarówno w stronę tej prawdy ciepłej, dobrej, wypełniającej nas, jak i w stronę bólu.

Ewa: Gdy idziemy w stronę słabości, idziemy też w stronę siły?

Kasia: Tak.

Ewa: On nie pozwolił sobie na dotarcie do prawdziwej słabości, więc nie mógł dotrzeć do prawdziwej siły.

Kasia: Tego się nie da rozdzielić. To jest druga strona tego samego. W momencie kiedy on wraca do domu i mówi swojej żonie: „Słuchaj, czuję się wobec ciebie okropnie. Zawdzięczam ci tak wiele rzeczy, jesteś dla mnie ważna, ale ta kobieta kojarzy mi się z czymś absolutnie nowym".

W dodatku, wcale nie wiadomo, czy on rzeczywiście będzie z tą drugą. Może zostanie z poprzednią. Jeśli ona przebije się przez swoje, to jest wielka szansa, że odbudują związek, który tyle przetrwał. Można powiedzieć, że odkryli sens bycia razem. Tyle sobie dali. Nawet jeśli odbywało się to za pośrednictwem żalów, awantur i zniechęceń, jest to ich wspólna historia i jakaś lojalność...

Ewa: ...i umiejętność wytrwania w czymś naprawdę trudnym. Więc po co mu ta nowa kobieta?

Kasia: Tych twórczych mocy miłości nie jest w stanie obudzić osoba, z którą było się tak głęboko zanurzonym w negatywnych aspektach siebie i związku. Obudzić może ktoś inny, jak dzwonek: „Przyszła miłość". Co z nią dalej zrobimy? Czy niszczy się stary związek, na zasadzie: nigdy cię nie kochałem, co może nie być prawdą?

Ewa: Wróćmy jeszcze do wątku ujawniania słabości.

Kasia: Oni odnaleźli w swoim życiu wiele rzeczy, ale nie odnaleźli bliskości. Tę sferę jakby w sobie zawiesili.

Ewa: A do odnalezienia bliskości jest, twoim zdaniem, potrzebne ujawnianie słabości?

Kasia: Absolutnie niezbędne. Dopiero człowiek, przy którym przestajemy się bać i wstydzić swojej zwyczajności, niedoskonałości, bycia nie w formie, że nie stać mnie na coś, boję się, nie znoszę; dopiero możliwość pokazania takich rzeczy przy kimś, przy kim nie boimy się, że nas za to zostawi – buduje prawdziwą więź.

Ewa: Z własnego doświadczenia wiem, że kiedy już zaczynam coś ze sobą robić, odkrywam te nowe lądy, zaczynam z tym eksperymentować. Do tej pory nikomu tego nie pokazywałam, ale teraz pokazuję to wszystkim, komukolwiek. Wiem, że mogę to zrobić, ale nie wiem jak. Nie sprawdzam najpierw adresu. Ale nie zgadzam się na konsekwencje.

Kasia: No, taka strategia jest trudna. Bo nie sprawdzam adresu i zgadzam się na konsekwencje jest okej. Wymaga, co prawda, wiele odwagi.

Ewa: Ja raczej liczyłam na to, że mi się uda. Bo chciałam, żeby się udało.

Kasia: O, tak!

Ewa: Trochę dostałam po głowie, ale nauczyłam się też, że ta moja słabość jest czymś niezwykle cennym. To pokazywanie jest wartościowe. I dlatego sprawdzanie adresu jest konieczne.

Kasia: Nie wysyła się wartościowej paczki pod nieznany adres.

Ewa: Było bolesne. Bo ja byłam kompletna świeżyzna, nigdy dotąd tego nie robiłam.

Kasia: Często w takich sytuacjach ludzie zamykają się ponownie. Trzeba dbać o to, jak to robisz. Bo jeśli jesteś po kilkudniowym warsztacie, ale nie było czasu, żeby to wprowadzić w życie, przygotować się na ewentualne przeciwności, to idziesz trochę na oślep. Jedna ważna informacja, którą się powinno usłyszeć po takim spotkaniu, to: nie róbcie żadnych nowych rzeczy, nie podejmujcie żadnych poważnych decyzji. Bo zrobicie to pod wpływem chwilowego otwarcia.

Ewa: Kiedy ja odkryłam w sobie tę zdolność do kochania, ulokowałam swoje uczucia w pierwszym obiekcie, który się pojawił.

Kasia: Jak gąska, która się wykluwa z jajka, staje przed nią wilk, a ona za nim idzie.

Ewa: Zrobiłam też tak potem po raz drugi. Raz mi nie wystarczyło.

Kasia: No, może jeszcze trzeci raz ci się zdarzy.

Ewa: Oj, nie, nie, nie!

Kasia: Ale tak konkretnie, na co sobie pozwoliłaś?

Ewa: Pozwoliłam sobie się zakochać. Odsłonić to, pokazać, że mi na kimś zależy.

Kasia: Czyli pozwoliłaś sobie uzależnić się od kogoś. I co? Nie wyniosłaś z tego nauki dla siebie, oprócz bólu?

Ewa: Oczywiście, że tak. Ale były też dramatyczne aspekty i konsekwencje. Trudne dla mnie i nie tylko dla mnie. Też dla mojej dotychczasowej rodziny.

Kasia: Ale masz większe doświadczenie i moc większą.

Ewa: Ja się boję pokazać słabość, bo jako kobieta nauczyłam się, że muszę być dzielna, samowystarczalna, umieć sobie wszystko załatwić i ze wszystkim poradzić.

Kasia: To prawda, ale to tylko jedna strona medalu. Bo druga jest taka, że jesteśmy także uczone, że mamy się rozpłynąć w miłości, w oddaniu i zaufaniu, i byciu dla niego żoną, matką, kochanką, siostrą...

Ewa: ...przyjaciółką, sprzątaczką i kucharką.

Kasia: A on ma dla nas być przyjacielem, Bogiem, ojcem, księdzem, terapeutą itd. Z jednej strony uczone jesteśmy, że mamy się brać z życiem za bary, a z drugiej mamy być uległe, miękkie, słodkie i oddane. Nie wiem, kim musiałybyśmy być – nawet gdybyśmy były damskim Einsteinem, nogi się rozjeżdżają, jedna na krze, która płynie do przodu, druga na krze, która płynie do tyłu.

Ewa: I szpagat w zimnej wodzie gotów...

Kasia: Trudno się zakochać i mądrze z tego wyjść, czyli być dalej w związku i nie polec.

***

Ewa: Na warsztatach, na których ostatnio często bywałam, było widać, że kobiety straszliwie gubią się w kwestii siły i słabości. Ciągle pojawiało się pytanie: „Jak ja mam żyć z tą siłą i słabością w tym świecie, z facetem, w pracy?

Jakiego mam sobie znaleźć mężczyznę, czy on ma być silny, czy słaby?".

Kasia: A jeśli ja jestem silna, to czy on ma być słaby? A jeśli on jest słaby, to ja nie chcę takiego. Jeśli będzie silny, to się pozabijamy. Jeśli oboje będziemy słabi, to kto będzie kierował i ciągnął nasz wózek?

A do tego dochodzi jeszcze to, co się dzieje w mężczyznach. W tej chwili to mamy niezły pasztet. Takie czasy. One nam przynoszą fantastyczne możliwości, ale także konieczność przyśpieszonego weryfikowania doświadczeń zdobytych przez poprzednie pokolenia.

Okrucieństwa miłości

Ewa: Kasiu, dlaczego tak się dzieje, że kobieta, która otwiera przed ukochanym mężczyzną serce, która daje mu naprawdę dużo i same piękne rzeczy, jest postrzegana jako słaba?

Kasia: Często też przez tego ukochanego.

Ewa: Wydaje mi się, że generalnie osoby, które dają, kochają i są przyjazne, uważa się za słabe. W każdym razie za słabsze od tych, które dbają wyłącznie o siebie.

Kasia: Jest bardzo ważne, by taka osoba umiała stawiać granice. Bo jeśli ich nie wyznaczy, to rzeczywiście będziemy mieć do czynienia ze słabością.

Ewa: Łatwo można z niej uczynić ofiarę.

Kasia: Na przykład wtedy, gdy daje, a nigdy nie pyta, co w zamian. Oczywiście pojawia się chór głosów, które słyszymy od początku naszego życia: dawanie, tylko dawanie jest święte, dobre i wspaniałe.

Ewa: Bo w naszym obiegowym idealistycznym pojęciu miłość polega na dawaniu i nieoczekiwaniu niczego.

Kasia: To jest pułapka. Po pierwsze, ci, którzy dostają, dostają i dostają, przestają to szanować, zaczynają te dary lekceważyć, a jednocześnie roszczą sobie prawo do tego, by dostawać coraz więcej. I dlatego ten, kto daje, zaczyna wychodzić na tym jak Zabłocki na mydle. Natomiast ktoś, kto umie kochać – także siebie – chce dawać ze szczęścia, z radości, z zachwytu. Chce się tym dzielić, chce, żeby ukochany poczuł, że dostał dar najwyższej próby, że został zaproszony do czegoś cudownego, ale ceni też to, co daje, i jeśli poczuje, że jest to marnowane – wycofa dary, nie będzie nimi szastał.

Ewa: Gdy obdarzasz kogoś miłością albo przyjaźnią, za każdym razem jest to coś ogromnie cennego. Jeśli drugi człowiek nie chce tego zobaczyć ani przyjąć, to znaczy, że w gruncie rzeczy zwraca się przeciwko sobie.

Kasia: Przeciwko sobie, przeciwko tej wartości, przeciwko tej osobie. W sytuacji nieprzyjmowania ważna jest reakcja dającego. Bo są możliwe różne reakcje. To zależy od dojrzałości, od wieku, od okoliczności życia. Ale na pewno ten, kto daje, czuje żal, smutek, rozczarowanie, wycofanie. Rzadko kto potrafi dać, a później nie odczuć żalu, jeśli nie zostanie to przyjęte.

Ewa: Trzeba chyba być bardzo wysoko rozwiniętym...

Kasia: Ale czy rzeczywiście trzeba? Bo przecież intencja jest taka, byśmy się w czymś połączyli. Jeżeli się nie połączymy, to nie powstaje ta trzecia jakość.

Ewa: Chodzi o to, żebyśmy się połączyli w bliskości, w serdeczności, we wzajemnym zrozumieniu. Ale mimo że są to wartości ważne dla wszystkich, zdarza się, że ktoś mówi: „Ja wcale nie chcę twojej miłości, troski, uwagi! Po co mi to?". Takie odrzucenie to dla dającego prawdziwy policzek.

Kasia: Jeżeli mówi: „Nie chcę tego", to przynajmniej jasno stawia sprawę. Ale jeśli niby bierze, a faktycznie nie bierze, wtedy marnotrawi.

Ewa: Wiesz, co mi się wydaje ciekawe? To, że na ogół takim nietrafionym adresatem jest ktoś, kto wysyła sygnały, że potrzebuje ciepła, miłości, troski. Czyli wydawałoby się, że chce je dostać. A potem niespodziewanie okazuje się, że albo oszukiwał, albo ja uległam halucynacji.

Kasia: Tak. Zastanawiam się, czy niuans polega na tym, że ten pierwszy za dużo dał, czy raczej chodzi o to, że kiedy już dostałeś, przestajesz tak bardzo pragnąć, już wiesz, że możesz to mieć...

Ewa: ...i przez sam fakt dostępności ta miłość od razu traci wartość. Staje się oczywista.

Kasia: Można się nawet zmartwić: „Co ja mam z tym zrobić?".

Ewa: Czy rzeczywiście można być nieprzygotowanym na miłość?

Kasia: De Mello napisał: „O czym ludzie najbardziej marzą? O miłości. Czego się boją najbardziej? Miłości".

Ewa: Przychodzi miłość i trzeba w te pędy zjeżdżać...

Kasia: ...do pracy, do obowiązków, do spraw, które już były tak męczące, takie nieprzyjemne...

Ewa: ...a teraz w obliczu zagrożenia miłością nagle stają się tak ważne.

Kasia: Bo są znane, bezpieczne. Miłość wysokiej próby jest rzadkim towarem.

Ewa: Pamiętam, jak jeden z mężczyzn, z którym było coś o miłości, powiedział mi, że on nie chce być dla nikogo aż tak ważny. Co by dla niego miało z tego wynikać? Może by coś musiał? Od razu poczuł na sobie jakiś ciężar. A jemu nie o to chodzi...

Kasia: Mnie pewien mężczyzna, którego chciałam kochać właśnie w taki sposób, powiedział: „Nigdy tego nie zapomnę. Obdarowany zostałem największą i najpiękniejszą rzeczą...". A ja ze zdumieniem usłyszałam, że właśnie się żegnamy.

Ewa: Wziął. Jak prezencik.

Kasia: Owinął w bibułkę, napisał: „od Kasi" i odłożył na półkę. Będzie zaglądał czasem, może wnukom pokaże, a ja już nie jestem do niczego potrzebna: pani już dziękujemy.

Ewa: To niesłychane. Wydaje się zupełnie nieprawdopodobne.

Kasia: A jednak. Zostałem przez kogoś pokochany, on mi to ofiarował, już mam. Ale robić coś z tym, żyć z tym? Jak? Kim trzeba być? Jakim człowiekiem...

Ewa: ...żeby na to zasłużyć. Ma to dużo wspólnego z poczuciem ważności. Takiej własnej ważności, dla siebie. Znałam mężczyzn, którzy – w gruncie rzeczy – tak źle o sobie myśleli, że gdy spotykali kobietę, która była w stanie się w nich zakochać, to już w tym momencie mieli ją za nic, bo „kto się może zakochać w takim chłystku jak ja?".

Kasia: „Jak mnie takiego ktoś mógł pokochać? Jeśli to zrobił, to znaczy, że z nim coś jest nie w porządku". Takie myślenie skazuje nas na nieustanne rozczarowania i rany. Człowiek, który nie kocha sam siebie – bo nie był w dzieciństwie dokochany na tyle, żeby móc dalej siebie kochać – z jednej strony o niczym tak nie marzy jak o tym, by być pokochanym, ale niech no tylko to dostanie... Biedna będzie ta osoba, która go pokocha i zapragnie wzajemności.

Ewa: No właśnie. Zmarnuje to, a jeszcze tego, kto go kocha, wdepcze w ziemię.

Kasia: Z kolei wdeptany może ulec pokusie myślenia o sobie: „Skoro on mnie nie chce, to znaczy, że jestem nie taka (taki) jak trzeba". I to jest najgorsze. Jest szkodliwym zwróceniem się przeciwko sobie.

Człowiek taki ma jeszcze do wyboru trudniejszą drogę: wylizać się z ran, bo to musi koniecznie zrobić, i poczekać, co będzie dalej. Może ktoś kiedyś uniesie ciężar jego miłości.

Ewa: To wydaje się najbardziej ludzka droga.

Kasia: Te wszystkie drogi są ludzkie. Nie całkiem rezygnujemy z miłości, tylko po trochu: „Już nigdy nikogo tak nie pokocham. Już nie oddam siebie w takim stopniu, bo to się kończy tragicznie".

Ewa: Czy miłość jest niebezpieczna? Właściwie miłość może służyć do manipulowania ludźmi, okradania ich z energii, majątku, z godności, z sił życiowych.

Kasia: Nawet tak pełna optymizmu i pogody ducha osoba jak ja musi przyznać: Czasem – ale tylko czasem – bywa tak, że się nijak nie udaje.

Ewa: Nie jest to bardzo optymistyczne zakończenie. Ale prawdziwe.

Sens życia kobiety

Ewa: Nieraz mam przemożne wrażenie, że sens życia kobiety polega na poświęcaniu się swojej rodzinie, mężowi, synowi, dzieciom, domowi, utrzymywaniu porządku, karmieniu, i – jeśli te elementy powoli znikają – to pojawia się pytanie: To właściwie po co żyć? Jeśli ja nie muszę dla nikogo niczego zrobić, to po co mam w ogóle wstawać z łóżka?

Kasia: To straszne.

Ewa: Zgadzam się. A z drugiej strony czuję, że ciąży na mnie wielowiekowe, wielopokoleniowe odium kobiecości.

Kasia: Mówisz o tym, że jest to przymus zarówno kulturowy, jak i emocjonalny, a jednocześnie przymus to sens. Jeśli inny nie został dany czy wypracowany. Tego przymusu można się chwycić i wtedy wiesz, po co żyjesz*...

Ewa: Mam wrażenie, że kobieta tak swoje życie konstruuje. Najpierw szuka mężczyzny, którym się będzie zajmowała, potem

---

* W tej książce rozmawiamy o większości, czyli życiu kobiet i mężczyzn heteroseksualnych. Podkreślenie tego może być szczególnie ważne dla treści tego rozdziału.

ma dzieci, którymi będzie się zajmowała. Potem razem mają mieszkanie lub dom, którym będzie się zajmowała...

Kasia: A potem mąż będzie chory i stary i ona się będzie nim opiekowała.

Ewa: Oczywiście on też po drodze będzie się tym wszystkim trochę interesował. Może poczucie sensu życia mężczyzny i jego bezpieczeństwo jest też ulokowane w tym, że ma tę kobietę, która to wszystko ogarnia. Ale wciąż wydaje mi się, że kobieta jest bardziej nastawiona na innych.

Kasia: Część kobiet czy nawet ludzi powiedziałaby w tym momencie: „Tak, taki jest los kobiety, jej sens życia" i uznałaby to za coś naturalnego, zgodnego z wyższym porządkiem. I oczywiście wtedy, gdy te związki z mężem, dziećmi, zwierzętami przynoszą satysfakcję, to jest fajne życie, ale dlaczegóż miałoby koniecznie tak być, że jeśli tego nie ma, to w ogóle życia nie ma, sensu nie ma?

Sama w czasie trwania mojego małżeństwa zajmowałam się domem w sposób bardzo tradycyjny: szyłam pościel, prałam, prasowałam, robiłam przetwory. I dalej to robię, choć mniej i rzadziej, ale już płacę za to, że ktoś mi sprząta. Nie przypadkiem wybrałam też pracę usługową – zajmuję się innymi ludźmi, jednak za pieniądze.

Ewa: Ale czy to nadaje sens życiu?

Kasia: Można powiedzieć, że praca nadaje sens życiu mężczyzn. Mówi się o tym, że jest dla nich o wiele ważniejsza niż dla kobiet. Chociaż kobiety też zaczęły sięgać po sens życia związany z pracą, ale mężczyźni robili to dużo wcześniej.

Ewa: Gdy powiedziałaś, że jest taki „zestaw bezpieczeństwa" dla kobiet, pomyślałam, iż jest wiele tych rzeczy. Warto by się pokusić o zobaczenie, z czego taki zestaw się składa. Jestem potrzebna, komuś potrzebna. Wiem, co mam robić, czyli rozpościera się przede mną przestrzeń pełna zadań, z którymi jestem obeznana, do nich przygotowana. W dodatku są dla mnie jasne i oczywiste. Identyfikuję się z nimi.

Kasia: Są podpatrzone, wyssane z mlekiem matki albo są przynajmniej powieleniem tego, co robią inne kobiety wokół. Tu, w tym zestawie, jest dom, mąż, dzieci, zwierzęta, również gospodarstwo wiejskie.

Ewa: Kobieta odpowiada też za to, czy dzieci są zadbane, czyste, mają białe koszule na rozpoczęcie roku, czy mają kwiatki dla pani.

Kasia: Co jest jeszcze w tym kobiecym zestawie? Kobieta jest potrzebna jako karmicielka, pocieszycielka, czyścicielka, pilnowaczka porządku, można jeszcze wymieniać wszystkie te usługowe: sprzątaczka, kucharka, łataczka dziur, przyszywaczka guzików i uszu miśkom.

Ewa: I teraz wyobraźmy sobie taką tragiczną sytuację: mąż i dzieci giną w wypadku.

Kasia: Albo mąż umiera, a dzieci dorastają. Znam też młode wdowy, które przeżywały wielki stres związany z tym, że ich rodzinne życie się zaczęło, ale zaraz potem szybko skończyło.

Ewa: Zaczęło i ukształtowało według takiego oczywistego wzorca, którego sama oczywistość już daje poczucie bezpieczeństwa.

Kasia: Ta oczywistość wzorca mnie przeraża, Ewo. Daje poczucie bezpieczeństwa, ale też skazuje na straszliwy rozpad poczucia sensu życia, kiedy tego wzorca z jakiegoś powodu nie udaje się zrealizować. Wtedy kobiecie wydaje się, że jej życie się kończy i rozpada; najczęściej zresztą, choć nie zawsze, dzieje się to w sposób od niej niezależny, czyli jakby przeciw niej.

Pracuję zarówno z kobietami bardzo dojrzałymi, jak i bardzo młodymi oraz takimi, które są w środku sensu życia, mają te domy z dziećmi, mężami, zwierzętami, samochodami, wożeniem na zajęcia i gotowaniem obiadów bądź pilnowaniem gospodyni, która jest do tego najęta. Gdy słyszę życzenia: „Niech się jej życie ułoży", to wiem, o jaki model chodzi: żeby miała dobrego męża, dom i dziecko. Teraz coraz częściej ludzie mówią: „Żeby miała dobrą pracę", bo się troszeczkę jednak zmieniło. Są też matki, które deklarują: „Najpierw trzeba ją wyposażyć w zawód i w mieszkanie, to potem już sobie zawsze poradzi". Rodzice rozumieją, że dziewczynę warto wspierać, żeby samodzielnie stanęła na nogach. Ale jednocześnie też po to, żeby była lepszym towarem na małżeńskim rynku.

Gdy młode dziewczyny mówią mi: „Ja chcę tylko jednego – mieć dom i dzieci", myślę: A co będzie z tobą, gdy ci się to nie uda albo „nie ułoży"? Chwieje się wszystko, jeżeli jest tylko jeden model, jedno pragnienie, jedno wyobrażenie szczęścia. Bo gdy się rozejrzymy po świecie, to zobaczymy, że ten model nie jest modelem jedynym i nigdy nie był.

Ewa: To prawda. Ten model nie jest jedyny, ale jest na pewno najbardziej rozpowszechniony i najwięcej frustracji wiąże się z jego utratą albo niezrealizowaniem. Myślę o tym w kontekście poczucia bezpieczeństwa. Myślę o sytuacji, kiedy świat zachowuje się wobec nas tak, jak się po nim tego nie spodziewamy. Owszem, wiemy, że ktoś nas może napaść na ulicy...

Kasia: ...albo we śnie, co mnie się ostatnio zdarzyło...

Ewa: ...ale nie jesteśmy przygotowane na to, że NAM się to przydarzy. Nie NAM się ma zdarzyć, że mężczyzna, któremu poświęciłyśmy życie, od nas odchodzi. Nie NAM może się zdarzyć nieszczęśliwy wypadek, który zmiecie najbliższych z powierzchni Ziemi...

Kasia: ...albo zmiecie dom.

Ewa: No i jesteś w takiej sytuacji, kiedy świat z przyjaznego i słonecznego staje się groźny. My tu siedzimy w bardzo piękny dzień, w ogrodzie naszych przyjaciół i nie przypadkiem rozmawiamy o braku poczucia bezpieczeństwa... Ja mam takie wrażenie, że słońce świeci, ale tak jakby nie dla mnie.

Kasia: Ja tak nie czuję. To, że jest dzisiaj piękny dzień, jest autentycznym, prawdziwym ratunkiem. Położenie się na tym słońcu daje najczystszą czułość, najczystszy rodzaj opieki.

Mogę się jej poddać i nie muszę nikomu za to nic oddawać ani zasługiwać, ani się umawiać ze słońcem. Ono jest co prawda kapryśne, bo wychodzi kiedy chce...

Ewa: Ale traktujesz je jako rodzaj kosmicznej opieki...

Kasia: Jestem w jego promieniach bezpieczna, rozluźniam się. Przyjechałyśmy tu wczoraj poturbowane i zmęczone, każda na swój sposób. Źle spałam, ty też niedobrze spałaś, ale teraz położenie się na słońcu daje mi ogromną ulgę i nadzieję. Wiem, że moje ciało mądre weźmie to... I napełni się tym. Jest to jedna z odpowiedzi na ten jedyny model. Robi mi się niedobrze, gdy słyszę, że te kobiety – które umieją czerpać wsparcie i otuchę z wielu rzeczy (choć nie są tego świadome) – czują się przegrane i nieszczęśliwe, gdy długo nie pojawia się ten upragniony mąż. Mam takie klientki, wspaniałe, piękne, mądre, wykształcone dziewczyny, które nie mogą spotkać wystarczająco wspaniałego partnera; spotykają niewystarczająco wspaniałych i ich nie chcą. Są jednak wokół nich inni ludzie: przyjaciele, przyjaciółki, koledzy w pracy, którzy dają satysfakcję. Ale one się tym nie cieszą. W wiecznie żywym modelu myślenia jest tylko ta jedna wizja: mąż.

Ewa: Ale w tym modelu, o którym mówisz, też może być tak, że kobieta traci pracę, najlepsi przyjaciele wyjeżdżają za granicę.

Kasia: Oczywiście, tak też może być. Kobieta może stracić pracę. Jakoś tak jest, że mało kto chce uświadamiać sobie, że przed naszym życiem stoi wielka niewiadoma. Cokolwiek się zdarzy, co nie pasuje do przyjętego przez nas gdzieś w środku schematu, może nas bardzo łatwo wytrącić z poczucia bezpieczeństwa.

Jeśli człowiek nie chce wiedzieć, że któraś z tych rzeczy może go kiedyś w życiu spotkać i pewnie – gdy prędzej czy później coś się stanie – on powie: „Ale tak miało nie być", to myli swoje pragnienia, marzenia i iluzję z rzeczywistością, która jest nieprzewidywalna.

Ewa: No, a co z myśleniem pozytywnym i jego zwolennikami? Co z autorami popularnych książek, którzy dowodzą, że myśl kształtuje rzeczywistość?

Kasia: Wiemy, że pozytywne myślenie poprawia naszą postawę wobec świata, lepiej reagujemy, jesteśmy bardziej zgodni, łagodniejsi. W tym sensie zmieniamy swoją sytuację na lepszą, ale i tak nie możemy przewidzieć, co się zdarzy, ponieważ takiej władzy żadne myślenie człowiekowi nie daje.

Ewa: Mówi się: jakbym wiedział, że się przewrócę, tobym się położył.

Kasia: Jeśli nie chcemy wiedzieć i brać pod uwagę, że coś niechcianego, nieprzyjemnego, trudnego może nam się przydarzyć, to szykujemy sobie pewne rozczarowanie. Nie namawiam do tego, żeby żyć z poczuciem, że zaraz stanie się coś strasznego. Niektórzy używają takiego sposobu na zaczarowywanie świata: jeśli wyobrażę sobie najgorsze, a to się nie stanie, to mam władzę nad światem. Chodzi mi o stan, kiedy jesteśmy przygotowani, ale jednocześnie nie oczekujemy najgorszego.

Ewa: Myślę, że każdy człowiek – i ten pozytywnie myślący, i ten przewidujący, i skrajny pesymista – wie, że niechciane rzeczy mogą mu się przytrafić. Ale między wiedzą a zdarzeniem jest przestrzeń, którą w różny sposób zagospodarowujemy.

Kasia: Ładnie to nazwałaś. Tu właśnie jest ta różnica. Człowiek może stawać się coraz bardziej gotowy na przyjęcie tego, co się zdarza. W tym zawierają się i wspaniałe, i niechciane zdarzenia.

Ewa: Czyli dochodzimy do zalecanej przez buddyjskich nauczycieli akceptacji tego, co jest.

Kasia: Nic mądrzejszego nie zostało wymyślone przez ludzi. Wiemy, że warto sobie budować podstawę bezpiecznego życia; dużo zależy od naszego myślenia, ale też wiele zależy od naszego doświadczenia, a przede wszystkim tych dziecięcych, wczesnych doświadczeń, na które nie mieliśmy wpływu. I od naszego późniejszego działania.

Ewa: A wracając do porad praktycznych, co zrobić w sytuacjach, które nas tego poczucia bezpieczeństwa pozbawiają?

Kasia: Jest tu paradoks. Jeśli tracisz poczucie bezpieczeństwa, trzeba to uczciwie przeżywać, nie można tego od siebie odpychać, mówiąc: to jest be, ja tego nie chcę. Jednocześnie możesz budować w sobie zdystansowanego obserwatora, inaczej mówiąc, dorosłego, który cię nigdy nie opuści, cokolwiek by się działo. Można go nazwać również mędrcem. On wie, że sytuacja, która ma miejsce teraz, minie, tak jak każda inna. I także wie, co robić, żeby sobie pomóc w przetrwaniu trudnego czasu. Bo musisz go przetrwać. Nie ma rady. Żal, ból, żałoba, poczucie straty, rozczarowanie, lęk, zawód, pretensje – jeśli się dzieje coś złego, żywy, zdrowy człowiek musi przebrnąć przez te uczucia.

Ewa: Czyli od tego się nie ucieknie? To jest nieuchronny stan towarzyszący trudnej dla nas sytuacji, kiedy tracimy coś ważnego, co zaburza nasze poczucie stabilności i bezpieczeństwa?

Kasia: Oczywiście w zupełnie innej sytuacji jest sześcioletnie dziecko, któremu umiera matka, a w zupełnie innej trzydziestoletnia kobieta, której umiera matka. Jeszcze w innej jest chłopak, który skacze do rzeki i łamie kręgosłup. Do wczoraj był panem życia, a od wypadku jest inwalidą na wózku, zależnym od innych.

Ewa: Ważne są tu nasze wyobrażenia o tym, jak powinno czy jak ma wyglądać nasze życie. One są tutaj najbardziej zagrożone.

Kasia: Szczególnie że wyobrażenia te idą na ogół dwoma torami. Jeden wewnętrzny, ukryty, cichy: obawiam się, że nie zasługuję, mnie się nie uda, nie jestem godzien. A drugi, co bym chciała: życie według mojego marzenia, bardziej niż według realnej znajomości, na co mnie naprawdę stać.

Ewa: Ale – wracając – to, że kobieta chce mieć fajnego męża, zdrowe, inteligentne dzieci, czyli udaną rodzinę, wydaje się marzeniem w granicach rozsądku.

Kasia: Otóż tylko „wydaje" się, jak słusznie mówisz. Bo gdyby się rozejrzeć wokół, mało widać tych szczęśliwych małżeństw, które ze sobą zgodnie żyją, razem wychowują dzieci. Naprawdę dużo, dużo mniej, niż byśmy chcieli. Więc jeśli mamy choć trochę przytomności, możemy się rozejrzeć po świecie i zobaczyć, jak nieduże jest prawdopodobieństwo, że mnie uda się ten szczęśliwy związek. Tu można byłoby się też pokusić o przypuszczenie, że ci, którzy mają szczęśliwe związki, najprawdopodobniej sami też pochodzą ze szczęśliwych związków.

Ewa: To bardzo prawdopodobne, choć nie chcemy o tym myśleć, bo wtedy nasze realne szanse znów maleją.

Kasia: Tak. Jeżeli młoda dziewczyna marzy o tym, że jej braki, ból i pustka, wszystkie uczucia, które mają swój początek w jej rodzinnym domu, zostaną wypełnione przez ukochanego, jest dość wyraźnie skazana na to, że jej się to nie uda. Gdyby wiedziała, że najpierw musi włożyć sporo własnej pracy, nauczyć się czuć zadowolenie z tego, co ma i co dostała w życiu, a dopiero potem szukać partnera do dzielenia się tym, wówczas albo by go znalazła, albo nie byłaby nieszczęśliwa, gdyby go nie znalazła.

Tu jest ta istotna różnica: między dzieleniem się czymś, co się ma, a pragnieniem dostania od kogoś czegoś, co wypełni wewnętrzną pustkę, brak, cierpienie i tęsknotę. Zobacz, jaki smutno-śmieszny paradoks: chcemy się zakochiwać z powodu nieszczęścia.

Z marzeniami jest tak, że im jest nam gorzej, tym bardziej marzenia odstają od rzeczywistości. To jest coś, czego się też w szkołach nie mówi, a warto by było. Dziecko nieszczęśliwe sięga po świat nierealny, w którym jest dalece, dalece kimś innym niż w rzeczywistości. Im mu tu smutniej, tym bardziej jest tam królewiczem, królewną, księżniczką, rycerzem, wróżką, boginią, gwiazdą, supermanem, słowem: kimś wyjątkowym...

Ewa: Kim nie ma szansy być.

Kasia: I, oczywiście, w marzeniu spotyka go też ktoś wyjątkowy i kocha go w sposób wyjątkowy: cierpliwy, mądry, wyrozumiały, doświadczony. A jednocześnie jest piękny...

Ewa: ...młody, wysoki i bogaty.

Kasia: I to marzenie jest oczywiście niespełnialne. Z jednej strony te marzenia pozwalają się nam więc oderwać od bólu ziemi, a z drugiej skazują nas na to, że spadamy na tę ziemię z bardzo wysoka.

Ewa: To, co się dzieje w realnym życiu, przymierzamy nie do swoich doświadczeń, tylko ciągle do marzenia.

Kasia: Albo do wzorców z romantycznych filmów i piosenek. Bo nie *cinéma-vérité* nas tu interesuje, tylko komedia romantyczna „Pretty woman".

Ewa: Ciekawe, bo z tego, co mówisz, wynika, że poczucie bezpieczeństwa jest zawieszone na naszych marzeniach.

Kasia: Tak, bo zawieszone jest na tym, jaki rodzaj doświadczeń bombardował nas w dzieciństwie oraz w jaki sposób nauczyliśmy się je przyjmować i znosić. Są rodzice, którzy przewrócenie się dziecka traktują jako katastrofę, uczą je, że to coś strasznego, a potem każda rzecz, która się nie udaje, doprowadza do poczucia klęski i dysharmonii. Upada mi nóż na ziemię, a ja myślę: „O Jezus Maria, świat jest przeciwko mnie!".
Są też rodzice, którzy dają swoim dzieciom sensowny rodzaj wsparcia i opieki, kiedy to dziecku po zrobieniu sobie dziury w kolanie albo walnięciu się w łeb w jakichś zbyrach mówią: „Wlazłeś tam, bo cię ciekawiło, więc teraz musimy te rany opatrzyć. Będzie bolało, szczypało, ale to normalne", i przytulają je.

Ewa: Czyli tu się uczymy reagować na to, co się nam przytrafia, i budujemy swoje poczucie bezpieczeństwa.

Kasia: Jeśli matka chodząc w ciąży, była pełna lęku, wówczas płód dostaje ten lęk, niepewność, niepokój, który nie wiadomo, czego dotyczy, a może potem przenikać całe życie. I oczywiście matka może mieć te lęki z wielu realnych powodów: nie wie, czy będzie z tym mężczyzną, boi się porodu, jej matka nie chce, żeby ona miała dziecko akurat z tym facetem...

Ewa: ...boi się o to, czy dziecko urodzi się całe i zdrowe.

Kasia: Jeśli w tej rodzinie były z pokolenia na pokolenie ciężkie porody albo umierały dzieci, albo po narodzinach ojcowie odchodzili, to dziecko wchodzi w świat, który szykuje dla niego, w gruncie rzeczy, kołyskę z lęku.

Ewa: Więc jak ono może tego nie podjąć? Nie ma jak się obronić.

Kasia: Uruchamia jakieś własne strategie przetrwania. Zanurza się w naukę, w książki, staje się bardzo dzielne i wytrzymuje wszystko bez skargi, staje się ciche i uległe, zatapia się w marzenia albo znieczula narkotykami czy alkoholem. Albo się przejada albo wyzywa niebezpieczeństwo, żeby się poczuć jego władcą... Wszystkie te zachowania są w gruncie rzeczy informacją, że dziecko jest nieszczęśliwe, są wołaniem o pomoc. Mniej lub bardziej destrukcyjnym...

Ewa: Czasem marzenia się spełniają i spełnia się ten wymarzony stereotyp: mąż, dzieci, dom. I nagle cios. Wyobraź sobie czterdziestotrzyletnią kobietę, której mąż i dzieci zginęli w wypadku... a ona od pewnego momentu przestała pracować zawodowo i całe swoje życie poświęciła rodzinie.

Kasia: Mroczne te twoje przykłady, ale przyjrzyjmy się takiej ewentualności. Jeśli to kobieta, która wszystko zawiesiła na rodzinie, to ona czuje się tego wszystkiego pozbawiona, zostaje bez niczego. Abstrahując od żałoby, którą w takiej sytuacji każdy musi przeżyć w wielkim bólu, nie ma poczucia, że zostaje ze sobą, bo sobą nie dysponuje.

Ewa: Dysponowała swoimi umiejętnościami, czasem i energią...

Kasia: Jeśli już nie ma tego dokąd skierować, przez jakiś czas przebywa w miejscu, które można by nazwać pustą dziurą... I jest to uczucie obrzydliwe. Trudno uwierzyć, że się w ogóle kiedykolwiek skończy. Można powiedzieć, że im dłużej żyła dla innych, tym dłużej będzie trwało nawiązywanie kontaktu ze sobą i z otoczeniem.

A wracając do twojego pytania „Co zrobić?", terapeuta nie jest od odpowiadania na takie pytania. Trzeba zrobić to, co można w danej chwili. Można wrócić do elementarnej prawdy, że życie czasem przynosi także okrucieństwo i ból. Myślę też, że wielu ludziom wierzącym dopomaga myśl: „Bóg dał, Bóg wziął". Ja bym mogła powiedzieć: „życie dało, życie wzięło". Umierają małe dzieci, umierają starzy ludzie, umierają chorzy i giną zdrowi.

Ewa: Mówisz o szacunku, czyli o pogodzeniu się?

Kasia: Szacunek to nie jest pogodzenie się, to jeszcze długo nie jest pogodzenie. Tu jest miejsce na pokorę. Jeśli jest w człowieku wściekłość i złość, to niech ona popłynie. Może to być wściekłość na los, Boga, ale najczęściej jest to wściekłość dziecka, które nie zostało wyposażone w siłę i wiarę w siebie i w życie, w wiarę w swoją samodzielność i w wagę własnej osoby, i w swoje możliwości. Oczywiście, nikt po takim przeżyciu nie będzie się od razu zajmował swoimi możliwościami; trzeba ludzi nauczyć, jak się przebolewa taką stratę, bo tego też nie umieją. Umieją się martwić, denerwować, przewidywać najgorsze...

Ewa: ...albo nie chcieć przewidywać najgorszego...

Kasia: ...ale nie – akceptować ból. To, co może zrobić terapeuta, to towarzyszyć w tym bólu. Przyznaję się uczciwie, że raz nie wytrzymałam. Mojej klientce, która była w takiej sytuacji i właściwie bez przerwy tkwiła w czarnym dole, powiedziałam, że ja już nie wyrabiam. Zrobiłam wszystko, co mogłam wobec niej, i dłużej nie mam siły. Bardzo długo o niej myślałam i, na szczęście, później ją spotkałam. Powiedziała: „Wie pani, mnie to pomogło".

Ewa: Być może pomogło jej to, że zobaczyła, iż to jest nie do wytrzymania nawet dla ludzi zawodowo przygotowanych do pomagania w takich sytuacjach.

Kasia: Spotykałam też kobiety, które trwały w stanie pretensji do męża za to, że umarł, bo on wszystko za nie robił, nawet rachunki płacił, więc „jak on mógł jej to zrobić". Ale widziałam i takie, które zanurzały się w żałobę, czyli w wielki ból, nie po to, żeby tam pozostać, tylko po to, żeby go przeżyć, przetrwać, i wychodziły z tego, zaczynały stawać na nogi. I chcę ci powiedzieć, że kobiety, które przeczołgały się przez takie trudne przeżycia, zawsze docierały do jakichś nowych dla siebie lądów. Odkrywały swoją misję, posłannictwo, darowywały coś wartościowego innym ludziom.

Ewa: Z niszczącego wydawałoby się przeżycia można wyjść wzmocnionym, odkrywając nowy rodzaj przestrzeni dla siebie i propozycji dla innych ludzi.

Kasia: Nie dość tego, wtedy naprawdę można zostać przewodnikiem dla innych, bo samemu przeszło się przez ogień.

Czarna dziura

Ewa: Kasiu, mam uczucie, że przyjazny dotąd świat nagle robi się mroczny. Słońce świeci, ale jakoś z daleka, wszystko wygląda odstręczająco, czuję, że wpadam w czarną otchłań, dziurę bez dna... Co się ze mną dzieje?

Kasia: Bardzo mnie to przejmuje i niepokoi. Bo ty się w sobie zapadasz, robisz szus w dół, lecisz w dół, lecisz. Mam taką wizję, jakbyś jeszcze do tego łapkami skrobała, żeby ten dół stawał się głębszy. Jakby już nie było wtedy innego kierunku.

Ewa: Mam dokładnie takie poczucie. Wszystko staje się czarne i nie ma już innego kierunku i żadnej innej możliwości. A co rozumiesz przez to, że jeszcze pogłębiam ten dół?

Kasia: Jeszcze sobie dokładasz, przywołujesz dowody na to, jak jest strasznie. Jakby twój umysł opracowywał wyjaśnienie, które tłumaczy twój stan emocjonalny. Jesteś zalana „ciemnymi" uczuciami, ale, jak większość ludzi, używasz wtedy mózgu, aby jeszcze bardziej sobie dokopać, a znacznie rzadziej, żeby poprawić ten stan. Mnożysz argumenty: facet okazał się niefajny, nie mam pracy, samochód mi się psuje, muszę iść do dentysty, dzieci są niegrzeczne... Tyle razy próbowałam się otrząsnąć – myślisz – i znowu jestem w takim stanie. Czy to się nigdy nie skończy? – pytasz. – To się nigdy nie skończy – odpowiadasz. – Świat taki jest. Nikt mnie nie kocha, nikomu na mnie nie zależy, nikt mnie nie chce. Koniec, coraz bardziej w dół.

Ewa: Tak właśnie się to odbywa...

(po chwili) Odkryłam, że to jest stan, który wiąże się dla mnie z poczuciem porzucenia i opuszczenia. Ma korzenie głęboko w dzieciństwie i powstał w sposób nieświadomy. Nie mogę pamiętać, jak to się stało, bo miałam wtedy jakieś niewielkie miesiące, nawet chyba mniej niż trzy. To musiało być dla mnie szalenie traumatyczne przeżycie, bo pozostawiło taki ślad. Mam wrażenie, że to uczucie lotu w dół czy wpadania w otchłań jest zakodowane w moim ciele.

Kasia: Tak. Ze swymi emocjami i ledwo nadążającym umysłem lecisz w ten znany ci stan.

Ewa: Jeśli spotkam się z czymś, co w jakikolwiek sposób jest podobne do sytuacji, która kiedyś, dawno wywołała takie uczucie, to wraca mi jego wspomnienie w ciele i ja w jakimś sensie „podążam" za tym uczuciem. Po prostu.

Kasia: Czyli masz już wyślizganą drogę w ciele.

Ewa: Tak, mam taką zjeżdżalnię.

Kasia: I kiedy pojawia się niepokój, strata, rozczarowanie związane z jakąś sprawą aktualną, wystarcza podobieństwo doznań i już rozlewa się morze bólu, związane z całą przeszłością. I zjeżdżasz w dół.

Ewa: Uważam, że podobnie jak inni ludzie, którzy mają takie doły i zjeżdżalnie, sama wybieram sytuacje, w których będę mogła po raz kolejny doświadczać tego uczucia.

Kasia: Brawo! Oczywiście, że tak. Bo chociaż to jest tak bolesne, jest jednocześnie tym, co znasz, co rozpoznajesz, przy czym wiesz, jak się zachować.

Ewa: To paradoks!

Kasia: Tak, bo to jest paskudne uczucie i właściwie chciałabyś go nie mieć, ale ponieważ już je tak dobrze oswoiłaś, już zjeżdżałaś po swojej zjeżdżalni tyle razy, to na przykład pójdziesz zjeżdżać z podniebnych zjeżdżalni na basenie, żeby czuć ten ścisk w żołądku, albo będziesz skakać na bandżi, albo wybierzesz sobie faceta, który będzie ci dawał...

Ewa: ...właśnie takie emocje.

Kasia: To jest twoja osobista historia, twój wewnętrzny dom, budowany tak trochę krzywo przez lata. Wygląda na to, że już rozpoznałaś to „skrzywienie". I że prześwituje ci myśl czy zamiar remontu. Ale żebyś mogła go zacząć, potrzebna jest odpowiedź, co z tego masz. To jest bardzo trudne pytanie. I ogromnie ważne. Też paradoksalne. Jaki masz „interes" w tym zjeżdżaniu? Każdy mówi: „Żaden! Ja tego nie chcę, to jest okropne...". Oczywiście, że nie chcesz tego czuć, ale widocznie musiałaś się tego nauczyć, żeby przetrwać coś jeszcze gorszego, i strategia ta stała się dla ciebie bardzo cenna, w taki sposób mogłaś sobie dać radę...

Ewa: Mam z tego korzyści. I nawet już o nich wiem. Przewrotnie: gdy znajduję się w takim stanie, w takim dole, to wokół mnie pojawiają się dobrzy ludzie, na przykład ty, Kasiu, którzy mi pomagają się z tego dołu wygrzebać. I mam poczucie, że co prawda wtedy, gdy trzeba było się mną opiekować, to powołani do tego ludzie się mną nie opiekowali, ale w ogóle na świecie są inni, którzy się mną zaopiekują i nie pozwolą mi już tak kompletnie do tego dołu wpaść. I tam leżeć. To z jednej strony bardzo przyjemne, że jest się w świecie, w którym mamy przecież przyjaciół, życzliwe osoby i one się nami interesują i zajmują. Z drugiej strony jest to straszliwie niebezpieczne...

Kasia: ...bo jeśli nie będzie nikogo przy tobie...

Ewa: ...albo jeśli się już wszyscy straszliwie zmęczą tym, że trzeba mnie znów wyciągać... Ale równocześnie z tą obawą mam też poczucie, że za tę moją krzywdę mnie się należy, żeby się teraz mną zajmowali. Mam do tego święte prawo!

Kasia: Za tę świadomość – medal! Przyznajesz się, że masz roszczenia. Bo to są roszczenia nie do spełnienia...

Ewa: Ale ta świadomość mnie nie leczy...

Kasia: Oczywiście, że cię nie leczy. Jeszcze bardziej cię „rozchorowuje", że tak powiem. Roszczenia nie leczą.

Ewa: Mam cały ten zestaw wiadomości, ale to nie znaczy, że potrafię sobie radzić w takiej sytuacji. Przede wszystkim nie wchodzić w taką sytuację...

Kasia: *Yes*! To jest dobry cel.

Ewa: A jeżeli już w niej się znalazłam, to nie zjechać znów w dół. W tym sensie świadomość nie zmienia jeszcze mojego życia.

Kasia: Właśnie zaczyna się zmiana. Coraz więcej odkrywasz. Ale istotne są tu jeszcze inne aspekty: uważasz, że ci się coś należy, więc jeśli tego czegoś nie dostaniesz, to ten, kto ci nie dał...

Ewa: ...jest brzydki.

Kasia: I dajesz sobie prawo czuć do tej osoby niechęć, złość. Miała cię ratować, a cię nie ratuje. Czyli mnóstwo ludzi odpada ci z życia, bo okazali się nieratownikami. „Ratownicy" zaś czują, że ty od nich wymagasz, rościsz, żądasz. Czasami są w stanie dać, czasami nie. Ja tu z tobą przyjechałam (jesteśmy w gościnnym wiejskim domu naszych przyjaciół) w kiepskim stanie; po pierwsze, sama musiałam siebie wyciągać...

Ewa: ...po drugie, bronić się, żebym ja cię w swoją czarną dziurę nie wciągnęła.

Kasia: Tak, to po drugie. Ale bardzo będę się cieszyła, jeśli skorzystasz z pomocy i będziesz przerabiała ją na swoją wiedzę, mądrość i samodzielność, do czego masz wszelkie predyspozycje. A wtedy pomagier ma frajdę, że to, co robi, przydaje się. Jest różnica między pomocą a „ratownictwem".

Ewa: Nie bardzo ją rozumiem.

Kasia: Ratownik musi być przy tobie za każdym razem, kiedy ci kiepsko, bo jego zadaniem jest cię z tego wyciągnąć.

Ewa: I w tym sensie jestem ubezwłasnowolniona...

Kasia: O, właśnie. A pomoc, dzięki której nauczysz się sama sobie radzić, buduje twoją niezależność i samodzielność. Jako dziecko zostałaś skrzywdzona, coś się stało bez twojej wiedzy i zgody, bez możliwości zareagowania i być może twoje ciało, tak jak mówisz, będzie nosiło pamięć tego wydarzenia do końca życia, będzie miało tę tendencję do ześlizgiwania się w otchłań. Tym bardziej ważne jest dla ciebie, byś nauczyła się dobrych sposobów, twoich własnych, które będziesz szanowała, za które będziesz się lubiła, będziesz sama sobie wdzięczna, że je wypracowałaś. Bo krzywdę ci już zrobiono...

Ewa: ...na to już nie mam wpływu...

Kasia: ...ale teraz masz możliwość dorosłej zmiany strategii, by nie zsuwać się po tej pochylni albo – gdy już się trochę zsuniesz – zbudować sobie schodeczki, po których wyleziesz. Może liny, może drabiny?

Ale żeby wychodzić, musisz wiedzieć, z czego wychodzisz i co z tego miałaś, że tak długo w tym tkwiłaś. Przecież miałaś niewątpliwie przekonanie, że ty nie musisz nic robić. Prawda? To ciebie skrzywdzono, więc inni ludzie mają ci to zrekompensować, ciebie reanimować.

Ewa: Chcesz powiedzieć, że zwalniam się z odpowiedzialności za własne życie?

Kasia: Tak. I to jest największa krzywda, którą sobie wyrządzasz.

Ewa: Ale ja, Kasiu, czuję, że nie mam wystarczająco dużo siły, zwłaszcza w takich momentach...

Kasia: Rozumiem, o czym mówisz. Jednak, o dziwo, nie chodzi o te trudne momenty, właśnie chodzi o inne momenty. Ty masz bardzo dużo siły! Robisz coś takiego: żyjesz sobie niby niefrasobliwie, po czym, gdy ci się nazbiera różnych frustracji, małych i większych niespełnień albo gdy się zdarzy coś takiego, co przechyli szalę, wtedy zjeżdżasz po tej równi. I wtedy nie masz się już czego uchwycić, ponieważ nie wypracowałaś sobie tych uchwytów, kiedy nie byłaś w dole.

Ewa: A gdybyś mogła przełożyć to z języka metaforycznego, to o czym mowa? Bo ja mam chyba pewnego rodzaju dysfunkcję: niby rozumiem, co do mnie mówisz, i odczytuję tę metaforę, ale na poziomie intelektualnym, powierzchownym. Czyli rozumiem słowa, jednak sens do mnie nie dociera. W momencie, gdy nie dostanę jasnej instrukcji obsługi: buduj pomost – znaczy zrób konkretnie to i to, czuję, że mam tam białą plamę. Czuję się jak dziecko. Dziecku trzeba najpierw pokazać, jak się obiera ziemniaki, żeby ono, metodą prób – i za pomocą ćwiczeń – nauczyło się to robić.

Kasia: Zgadza się, ale spójrz na to też tak: jednemu dziecku pokazuje się, jak się obiera ziemniaki, i ono mówi: „Uee, jakie to nudne! Nigdy nie będę obierać ziemniaków, będę jeść je tylko wtedy, gdy ktoś mi obierze i ugotuje, a sam nie będę się zajmować takimi rzeczami. Bo ja mam siąść do gotowego obiadu, ktoś ma go zrobić, a ja będę marudzić – dobry obiad albo niedobry".

Możliwe, że ciebie nie nauczono obierania ziemniaków, i bardzo prawdopodobne, że przez kawał życia, który przeżyłaś, sama inwestowałaś nie w tę umiejętność, czyli nie w uczenie się, jak sobie radzić ze zjeżdżalniami, tylko w to, jak uwieść faceta bądź po prostu innych ludzi, żeby o ciebie zadbali, kiedy znajdziesz się w takim stanie.

Ewa: Jestem pewna, że w to inwestowałam.

Kasia: Sporo ludzi mających poczucie krzywdy uważa: „Mnie się należy". Być może jakieś osoby w twoim dziecięcym życiu czuły się winne i wynagradzały ci, a ty wtedy wpadłaś na taką strategię, żeby za to, czego nie dostałaś, domagać się czegoś innego. Małe dziecko otrzymuje wtedy ważną wiadomość: „Mogę za pomocą roszczeń z powodu swojej krzywdy stawiać wymagania ludziom. To mnie jakoś koi".

Ewa: Bo roszczenia prawdopodobnie były zaspokajane...

Kasia: Tak, skoro okazało się, że warto dalej inwestować w tę grę. Tyle tylko, że pozornie dostajesz coraz więcej od innych

i to może wydawać się fajne, ale z drugiej strony skazuje cię to na kompletną zależność od nich. Albo oni są obok ciebie, albo ich nie ma. Jeśli nie ma, to się trzeba mocno postarać, żeby znów byli. Być może jeśli nie są tak dobrzy, jak byś chciała, to bierzesz takich, jacy są. No bo jakichś musisz mieć...
I bardziej jesteś nastawiona na to, żeby poszukiwać tych, którzy będą cię ratować z twoich grzęzawisk, niż na to, by nauczyć się „obierania kartofli". Bardzo to ładna metafora. Pokazuje coś podstawowego, co pozwala utrzymać się przy życiu. Jest to także coś, co daje poczucie sprawczości. Daje ci poczucie autorstwa, bo inaczej nie jesteś autorką swojego życia. Autorem twojego życia jest facet, który cię kocha albo który cię porzuca, albo ten, który ci obiecuje, albo który cię uwodzi, albo ten, co obietnic nie spełnia... I wtedy oni są języczkiem u wagi sensu i znaczenia twojego życia.

Ewa: Chcesz powiedzieć, że jestem uzależniona od facetów?

Kasia: Wydaje mi się to dość wyraźne.

Ewa: To straszne!!!

Kasia: Przykro mi.

Ewa: Dlaczego tobie?

Kasia: Wolałabym, żebyś nie była. Byłoby mi z tobą łatwiej.

Ewa: Przede wszystkim mnie ze sobą byłoby znacznie łatwiej.

Kasia: Jasne. Jesteś bardzo mądra, skoro już widzisz, że tobie też byłoby łatwiej. Byłoby ci także ciekawiej i pewniej. Bo chociaż przeważnie kobiecie jest dobrze, jeśli jest mężczyzna, który ją kocha i jej chce, to jednak zdrowiej dla związku, żeby on nie był deską ratunkową, bez której się topisz.

Ewa: Ciekawe, skąd mi się to wzięło? Może dlatego, że najłatwiej jest uwieść faceta? Zastanawiam się nad pochodzeniem zależności od mężczyzny...

Kasia: Odpowiedź na to wymagałaby dłuższego i wnikliwego przyjrzenia się różnym subtelnym ścieżkom i tropom twego życia. To na pewno bierze się też z wielowiekowej tradycji, że droga kobiety jest przypisana związkowi z mężczyzną. Że miłość ją uleczy. Nie chodzi o to, by kobiety żyły bez mężczyzn, a mężczyźni bez kobiet, ale by umieli żyć ze sobą w taki sposób, że każde, samo korzystając z własnych możliwości, będzie dzieliło się nimi z partnerem, obdarowując go i pozwalając mu z nich korzystać. Dobrze, by działo się tak w obie strony. A groźny jest model: jak ciebie nie będzie, to ja umrę. I nawet jeśli nie umrę naprawdę, to umrę psychicznie.

Ewa: Dotychczas nie umarłam.

Kasia: To twoja siła...

Ewa: Chcę wrócić do sprawy schodków i pomostów. Wydaje mi się, że takim osobom jak ja, bo przecież nie jestem jedyna na świecie...

Kasia: Oj, nie jesteś, absolutnie.

Ewa: ...więc takim osobom nie od razu udaje się po tych pomostach przejść, ba, nawet je zbudować. Nawet gdy uruchomi się całą swoją wrażliwość i inteligencję, można spotkać się z tą swoją destrukcyjną siłą, która chwilami wyraźnie domaga się swego.

Kasia: Nazwałam ją kiedyś SS – Straszliwa Siła (Przyzwyczajenia) – tak okrutna jest ta siła destrukcji. Ale nie tylko inteligencja i wrażliwość mają ciebie prowadzić, także wytrwałość.

I ciężka, czasem żmudna praca. Przede wszystkim zaś szacunek dla siebie, poczucie ważności i wartości twego życia. Nastawienie i umówienie się ze sobą, że od tej chwili będę poświęcała uwagę sobie i zmianie w sobie, a nie temu, żeby uwieść innych, którzy mają mnie ratować.

Wyobraź sobie zwrotnicę, zapieczoną trochę po tylu latach tkwienia w jednej pozycji, gdy puszczałaś „pociąg swego życia" wciąż po jednym torze, a masz przecież w sobie całą stację rozrządową i wiele torów, i możliwych kierunków, wyborów. Dlatego możesz być świadomym zawiadowcą tej stacji i decydować, którędy warto jechać.

Ewa: Trzeba tę zwrotnicę naoliwić, tak?

Kasia: Super! A potem uczyć się przestawiania torów!

Ewa: Jak mam to robić?

Kasia: Wykorzystywać czas, kiedy nie jesteś na zjeżdżalni, czyli gdy jesteś w fajnym stanie, i wtedy pamiętać, że miewasz te zjeżdżalnie. To brzmi dziwnie, prawda?

Ewa: Bo wygląda tak, jakbym miała sobie psuć te dobre chwile.

Kasia: Nie masz ich sobie psuć. Twoje dobre stany mają służyć temu, żebyś budowała sobie schodki albo drabinki sznurowe. Najpierw przykład, jak to działa w relacji: jeśli masz się pokłócić ze swoim chłopem wtedy, kiedy ciebie krew zalewa, bo on coś zrobił nie tak...

Ewa: ...to się nie kłócę. Już.

Kasia: To umiesz, bomba! Dlaczego mu nie mówisz? Bo wiesz, że takie wiadro emocji, które by się na niego wylało, działa tak, że on zacznie się tylko bronić. Powiesz mu to, gdy będzie między wami spokojnie... I tylko tyle, ile się da. A on tylko trochę z tego zapamięta, bo wszystkiego nikt nie da rady. Małymi, cierpliwymi krokami...

Tak samo trzeba pracować też ze sobą. Gdy jesteś spokojna, czyli „trzeźwa" (niezalana emocjami), wtedy masz wolne moce przerobowe w rozumie, żeby prześledzić na tyle, na ile się da, kroki, które wydaje ci się, że czynisz automatycznie. Na przykład przypomnieć sobie parę ostatnich ciągów wydarzeń, które doprowadziły cię do zjeżdżalni (bardzo dobrą pomocą może być tu prowadzenie dziennika). Przedtem powiedziałam, że umawiasz się ze sobą na skierowanie reflektora swojej uwagi na siebie samą, czyli na to, co się dzieje w tobie w środku i co w związku z tym robisz na zewnątrz. A teraz przyjrzyjmy się wydarzeniom: byłaś wesoła i pogodna i wydawało się, że tak będzie zawsze. Miało być miłe spotkanie towarzyskie – nie doszło do niego, bo ktoś zachorował. Czekałaś na telefon, nie zadzwonili. Mieli ci przysłać pieniądze, nie przysłali. Napisałaś tekst, którego nie przyjęli.

Każdą z tych rzeczy odbierasz ze smutkiem, rozczarowaniem, żalem, ale się trzymasz.

Ewa: I wtedy czuję, że się trzymam na tym jednym, ostatnim, co mi jeszcze zostało.

Kasia: Co to takiego?

Ewa: Relacja z facetem.

Kasia: I jeśli do tamtego wszystkiego jeszcze i tutaj coś się zachwieje, lecisz w dół.

Ewa: Tak właśnie było tym razem. I wtedy nie odróżniam już małych problemów od dużych. Wszystko jest straszne.

Kasia: Wszystko jest jednakowo straszne... Jedna łyżeczka czarnej wody staje się jeziorem, w którym się topisz.

Ewa: Tak. Wpadam w otchłań rozpaczy.

Kasia: Zauważ, że nie wpadłaś tam z powodu pracy, braku pieniędzy czy niespełnienia towarzyskiego. Wpadłaś z powodu relacji miłosnej.

Ewa: Wystarczy mała niepewność, żebym poczuła się kompletnie zaburzona.

Kasia: Ufasz sobie w sprawie pracy, wiesz, że umiesz pracować, wiesz, że zawsze ją znajdziesz. Ufasz sobie w sferze towarzyskiej, wiesz, że ludzie cię lubią i będziesz miała grono znajomych i przyjaciół. Nie martwisz się nawet wtedy, gdy nie masz ani grosza. Czyli ufasz sobie we wszystkim poza jednym. Tym dla ciebie największym, najważniejszym, najstraszniejszym... bo nad tym właśnie nigdy nie panowałaś. To jest twój lęk przed opuszczeniem i porzuceniem.

Ewa: Staje się dla mnie coraz bardziej oczywiste, że próbuję brak miłości i poczucia pewności z pierwszych lat życia uleczyć miłością mężczyzny. I to się chyba nie da!

Kasia: Nie da się... A im bardziej chcesz, tym bardziej się nie da. Wróćmy do dziury. Jak wykaraskałaś się z niej albo cię coś z niej wypłukało?

Ewa: Sama umiem się z niej wyciągać.

Kasia: Świetnie, opowiedz o tym.

Ewa: Po pierwsze, widzę mechanizm wpadania w ten dół. Kiedy jestem zmęczona, wpadam znacznie łatwiej. Ale gdy już odpocznę, mówię sobie: „Ewuniu, to jest ten słynny mechanizm, który po raz kolejny tobą zawładnął. W pewnym sensie to prawda: jest źle, a nawet całkowicie do dupy, ale jest też inna prawda, na przykład: jesteś zdrowa, masz dom, udane, zdrowe dzieci".

Kasia: I ta inna prawda jest ważniejsza. To tak pasuje, że nazwałaś to prawdami. Jedna jest zdrową prawdą, a druga chorą.

Ewa: I nawet gdy ta chora ciągnie mnie w czarną otchłań, namawia, żeby z niej nigdy nie wyjść albo żeby wpaść pod pociąg, to sobie mówię: „Dobrze, to też jest jakiś pomysł, ale z tym zawsze zdążę", a teraz wstaję, robię sobie kawę, zaczynam dzień od „dzień dobry" i robię, co trzeba lub co uda się zrobić. To jest pierwszy krok. Są takie momenty w ciągu dnia, gdy mnie ta stara, chora prawda dopada, a jeszcze jeśli coś się nie uda, zadzwoni ktoś z nie najlepszą nowiną, co wtedy jest nie do zniesienia, to znów mnie to wrzuca w ten kanał...

Kasia: To znaczy: ja się temu znów daję wrzucić...

Ewa: W każdym razie jest to kolejne złowrogie potwierdzenie, że świat wcale nie jest przyjemny, tylko niesie kłopoty. Ale znów z wysiłkiem zawracam do zdrowszej prawdy. Robię to małymi krokami. Na przykład gotuję zupę. I nawet jeśli mnie to nie bardzo zadowala, bo wolałabym polecieć na Mount Everest, wiem, że to byłaby ucieczka... A zupa...

Kasia: ...zupa jest twoim domem, a Mount Everestu nie ma. Ty go sobie wymyślasz jak dziecko, które, jak mu jest beznadziejnie, wymyśla bycie królową Pakistanu... Ale zupa jest. Realna. I ty jesteś autorką zupy.

Ewa: To może być trudne do zrozumienia dla ludzi, którzy nie mają takich problemów. Ja się po prostu przedzieram przez tę zupę jak przez jakąś niesamowitą dżunglę, busz.

Kasia: Wiem, o czym mówisz. Też czasami czołgam się przez takie gąszcze, gdzie jest kupa kłujących, splątanych roślin i nie wiadomo, do czego się przedzieram i co mnie ugryzie znienacka albo oplecie wężowymi ramionami. A w realu przekłada się to na konieczność spakowania się na wyjazd, przygotowania zajęć albo podlania kwiatów, kiedy chciałoby się zwinąć pod kołdrą i zostać tam na zawsze.

Jeśli w początkach życia zostały w nas zakodowane lęk i rozpacz, ta dziura, te chaszcze to jest też nasz los. Napady, powroty tego stanu wymagają nieustępliwego przedzierania się.

Mam taki wiersz:

Przedostaję się
przez życie
jak
przez
*sztabę złota**

Czy zauważyłaś, że jeśli uprawiasz tę mordęgę, to staje się coraz mniejsza, trwa krócej i przynosi rezultaty. Bo to jednak jest złoto...

Ewa: To prawda. Mnie bardzo pomógł buddyzm – że tak powiem: religia codzienności.

Kasia: Tao zmywania... i ból, i trud wysiedzenia na poduszce wielu godzin w milczeniu.

Ewa: Dawniej, będąc „w dole", potrafiłam tygodniami nie sprzątać, nie zmywać. Teraz mogę myśleć o tym jak o dziwactwie, które mi się od lat nie zdarza. Ale właśnie dzięki temu, że przez medytację dostrzegłam sens codziennych czynności.

Kasia: Dostrzegłaś i nadałaś im sens.

Ewa: Tak, zobaczyłam sens dla mnie, ale nie chcę się nad tym jakoś specjalnie rozwodzić. Na pewno polecam buddyzm tym osobom, które sensu w codzienności nie widzą.

---

* Wiersz pochodzi z tomiku *Ból jest jedwabiem*, Open 2000.

Kasia: Twój buddyzm to całe szerokie schody wydostawania się ze zjeżdżalni.

Ewa: Tak o tym nie myślałam... ale tak jest. Chcę ci jeszcze powiedzieć, że to dla mnie zupełnie niezwykłe, jak wiele jest ludzi na świecie, którzy nie wiedzą, o czym ja tu mówię. Być może mają nawet poczucie, że coś zmyślam, że tacy jak ja są przewrażliwieni, przeduchowieni, nie umieją cieszyć się życiem. Ciągle coś kombinują i mają za złe...

Kasia: Chciałabyś być przez wszystkich rozumiana? Świetnie by było, ale to nierealne. Odzywa się tu niespełniona potrzeba dziecka bycia dobrze rozumianym przez dorosłych. Masz do wyboru: cieszyć się coraz lepszym zrozumieniem samej siebie albo przejmować się możliwymi opiniami i poczuć się tym przygnieciona. Albo pomyślisz sobie tak: tyle ludzi, ile zechce, usłyszy to, czym się uczciwie dzielę – moją drogą...

Ewa: ...przez mękę.

Kasia: Przez życie, które bywa męką, ale jest też pląsaniem po łące pełnej kwiatów. Co też ci się zdarza.

Ewa: Zdarza mi się dosyć często. Myślę, że zdarza mi się coś, co sprawia, że tym bardziej wpadam potem w dół... Zdarza mi się pląsanie w taki bardzo dziecinny, niefrasobliwy sposób, czyli w tych momentach, kiedy jest dobrze, trwonię energię na jakieś mrzonki. Oddawanie się tym mrzonkom jest niezwykle przyjemne.

Kasia: Ale to też jest uzależnienie. Gdy jesteś na tej łączce i podskakujesz, i miło bawisz się z ludźmi, masz poczucie, że teraz się trzeba „nachapać", trzeba zapomnieć. Najpewniej nie myślisz tego świadomie, ale zachowujesz się tak, jakbyś musiała zrobić zapasy na całe życie, bo kto wie, czy i kiedy się to znowu trafi... A poza tym jest tak, jakbyś miała w sobie niewiarę, że sama umiesz być sprawczynią takiej fajnej sytuacji. To, co na ciebie „spadnie" – okazja, spotkanie, dobra praca, zgrany zespół – łapiesz, bo jesteś bystra i kontaktowa, ale nie masz poczucia, że sama sobie to stworzyłaś i za to odpowiadasz.

Ewa: Dosyć szybko to potem tracę.

Kasia: Przez to właśnie, że nie czujesz, że sama jesteś tego autorką. Chodzi o uczucie dziecka, które kiedyś zostało wrzucone w sytuację, w której musiało się utrzymać przy życiu, ale nic od niego nie zależało. Wszystko było przez kogoś narzucone lub sprezentowane... A więc i teraz: przyjdzie ukochany i mnie uratuje, czyli to będzie jego zasługa, a ja najwyżej muszę się strasznie starać być taka cudna, żeby on mnie chciał. Dlatego zrobisz wiele rzeczy, nawet gdy będziesz padała ze zmęczenia, dla niego, a raczej „pod niego".

Ewa: Aczkolwiek robię to kompletnie nieświadomie.

Kasia: Przestań robić to nieświadomie, bo jeśli nie staniesz się tego świadoma, to ciągle będziesz miała wrażenie: „Oni mi to robią".

Ewa: Sama sobie tak robię, że pozwalam na to, że ktoś może mnie, na przykład, kompletnie obeżreć z energii, a ja zauważam to dopiero wtedy, kiedy choruję.
Wróćmy jeszcze do tematu pracy, bo zaobserwowałam też taki mechanizm: na początku mam mnóstwo różnych pomysłów, twórczy entuzjazm i dużo siły, ale przychodzi moment, kiedy trzeba się zabrać do mozolnego wykonywania zadań i ja się na tym wysypuję...

Kasia: To działa tak: zanęcasz, uwodzisz siebie samą i współpracowników, żeby pokazać, że z tobą to niezwykle warto. Ale nie pojawia się natychmiastowa nagroda: „Będziemy cię kochać do końca życia i o nic już nie będziesz musiała się martwić". Trzeba brać udział w tych zmiennych, płynnych kolejach losu czy pracy. Raz jest lepiej, raz gorzej. Raz nam się chce, raz nam się nie chce. Raz ktoś przychodzi w dobrym humorze, to znowu w złym. A ty myślisz, że on ciebie nie lubi, bo przecież wszystko się kręci wokół ciebie, ty jesteś pępkiem świata...

Ewa: A nie jestem?

Kasia: Ano, jakoś nie. Ile jest ludności na świecie? Takich pępków są miliardy.

Ewa: Warto to sobie uświadomić, że każdy człowiek jest dla siebie pępkiem...

Kasia: Jeśli się nie posuniesz dalej, nie zaczniesz myśleć i widzieć wnikliwiej, rozleglej, to będzie ci się wydawało, że wszystko sprzysięga się przeciw tobie i tylko psim swędem udaje ci się trochę dobrego chapnąć... Dorwiesz się do czegoś na chwilę albo ci coś skapnie, ale żeby to życie było naprawdę dla ciebie, to nie...

Ewa: Właśnie tak to czuję. I poruszam się tylko na emocjach.

Kasia: A potrzebne ci objęcie całości także refleksją, a nie tylko uczuciem. Kobiety, także inteligentne, mają emocjonalność, ale nie wszystkie opanowały refleksyjność, umiejętność formułowania wniosków z obserwacji i doświadczeń... A naokoło ludzie pokazują, jak żyją, w jakim są stanie, co się z nimi dzieje. Można dużo zobaczyć, zrozumieć. Tymczasem od wielu słyszę: „Wszystkim jest dobrze, tylko mnie nie".

Ewa: Ja ci tego nie mówię!

Kasia: Nie, nie mówisz...

Ewa: Przyznam jednak, że jeśli chodzi o innych ludzi, to mnie oni obchodzą tak dosyć odlegle. Niech sobie robią, co chcą, mnie to nie za bardzo zajmuje. No, może wtedy, kiedy jakoś mnie samej dotyczy... Zobaczyłam, że w ten sposób powstaje szyba między mną a światem. Powiem więcej, odkąd to odkryłam, zupełnie runęło w gruzach moje przekonanie, że jestem taka miła, dobra i współczująca. Nagle zorientowałam się, że, owszem, jestem słodka, ale tylko chwilami...

Kasia: ...kiedy masz luz albo gdy czegoś potrzebujesz. Bo część tego jest grą, manipulacją, uwodzeniem.

Ewa: Nie wiem, co można zrobić w tej sytuacji: prosić pana Boga, żeby mi otworzył serce, czy się tego po prostu nauczyć?

Kasia: Otworzyć serce... To piękne. Oba sposoby mają sens, byle więcej było twojej roboty, a nie czekania na Boga. No i to musi potrwać. Bo żyjesz już te swoje ileś lat, toś się dobrze wyszkoliła w swojej strategii...

Ewa: Ona, co ciekawe, coraz gorzej funkcjonuje. Kiedyś było znacznie lepiej...

Kasia: Aaaaa, bo ona była świeżutka i ty byłaś świeżutka, i wierzyłaś, że natychmiast osiągniesz rezultaty. Im dłużej żyjesz na świecie, im dłużej tę strategię uskuteczniasz, tym lepiej widać, że dzięki niej nie zapewnisz sobie...

Ewa: ...szczęścia. Bezpieczeństwa przede wszystkim.

Kasia: Luksusowego.

Ewa: No pewnie, przecież nie siermiężnego.

Kasia: Jasne, że nie. Dla skrzywdzonej królewny nie może być byle jakie. A przecież ono jest takie zwyczajne.

Ewa: Takie to ja mam.

Kasia: Oczywiście, masz, ale nie cenisz, bo zwykłe. Trzymasz w łapkach, ale nie dość koi twoje rany. Powinnaś dostawać aksamity i złotogłowie, żeby wszyscy widzieli, jak wspaniałe masz życie.

Ewa: Strasznie mnie przywracasz do realności.

Kasia: Robię, co mogę. Reszta w twoich rękach. Ale sama rozmowa ani przeczytanie książek nie wystarcza, choć jest ważne, bo potrzebne rozumowi. Niestety, inteligentny człowiek przeczyta i powie: „Ja to wszystko wiem, ale co z tego?". Sama wiedza nie zmienia, bo – jak przedtem słusznie zauważyłaś – nawyk, twardy, głęboko wżarty w nas, bardzo opiera się zmianie.

Ewa: To jest automat – przychodzi bodziec, natychmiast jest reakcja. Wyżłobiona koleina.

Kasia: Nie trzeba myśleć, nie trzeba się zastanawiać, nie trzeba się narażać na być może nieudane próby, na czekanie. Tylko że rezultat jest taki, jak mówisz: strategia coraz gorzej działa. Zmęczenie materiału.

Ewa: Na przykładzie dużej grupy też zauważyłam, że nie działa w nieskończoność. Łatwiej było, gdy mieliśmy po dwadzieścia parę lat i wszyscy się na coś jeszcze załapywaliśmy. Teraz już coraz trudniej skokietować. Ale ostatnio widziałam taką osobę, która wykorzystuje tę samą strategię bardzo skutecznie.

Kasia: Ile ma lat?

Ewa: Trzydzieści, ale wygląda jak dziecko. Jest filigranową, kruchą blondyneczką i znakomicie sobie radzi.

Kasia: Mówisz: znakomicie? Słyszę jakby... zazdrość? Jeśli całe otoczenie, a zwłaszcza swoją rodzinę, ustawi tak, że uwierzą, iż ona jest nader subtelna i delikatna, chorowita, nie wolno jej denerwować ani przeciążać, to może wygodnie przeżyć całe życie. Ale nie będzie miała z niego satysfakcji.

Ewa: Właśnie to dostrzegłam. Ona, owszem, będzie miała ten kawałek zabezpieczony...

Kasia: Będzie miała dwór, który ją będzie chronił przed różnymi nieprzyjemnościami i niedogodnościami, ale ominie ją nagroda od życia. Nie będzie się rozwijała. A tak naprawdę frajdę masz dopiero wtedy, gdy czujesz, że to jest rzeczywiście twoje życie. Odczuwasz całą jego fascynującą zwykłość. Ta twoja wyjątkowa zwyczajność jest dopiero ciepła, gorąca, prawdziwa. Realna, rzetelna. I sama wybierasz. Mówisz: „Wolę siedzieć na wsi i pisać książkę" albo „jadę do Grecji".

Ewa: *À propos* wyborów chcę powiedzieć, że w takim stanie nierozeznania, w jakimś sensie dziecinnego niewiedzenia, jest też ogromny lęk przed podjęciem decyzji – co zrobić, co dla mnie korzystniejsze: jechać do Grecji czy pisać książkę? A może siedzieć z głową pod kołdrą i czekać, aż coś się wydarzy? Jest też w tym stanie niepewności brak zaufania do własnych decyzji.

Kasia: Czyli nie masz zaufania do siebie.

Ewa: Tak, bo nie wiem, z jakiego miejsca tę decyzję podejmuję. Jestem zdezorientowana: czy ja ją podejmuję jako kokietka, a może ze strachu, czy stoję naprawdę po swojej stronie?

Kasia: Piekielnie ważne. Wiem, o czym mówisz. To było moje największe osiągnięcie i wielka radość, kiedy po wielu zmaganiach z samą sobą i poszukiwaniu tej pewności pojawił mi się wiersz:

Mam w sobie
mały stołeczek
na którym siedzę
nie było łatwo
*go odszukać**.

To były lata pracy nad tym stołeczkiem. Niektórzy ludzie cudownie odczytują ten wiersz, wiedzą dokładnie, o czym napisałam.

Ewa: A ja go w ogóle nie rozumiałam. Dopiero teraz zaczynam chwytać, co autorka miała na myśli. Do niedawna zupełnie nie wiedziałam, o co tej Kaśce chodzi.

Kasia: Co ona sobie tam wsadziła do środka? Można to nazwać: mój jest ten kawałek podłogi albo moje są nogi, na których stoję, a ponieważ jestem również osobą leniwą – lubię sobie usiąść. Ten stołeczek jest taki zwykły, taka „ryczka", jak się mówi w mojej rodzinnej Łodzi. Pośrodku siedzenia ma uchwyt. Jest mocny, z grubego drewna, które przetrzymuje pokolenia. Siedząc na nim, można obierać kartofle. A można też na niego wejść i po coś sięgnąć albo położyć coś ładnego. Malutka, pewna podpora. Kiedy poczułam, że się go dopracowałam, to było wielkie szczęście i nagroda... I już wiem, czego ludzi uczę, bo nie jest tak, że to miałam dane... Przegryzłam się przez tę dżunglę. Oczywiście dalej to robię, ale może już nie jest to dżungla, tylko taki las: są ciepłe polanki i zdradliwe bagienka... I mam zamiar robić to do końca życia, ponieważ to jest moje życie.

* Wiersz pochodzi z tomiku *Stołeczek*, Tikkun 1997.

Ewa: Ja też to przecież robię, tylko może trochę bardziej na oślep.

Kasia: Robisz. Ale jak się ześlizgujesz, to się nie przerąbujesz.

Ewa: Jak to?!

Kasia: Kiedy korzystasz z tej strategii, która cię niesie sama, to się nie przerąbujesz. Przerąbywanie polega na tym, że powstrzymujesz nawyk. A można to zrobić dopiero wtedy, gdy zauważysz, że sięgasz po coś na sieroty, że chcesz coś mieć natychmiast, bez wysiłku. Ten wewnętrzny skrót czyni cię bezwolną. Bez czynu, bez świadomej decyzji i prawdziwego zajęcia się sobą...

Ewa: Szybkie winko, parę telefoników, emaili i już mam wrażenie, że wszyscy mnie lubią. W dodatku nie rozumiem, czemu tak robię.

Kasia: Byłaś małym, opuszczanym dzieckiem. Ale dziecko, choć jest bezradne wobec dorosłych, to jednak uruchamia wszystkie swoje wewnętrzne siły i znajduje coś, z czym mu jest lżej, a na co dorośli reagują według jego scenariusza. Może to być jedna strategia lub więcej. Na przykład byłaś tak płacząca i chora, że nie mogli cię zostawić. Albo byłaś tak przymilna i grzeczna, że ich rozbrajałaś i zabierali cię ze sobą.

Ewa: Nawet gdy zostawali „ze mną", to siedzieli za ścianą i oglądali TV. A gdy mnie zabierali, to i tak inni byli ważniejsi.

Kasia: A więc twoja największa tęsknota, żeby z tobą byli naprawdę, i tak nie była spełniona. Ale choć trochę udawało ci się wyszarpać. I nauczyłaś się tym zadowalać.

Ewa: Chcesz powiedzieć, że zadowalam się byle czym?

Kasia: W pewnym sensie tak. W twoim wewnętrznym świecie działa to tak, że lepiej mieć trochę, i nawet gorszego, niż nic. Póki jesteś małym dzieckiem, ta strategia jest ci niezbędna. A potem rośniesz, a strategię niesiesz ze sobą i ona się nie rozwija. Najpierw jesteś panienką, która już umie wiele rzeczy, potem kobietą, radzącą sobie nieźle w różnych sprawach, a strategia wciąż zostaje dziewczynkowata.

Ewa: I mnie infantylizuje?

Kasia: Tak. I coraz mniej działa. Dalej musisz się przymilać lub chorować. Mieć wypadki, popadać w tarapaty bądź przeciwnie – koniecznie mieć doktorat lub znane nazwisko. A jeszcze lepiej – być w rządzie...

Ewa: ...choćby jedną kadencję!

Kasia: Jednocześnie się zdumiewasz i masz w sobie rozżalenie do świata: „Jak to? Przecież ja się tak napracowałam, tak się namęczyłam i ciągle mi czegoś najważniejszego brak...".

Ewa: Więc wciąż umacniam znane mi sposoby na szczęście, zamiast się zająć czymś innym.

Kasia: Tu się woda wylewa, a ty zamiast...

Ewa: ...pójść zakręcić kran...

Kasia: ...krzątasz się koło rozlanej wody, wycierasz, sypiesz piasek, wsadzasz patyczki do kranu.

Ewa: A życie płynie. I w tym sensie czterdzieści, a nawet więcej lat minęło i może się nic nie zmienić?

Kasia: Ta strategia ciągle przynosi jakieś profity. Wciąż ci się wydaje, że jeśli coś nie gra, to znaczy, że strategii jest za mało i trzeba ją jeszcze wzmocnić. Ty uczciwie przyznałaś: mnie się należy, mnie inni mało obchodzą...

Ewa: Jednak nie przestałam się przymilać, chorować lub starać o sukcesy...

Kasia: Jesteś na dobrej drodze, żeby z tych sztuczek zrezygnować: przyznajesz się do nich, ujawniasz je nie tylko mnie, ale tzw. całemu światu. Wiesz już, że przestały działać, przestały cię też satysfakcjonować, wiesz, że są inne sposoby i warto by się było o nie wzbogacić.

Ewa: Ale wciąż jestem w zawieszeniu: można inaczej, ale jak? Jak mam do tych innych sposobów dotrzeć?

Kasia: Sama. Choć i z pomocą. Możesz to zmienić tylko wtedy, gdy poczujesz, że masz naprawdę dosyć.

Ewa: Nie mam pomysłu, jak to ma być. Jeśli mam reagować spontanicznie, to dla mnie oznacza po prostu automatycznie.

A jeżeli miałabym reagować inaczej, to jestem w tym kompletnie zagubiona. Prawdziwe dziecko we mgle. Co mam zrobić, żeby nie zniechęcić ludzi do siebie, nie popaść w skrajność – przedtem uwodziłam, a teraz będę ich szczuła psami, przedtem chciałam, żeby wszystko było łatwo, lekko i przyjemnie, a teraz wezmę kilof i będę nim rąbać w pocie czoła jak górnik na przodku? To jest dla mnie tajemnica: co robić?

Kasia: Powiedziałaś intuicyjnie mądrą rzecz, bo właśnie tak będzie, lecz tylko przez jakiś czas, zanim nie wypróbujesz nowych metod. Jeśli byłaś nadskakująca, a przestaniesz, to dla ludzi na początku będzie szok. Byłaś cicha i uległa, a zaczynasz gębę drzeć, to jest dla nich trudne. Albo odwrotnie: robiłaś o wszystko awantury, a raptem przestajesz i chodzisz sobie własnymi drogami, nic do nikogo nie mówisz, to też nie będą przez jakiś czas wiedzieli, co z tym zrobić.

Ewa: A nie pójdą sobie?

Kasia: Niektórzy może pójdą. Ludzie zawsze przeżywają rodzaj destabilizacji i wytrącenia ze znanej równowagi, kiedy ktokolwiek z ich otoczenia zaczyna nad sobą pracować i zmienia siebie. I oczywiście, osoba uwodząca przejmuje się ludźmi, bo oni ją dotąd karmili. A teraz nie będą już tej miseczki podstawiać. Trzeba zacząć o nią samodzielnie dbać.

Rzecz jasna z tej strategii nie zrezygnujesz od razu. Nie jesteś w stanie tego zrobić. Nikt nie może tego zrobić. To jest tak wrośnięte, że trzeba wyrywać powolutku, jak perz w ogrodzie.

Każdy kawałeczek, pomalutku, każdy kawałeczek nowego, oczyszczonego terenu witasz z radością. Czy zdążysz w ciągu swojego życia, nie wiem. Ale wszystko, co zrobisz w tej sprawie, przysporzy twojemu życiu ogromnej frajdy i energii. Jednak samemu bardzo trudno to zrobić. Potrzebny jest ktoś, kto będzie ci życzliwie towarzyszył, powie: „Kochanie, troszeczkę zjechałaś z powrotem w swoją starą koleinkę, a zobacz, co ci bardziej pasuje, jak się czujesz z tym, a jak z tym?". Bo ty bardzo często sama o to nie pytasz, tylko robisz coś, lecisz w coś.

Ewa: Nie pytam i czuję się albo źle, albo jeszcze gorzej... I mam taki wybór, że mogę czuć się albo tak, albo tak...

Kasia: Nie zgadzam się z tym, bo wiem, że masz cały wachlarz możliwości.

Ewa: Dobrze mieć terapeutę, żeby z nim lub z nią rozmawiać o tym, co się wydarza?

Kasia: Omawiać te kroczki, te centymetry. Patrzysz, a tu po miesiącu posunęłaś się już o dziesięć metrów. Czasem nawet w nieoczekiwanym dla siebie kierunku. Pracowałaś na przykład nad umizgiwaniem się do narzeczonego, a efekt wychodzi ci niespodziewanie w postaci znacznie lepszego dogadywania się z innymi kobietami. Są chwile mordęgi, ale są też chwile lotu. Bo wtedy dostajesz bonus, całkowicie za darmo.

Ewa: I w nagrodę...

Kasia: ...od samej siebie. Żeby mieć ich coraz więcej, warto się nauczyć czujności na własne reakcje.

Ewa: Czy czuję się dobrze, bo ten facet odpowiedział na moje umizgi, czy dlatego, że zrobiłam coś dobrego dla siebie? Napisałam fajny tekst i potem dostałam za to niezłe pieniądze...

Kasia: ...napisałam tekst, jestem twórcza i jeszcze mi za to płacą.

Ewa: Rozumiem, że czujność ma być też wtedy, gdy czuję się źle: czy jest tak, bo on do mnie trzeci dzień nie zadzwonił...

Kasia: ...czy dlatego, że ja w tym czasie nie robię żadnych własnych rzeczy i swoje samopoczucie zawieszam na jego telefonie. Wtedy warto uświadomić sobie: ciągnie mnie do tego, żebym siedziała i czekała na jego telefon, tak jak alkoholika ciągnie do kieliszka. To ma być praca nad uzależnieniem. Nad każdym jest taka sama: odwyk. Na przykład dzwonię do znajomych i umawiam się, że u nich posiedzę, żeby nie czekać na telefon od niego. Albo pójdę do kina i jak tylko sobie przypomnę: „O Boże, a może on tam dzwoni?", to sobie powiem: „Brawo, kochanie, za to, że siedzisz w kinie!". A potem się pochwalę, że dzisiaj myślałam tylko cztery razy o telefonie, a kiedyś bym myślała czterysta. To daje przyrost mocy własnej. Ale jeśli nie pamiętasz, że kiedyś myślałaś czterysta, i teraz za te cztery będziesz sobie robić wyrzuty, to cała robota na nic.

Ewa: Bo nie cenię tego, co zrobiłam. I nie ma już nic, z czego mogłabym czerpać jakąkolwiek satysfakcję.

Kasia: Ta uważność nie oznacza samolubstwa, egocentryzmu ani zarozumialstwa. To świadomość, która uczy rozumieć i odczytywać siebie, ale też i innych ludzi. Jeśli napędza cię strategia paniki: muszę uwieść, bo inaczej co ze mną będzie? – to tego faceta nawet nie jesteś w stanie rozpoznać. Nie wiesz, kim on jest.

Ewa: On może mieć też taką strategię...

Kasia: On ciebie, ty jego. Iskry lecą i macie wrażenie, żeście się wznieśli rakietą na Księżyc, tylko kiedy potem ta rakieta robi wielkie buuuum, bo już wypstrykaliście się oboje, już się repertuar wyczerpał i każde chciałoby mieć te upragnione efekty, wtedy raptem: kto będzie dawał?

Ewa: Kto komu usiądzie na kolanach? Jeśli jest strategia, to jest też czekanie na efekt...

Kasia: Taką nieszczęsną strategią jest to słynne poświęcanie się. Ja robię coś dla niego czy dla was, a on, wy macie mi za to odpłacić. Po czym się okazuje, że wcale nie odpłacają, tylko mówią: „Wiesz co, nudna jesteś".

Ewa: To są też te słynne dzieci wychowywane tak, żeby odpłacić rodzicom.

Kasia: One, niestety, bardzo często oddają, zaciskając zęby, ale nikt nikogo nie kocha... Jednak wciąż wraca do mnie coś ważnego, co powiedziałaś: że to, o czym tu mówimy, nie przekłada ci się do brzucha. Do brzucha ma ci się przekładać codzienny wysiłek: zrobiłam zupę. Byłam na skraju przepaści, ale wstałam, poszłam do kuchni i ugotowałam zupę własnymi rękoma. I mogę ją teraz zjeść. W tym szarym czy czarnym smutku mogę powiedzieć sobie: „Potrafię. Zrobiłam. Ja. Nikt inny. Żaden uwiedziony narzeczony, matka, ojciec ani zastępcza matka, ani przyjaciółka, ani autorytet, ani dziecko, ani terapeuta, ani Pan Bóg. Nikt za mnie nie zrobił tej zupy. Ona jest moim dziełem". Ale nikt cię nie uczył doceniać twojego prawdziwego dzieła.

Ewa: Nikt mnie nie uczył. Słabo wciąż rozumiem tak wielkie znaczenie zwykłej zupy.

Kasia: Ta zupa jest ważniejsza niż profesura. Posunęłabym się nawet do tego: ta zupa jest ważniejsza niż to, że ktoś cię poprosi o rękę. Jeżeli cię ktoś poprosi o rękę i będziesz przez miesiąc szczęśliwą panną młodą, a potem się okaże to, cośmy przed chwilą mówiły, że uwodzenia się skończyły, więc trzeba się rozwieść, kłócić, płakać...

Ewa: ...to wtedy trzeba wrócić do zupy.

Kasia: Oczywiście to może być cokolwiek. O zupie mówimy metaforycznie. Nie przypadkiem jednak pojawiają się rzeczy z damskiego ogrodu, z naszej codzienności: kartofle, zupa, stołeczek...

Ewa: Sztabka złota...

Kasia: Mniam... Dlatego kobiety dłużej żyją i lepiej sobie radzą, bo one zajmują się tym, co jest ważne: tym, żeby jeść, spać w czymś, żeby był spokój i bezpieczeństwo. A także żeby było ładnie i żeby były atrakcje. Święta, imieniny, przyjęcia, okazje, rocznice... Mężczyźni natomiast czczą rocznice wojen i powstań. No i, żeby oddać sprawiedliwość, to jeszcze wynalezienie żarówki, samochodu i esemesa.

Dlatego chłopa, który ma problemy, warto nauczyć, żeby zaczął zmywać i robić zupę. On, tak samo jak ty, może napisać pracę doktorską. Towarzyszę jednemu mężczyźnie w pisaniu doktoratu, który jest rodzajem takiej zupy. Trzeba się przegryźć przez siebie, przez niepewność, poczucie, czy zasługuję, czy mi się uda, czy to będzie najlepsza praca doktorska na świecie i powali wszystkich na kolana...

Ewa: Bo jak nie, to nie warto tego nawet tknąć...

Kasia: Słodkie neurozy... Możesz nie pisać tej pracy i nie gotować tej zupy. Leż w wyrze lub przed telewizorem, zapuść się do imentu, w końcu ktoś przyjdzie, naszprycuje cię lekarstwami i zawiezie do psychiatryka. Jeśli przez tygodnie się nie ruszysz, przejmą za ciebie odpowiedzialność, będziesz takim woreczkiem, może wtedy poczujesz ulgę, że nie musisz się niczym zajmować.

Wiemy, że są też ludzie w takim stanie. Ale na szczęście i ty, i ja, i wielka liczba innych tylko czasem się ześlizguje w te swoje dziury, a zwykle przebywa na w miarę dobrej, wydeptanej ziemi, często nawet z kawałkiem ogrodu...

Ewa: Jak by się tak uczciwie zastanowić, to większa część życia jest jednak okej.

Kasia: No pewnie. Przyłapałam się na tym, że kiedy jest długi dobry okres w moim życiu, bo coraz dłuższe mam te fajne okresy, to mam taką wizję, że teraz już zawsze tak będzie. Potem boleśnie się dziwię, że się skończyło. I uczę się to akceptować.

Ewa: Wielokrotnie byłam rozczarowana, że tak się staram: chodzę na terapię, szpieguję siebie, przerabiam stare wzorce na nowe spontaniczne zachowania – a tu i tak kicha! Czasem wydaje mi się, że jest jeszcze gorzej niż przedtem.

Kasia: Pamiętam takiego pacjenta, alkoholika, który powiedział: „Jak wytrzeźwiałem, to teraz niech mnie rodzina wozi karetą!".

Ewa: Rozumiem, bo wszechświat zamiast pomagać i wspierać...

Kasia: ...dalej jest taki, jaki był przedtem. A ten mój były pacjent by chciał, i my czasem też, żeby za taką robotę świat do końca życia nosił nas na rękach. Czyli wróciłyśmy do roszczeniowego dziecka.

Ewa: I ja się go boję. Mówiłyśmy o tym, że wpadam w tę czarną dziurę, w tę bezradność i ona mnie pochłania. Tego się boję, pochłonięcia.

Kasia: Skręciłaś w tej chwili w sposób rewelacyjny.

Ewa: Od czegoś uciekłam? Nie zauważyłam...

Kasia: Zrobiłaś cudny zjazd w bok. Ja mówiłam o tym, kiedy chcesz być bezwolna. A ty mówisz już o tym stanie, kiedy już zjechałaś w dziurę.

Ewa: Ciekawe, ale nie rozumiem.

Kasia: Kiedy prujesz zjeżdżalnią w dół, to już jesteś po wyborze, to już sobie pozwoliłaś. Wybierasz nieświadomie, bo łatwo, automatycznie, szybko. Nazwałyśmy to „wyślizganym wyborem". Ale jednak jest to wybór.

Ewa: I ja już go tu dokonałam?

Kasia: Ty już pojechałaś, już się zwolniłaś, usprawiedliwiłaś.

Ewa: Aha, a ważny byłby ten moment – krok przed. Kiedy mogłabym się jeszcze zatrzymać, zobaczyć, co można tu jeszcze zrobić, zamiast zjechać...

Kasia: Zamiast zjechać właśnie, najlepiej się zatrzymać. To jest trudne, bo trzeba powstrzymać nawyk. Żeby to zrobić, przydaje się terapeutyczna pomoc.

Ewa: Albo się pochlastam, albo się opamiętam. A czy nie wystarczą mi moi bliscy?

Kasia: Jesteś z kimś na co dzień – to jest twój partner, z którym żyjesz i mieszkasz, twoje dziecko czy matka lub przyjaciółka, z którą jesteś na wakacjach. Ale każda z tych osób ma swoje gry, potrzeby, a ty ich wszystkich nie możesz spełnić. Macie swoje doły i czasami one się o siebie tak zahaczają, że się robi strasznie gęsto...

Terapeuta, do którego chodzisz, nie ma do ciebie żadnego takiego osobistego interesu. On nie chce, żebyś była dla niego miła albo niemiła, żebyś mu coś dała, kupiła. Obchodzi go, żebyś skorzystała. Czyli byś miała przestrzeń do zobaczenia i przeżycia swoich strategii. Jakie mają skutki dla ciebie, a także dla innych? Na ile opłaca ci się tkwić w tych grach i o co grasz? I po co?

Możesz z nią (z nim) to omówić, uczciwie ponazywać i sprawdzić na niej (nim), jak te gry działają. Ona (on) się nie obrazi, nie powie ci: „A teraz z tobą zrywam, bo jesteś niedobrą narzeczoną", tylko: „Widzi pani, tu mamy ważny materiał, który pokazuje, dlaczego tyle osób od pani się odwraca albo dlaczego pani się od nich odwraca". Potem idziesz w życie i się temu przyglądasz, a za jakiś czas znów przychodzisz i opowiadasz.

Na pytanie: „Jak to zrobić?" nie ma odpowiedzi. Na nie się nie da odpowiedzieć, da się tylko zrobić.

Ewa: To skomplikowane. Terapeuta pozwala nam dotrzeć do czegoś, co jest dla nas zakryte, a nasi bliscy nie?

Kasia: Na przykład żalisz się, że jesteś skrzywdzona, a po jakimś czasie wychodzi na to, że ty też krzywdzisz. Twoi bliscy czują, że coś jest nie tak, gdy mówisz, że jesteś pokrzywdzona, ale nie wiedzą co albo nie umieją ci tego powiedzieć tak, żebyś mogła to przyjąć – albo cię krytykują, albo się obrażają, albo cię odrzucają. Wtedy się bronisz i jesteś daleka od przyjęcia tej prawdy. Nawet gdy pokazuje ci to terapeuta, też nie jest to łatwe do przyjęcia. Człowiek musi się polubić na tyle, żeby mógł tę trudną prawdę zaakceptować. Terapeuta pomaga się polubić między innymi po to, by można było unieść te trudne prawdy. Zanim tak się stanie, człowiek mówi tylko: „Ja się boję". Na to jest przyzwolenie, bo gdy się boję, to jestem ten słaby czy ta słaba, ale gdy niszczę, to się nie przyznaję, że niszczę.

Ewa: Często nie widzę, że niszczę. Albo boję się przyznać.

Kasia: Nawet przed sobą. Bo jeśli jestem ofiarą, to mnie się należy troskliwość, opieka i zwolnienie z odpowiedzialności.

Ewa: I zwolnienie lekarskie.

Kasia: A gdy się wyda, że ja też niszczę, to mi powiedzą: „Wynocha, nie chcemy mieć z tobą nic do czynienia".

Ewa: Niszczę, bo się boję...

Kasia: ...i nie przyznaję się, bo się boję. A wtedy nie mogę odkryć tego mechanizmu. Bo przecież nie wolno, nie wypada niszczyć ani komuś źle życzyć, ani się cieszyć, że komuś coś nie wyszło...

Ewa: (entuzjastycznie) Ach, ale się ucieszyłam, jak go osa w język ugryzła!

O tym, jak łatwo być trudnym dzieckiem i jak trudno być dobrym rodzicem

Ewa: Co to właściwie jest „trudne dzieciństwo"? Bardzo często psychologowie używają takiego pojęcia. Ty mówisz często „niedokochane dziecko". Może my chętnie zbyt wiele kładziemy na karb trudnego dzieciństwa?

Kasia: To oczywiście może służyć i bywa używane jako usprawiedliwienie, ale psychologia (a właściwie psychoanaliza) odkryła i udowodniła, że na całe nasze życie najmocniej wpływa właśnie dzieciństwo.

Ewa: Jednak to, co zostaje nam w pamięci po naszym dzieciństwie, jest niezwykle subiektywne. Niektórzy bardzo dobrze wspominają swoje dzieciństwo, a podczas terapii wychodzi na jaw, że byli niekochanymi dziećmi. Co to właściwie znaczy być niekochanym dzieckiem?

Kasia: W każdym domu i u każdego z nas mogło to mieć inne wymiary. Niekochane dziecko ma poczucie, że nie jest postrzegane i odbierane jako właśnie ono, tylko jest wpasowane w wyobrażenie rodzica o tym, jakie powinno być.

Ewa: Czyli, najprościej mówiąc, nie może być takie, jakie jest, tylko ma być jakieś inne?

Kasia: Tak. Druga ważna sprawa to komunikacja, która odbywa się między rodzicem a dzieckiem. To są rzeczy, które dzieją się bardzo wcześnie, i dziecko tego nie pamięta. Nie pamięta, czy jego matka pochylała się nad nim z czułością czy ze zdenerwowaniem, czy gdy płakało, podbiegała do niego z troską czy też ze złością albo lękiem.

Kiedy zaczyna troszkę podrastać, ma około trzech lat, zauważa: moja mamusia i tatuś rzadko się do mnie uśmiechają, bardzo rzadko mówią mi miłe rzeczy, zdarza się, że wcale ich nie mówią.

Ewa: Albo przeszkadza im wszystko, co robię. Nie krzycz, nie biegaj, nie chodź, nie mów, nie płacz, zostaw, odłóż.

Kasia: To jest nie wprost informacja dla dziecka, że jego obecność, jego fizyczność, wszelka aktywność rodzicom przeszkadza. Sama mam takie wspomnienie – uwielbiałam chodzić na grzyby z nianią i cieszyłam się, że tym razem chce mnie zabrać mama. To było wielkie święto, tylko trzeba było wstać o czwartej rano. Nie spałam przez całą noc, miałam wtedy sześć lat, co jakiś czas patrzyłam na zegarek, czy to już, aż w końcu nadeszła czwarta i poszłam budzić mamę. Która najpierw mówiła: „Jeszcze chwilę pośpię", a potem oświadczyła, że jej się nie chce wstawać, odwinęła się na drugi bok i w ogóle na te grzyby nie pojechałyśmy.

Miałam dojmujące poczucie totalnej klęski, całkowitego zlekceważenia mnie – przecież ona widziała, jak ja się na to cieszę. Mogłam porównać to, co zrobiła moja mama, z tym, jak traktowała mnie niania. Mama się nie obudziła, a niania zawsze się budziła, kiedy chciałyśmy razem coś zrobić; przede wszystkim lubiła ze mną razem robić różne rzeczy. Ja przy niani gotowałam, bawiłyśmy się, zajmowałyśmy się kotami i psami.

Było cudownie. A wieczorami, kiedy rodziców nie było w domu, to ja z daleka (bo daleko miałam mój pokój) krzyczałam bardzo głośno: „Encia (tak na nią mówiłam), jesteś tam?”. A ona krzyczała: „Jestem!”. „To poruszaj garnkami, żebym cię słyszała, że jesteś” – bo się bałam. Dzieci wielu rzeczy się boją. Bałam się ciemności, światełka na szafie, bałam się, że ktoś będzie pod łóżkiem. Nie było też za łatwo w moim domu między rodzicami...

Ewa: Bałaś się, że mogą już więcej nie wrócić? Ja się tego bardzo bałam.

Kasia: Pierwsze wspomnienie, które mam, to że siedzę na nocniku, mam dwa lata i jestem sama. Boję się, że nikt już nigdy nie przyjdzie. A ty masz takie?

Ewa: Ja mam takie, że budzę się ze snu w ciągu dnia – nie wiem, ile miałam lat, cztery, może pięć – budzę się, bo jest burza, krzyczę, ale nikogo nie ma w domu. Babcia poszła do sklepu. Pamiętam, że kiedy wróciła, tłumaczyła, że musiała pójść po jajka; chyba do końca życia nie zapomnę, po co poszła. Strasznie rozpaczałam. Myślałam, że ona ani nikt już nigdy nie wróci, że zostałam sama.

Kasia: Oczywiście nie można cały czas być tylko przy dziecku, ale dziecko, które jest spokojniejsze wewnętrznie, ponieważ ma więcej objawów czułości, troski i spostrzegania jego potrzeb, nie będzie się aż tak bardzo bało w momencie, kiedy dorosłych przy nim nie ma.

Ewa: Dziecko, które czuje się chciane i kochane, ma pewność, że za chwilę ktoś się przy nim zjawi. Mało tego, wydaje mi się, że takie dzieci nie są w ten sposób zostawiane. Rodzice czekają, aż się obudzi, i zabierają je do sklepu...

Kasia: Myślę, że mój lęk w ciemnym pokoju pochodził nie tylko z tego, że jest noc i dzieli mnie kawał pustego mieszkania od niani. Ale też cudowny był fakt, że ona zawsze odpowiadała. Nie śmiała się ze mnie. Podczas gdy wiem, że gdybym poprosiła o to samo mamę, powiedziałaby: „Nie wygłupiaj się!”. Oceniłaby mnie i odrzuciła moją potrzebę i prośbę. Wiele razy się tak zdarzało, że to, co ja chcę, jest śmieszne, nieważne, nie w porę i świadczy o tym, że jestem jakaś niefajna.

Ewa: A na tej podstawie budujemy sobie obraz siebie – że takimi, jakimi jesteśmy, nie można nas akceptować.

Kasia: Tych zdarzeń ułamkowych, powtarzających się dziecko zbiera bardzo, bardzo wiele. „Nie biegaj koło mnie, przeszkadzasz mi!". „Mamo, czy mogę?". „Nie teraz".

Ewa: „Nie jedz tego przed obiadem, nie trzaskaj drzwiami, może byś usiadła na chwilę i zajęła się książką, ale nie maluj w tej książce, przecież się w książkach nie rysuje...". Właściwie dziecko można bez przerwy krytykować za to, co robi.

Kasia: Ostatnio widziałam w parku dwie starsze panie, jedna była z wnuczką, a druga z psami, które bawiły się ze sobą. Zabawnie to wyglądało, bo jeden pies był wielki, a drugi mały. Dziewczynka miała trzy, może cztery lata i bardzo chciała przyłączyć się do tego psiego dokazywania. Podeszła do nich bliziutko, a jej babcia wrzasnęła na to: „Odsuń się od tych psów, bo im przeszkadzasz!". Patrzyłam na to ze zgrozą.

Ewa: Jak masz taką babcię albo mamę, dorastasz w przekonaniu, że przeszkadzasz każdemu, nawet psom, które się ze sobą bawią.

Kasia: Niektóre dzieci tak traktowane zaczynają rzeczywiście przeszkadzać. Nie mają wyjścia, żeby inaczej zaistnieć. Zresztą wszystko, co się robi, może być uznane za przeszkadzanie. Jeśli idę, biegnę, wyciągam rękę po coś, to przeszkadzam.

Ewa: Jeśli zaś ciągle „przeszkadzam", to też się nie uczę.

Kasia: Tak, bo jeśli wszystko, co robię, jest krytykowane, to jest jakby przeciw czemuś. W związku z tym nie ma korzyści z aktywności. Rozejrzyjmy się – jest masa ludzi, którzy nie umieją wydobyć z siebie głosu, nie umieją krzyknąć, nie umieją dotknąć, nie umieją dać siebie dotknąć. Jakakolwiek nowa osoba się pojawia, to ich zamurowuje...

Ewa: Skądś oni się biorą...

Kasia: A jest też druga wersja – jeśli ktoś ma silny temperament, to zaczyna postępować na przekór. Opisujemy tylko kawałek, jakiś wycinek, bo nie da się tu opisać wszystkich możliwości. Ja w każdym razie miałam takie poczucie, że cokolwiek zrobię, to się mojej mamie nie podoba. To, jak wyglądam, też się jej nie podobało. Ciągle słyszałam: „Jak ty wyglądasz?" – zawsze z dezaprobatą. A to kołnierzyk nie taki, a to czapkę straszną włożyłam, a to skarpetek nie miałam. A przy ludziach było: „Jak ty się zachowujesz?". Albo wstań, albo usiądź, albo przynieś, albo podaj...

Ewa: Albo się przywitaj, albo się nie odzywaj... Znam to, znam!

Kasia: Teraz, będąc dorosłymi kobietami, o wiele bardziej rozumiemy swoje matki, to, że było im trudno, że miały dziecko nie wtedy, kiedy trzeba, albo nie z tym, co trzeba, albo jedno i drugie, a może nie chciały w ogóle mieć dziecka. Rozumiemy je, ale rozumiemy też to dziecko, dlaczego i skąd w nas tyle bólu, który się odzywa w sytuacjach czasami dla nas nieoczekiwanych. Przyszła do mnie pacjentka i zaproponowałam jej, by popracowała nad takim zdaniem: „Jestem kochana, jestem naprawdę kochana", i ona już przy czwartej powtórce zaczęła szlochać. Sama się zdziwiła: „Mówię zdanie, które powinno mnie cieszyć, więc czemu ja płaczę, dlaczego mnie to tak boli?".

Boli, bo nie słyszała tego zdania na tyle często, żeby się z nim oswoić i uważać za normalne, natomiast strasznie za nim tęskniła.

Ewa: Nie dość tego, mówiąc je, ma przed oczami wszystkie te sytuacje, które przeczą temu zdaniu, więc powtarzając je, uświadamia sobie, jak bardzo nie była kochana.

Ja uważam, że byłam kochana naprawdę tylko przez jedną babcię, która się ze mną bawiła wtedy, kiedy chciałam, i tak często, jak chciałam, grała ze mną w karty, robiła mi takie kanapki, jakie lubiłam, i gotowała dla mnie to, na co miałam ochotę. Uważam, że to była jedyna osoba, która pozwalała mi na to, żebym była taka, jaka jestem, a przy tym spełniała moje oczekiwania i odpowiadała na potrzeby. Z perspektywy widzę, jak ważne to było dla mnie, a wręcz bezcenne. Teraz widzę, jak takie rzeczy mogą nam w pewnym sensie uratować życie.

Kasia: W dosłownym sensie. Znam takie poglądy w psychologii wychowania, że lepiej, by oboje rodzice zachowywali się konsekwentnie. Zawsze wtedy myślę: „Boże, jak to dobrze, że mój tatuś był inny niż moja mamusia". Gdybym miała przed sobą mur z rodziców, którzy nieustannie zwracają mi za coś uwagę, poprawiają i krytykują albo mnie zbywają, to by mnie chyba zabiło.

Ewa: A z drugiej strony popatrzmy, jak trudno jest być dobrym rodzicem, jeśli się samemu było wychowywanym w taki sposób. Ty kiedyś powiedziałaś, że ludzie kompletnie bezrefleksyjnie mówią dziecku: „Nie biegaj, nie hałasuj". Włącza im się automat: dziecko – hałas – nie wolno.

Kasia: Włącza im się to, że im tego nie było wolno. Nieświadomie, automatycznie. Ja już jako dziecko postanowiłam, że nie będę miała dzieci, bo czułam intuicyjnie, że zrobiłabym mojemu dziecku to samo, co robi mi moja mama, nie wiedziałabym, jak być dobrą mamą. I spotkałam kilka kobiet w życiu, które mówiły to samo. To właściwie było podjęcie decyzji, która się wypełniła, przez całe życie ją utrzymywałam. Była to silna decyzja, w sumie bardzo smutna.

Ewa: Tak, bardzo dobrze to rozumiem. To rzeczywiście niezwykle smutna decyzja zaniechania, zaprzeczenia, odebrania sobie czegoś. Jednak z miłości do nienarodzonego dziecka.

Kasia: Bardzo bym chciała, żeby ludzie, decydując się na dzieci, nie spieszyli się tak z rodzeniem, zanim nie pomyślą, jakimi mogą być rodzicami, patrząc na własne dzieciństwo.

Ewa: Mnie bardzo długo nie chciało się dzieci. Hellinger* mówił, jak w czasie jego długoletniej praktyki wyszło na jaw, że większość kobiet, które dokonały aborcji, to te, które nie zostały zaakceptowane jako córki przez swoje matki. To samo dotyczy kobiet, które miały kłopoty z ciążą, poronienia lub problemy z urodzeniem dziecka. Konsekwencje rodzicielstwa naprawdę sięgają kolejnych pokoleń.

* Bert Hellinger (ur. 1925), niemiecki terapeuta, twórca metody ustawień rodzinnych, która przyjmujc założenie, że losy przodków w znaczący, widoczny sposób wpływają na losy następnych pokoleń w obrębie tego samego rodu. Hellinger podkreśla ważność więzów krwi. Uważa, że miłość do rodziców jest warunkiem zachowania zdrowia i utworzenia udanego związku.

Niedokochane dzieci

Kasia: Psychoterapia nauczyła nas, że źródła naszych życiowych problemów biją w dzieciństwie. A nawet wcześniej. W brzuchu matki, czyli w życiu płodowym. Jest to prawda tak już powszechnie oswojona, że bywa też wyśmiewana.

Ewa: Czy ty, Kasiu, wierzysz, że są ludzie, którzy mieli naprawdę szczęśliwe dzieciństwo?

Kasia: Spotkałam sporo ludzi, po których było widać wyraźnie, że naprawdę dostali w dzieciństwie dużo dobrego od dorosłych.

Ewa: Ty właśnie wyglądasz na taką osobę. Czy miałaś szczęśliwe dzieciństwo?

Kasia: To miłe, dziękuję. Miałam i nie miałam. Dawno temu odkryłam (tu się waham, bo jest to dla mnie wielki próg do przejścia, czy opowiedzieć coś, o czym jeszcze nie wiem, czy chcę, żeby było w tej książce) rzecz, która się już częściowo we mnie ułożyła, ale może nie do tego stopnia, żeby się nią aż tak dzielić...

Ewa: Wyłączę magnetofon. Możesz to powiedzieć tylko mnie.

Kasia: Nie, na razie nie wyłączaj. Potem zdecyduję. Otóż dotarłam do tego, czego przez lata nie mogłam dopowiedzieć tak bezpardonowo do końca – że moja mama mnie po prostu nie chciała. Przydarzyłam się jej w wyniku splotu okoliczności, dla niej niełatwych. Przez całe dzieciństwo i młodość czułam, że nie jestem przez nią kochana. Tłumaczyłam to sobie jak umiałam; wydawało mi się, że nie kocha mnie dlatego, iż jestem dziewczynką, że gdybym była chłopcem, może byłoby inaczej. Wiedziałam, że ona przed małżeństwem kochała kogoś innego, więc może to dlatego im z tatą nie wyszło, a ja byłam zbyt podobna do ojca. Jak się ma dziecko z mężczyzną, którego nie kochamy lub przestajemy kochać, i dziecko jest do niego podobne, to może nas to dziecko drażnić...

Ewa: Nawet jeśli jest takie ładne?

Kasia: Dziękuję ci, kochanie, ale moja mama była ładniejsza. Ojciec był ładny, ale mama naprawdę była piękna. Wróćmy jednak do wątku niekochanego dziecka. Gdy byłam już starsza, zdałam sobie sprawę, że ja też mamie dawałam popalić. Buntowałam się. Wiem, że czuła się nieszczęśliwa z powodu naszej trudnej relacji. Ja także byłam nieszczęśliwa. Było mi żal siebie, jej i taty. Ale z drugiej strony dużo istotnych rzeczy dzięki temu się stało. Teraz jestem zadowolona, że miałam takich rodziców. I że miałam nianię.

Ewa: I że było trudno?

Kasia: Tak, bo wiele się nauczyłam. Ale ciężko było. Odkryłam nie to, że mnie nie kochała, ale że w ogóle nie chciała mnie mieć. Bo też i jej symptomy fizyczne wskazywały na to, że od ciąży zaczęła się źle czuć. Nie chciała tej ciąży, z tym mężczyzną, w tym momencie. Została zresztą w to małżeństwo wmuszona przez babcię. Ojciec wrócił z obozu koncentracyjnego, chory i wyniszczony, cała jego rodzina została wybita. Miał stary, pusty plecak z jednym wyszczerbionym nożem. To było wszystko. Wrócił do swojej narzeczonej, bo do kogo miał wrócić?

I jak ona mogła go odrzucić? Jako kobieta lojalna i bardzo odpowiedzialna była naprawdę w trudnej sytuacji. Babcia nie pozwoliła im zamieszkać razem i się sprawdzić, tylko ich od razu ożeniła. Przyjęła go do domu, kazała im wziąć ślub i dopiero pozwoliła im zamieszkać razem.

Nie mogło się to udać. Mężczyzna, który stracił całą swoją rodzinę, wrócił po tak strasznych przeżyciach, i kobieta, która pokochała w międzyczasie kogoś innego. A jednocześnie była niezwykle lojalna wobec rodziny mojego ojca. Weszła do Radogoszczy, w paszczę lwa (był tam obóz koncentracyjny przejściowy), żeby zanieść paczki babci, mamie mojego taty. Dziadka zabili Niemcy, babcię wzięło gestapo, ponieważ rodzina ojca nie podpisała folkslisty i zmieniła nazwisko na brzmiące bardziej po polsku. Kocham swoje nazwisko i nigdy go nie zmienię. (Kasia zaczyna płakać) Zawsze tak jest, jak o tym mówię. Kocham tę moją babcię, której nie znam. Płaczę ze wzruszenia i z żalu, że nie mogłyśmy się spotkać.

Ewa: Musiała być niezwykłą kobietą.

Kasia: Podobno wspaniałą. Moja mama bardzo ją kochała.

Ewa: Ja śniłam o mojej prababci, do której domu zdobyłam klucze, i uświadomiłam sobie, że to są dla nas jakieś ważne osoby.

Kasia: Bardzo. To jest mój dobry duch.

Ewa: Niezwykle ważne, żebyśmy wiedziały, że nasi pradziadkowie, których nie znałyśmy, są nadal w naszym życiu i od nich czerpiemy siłę. To bardzo wyraźnie widać w pracy terapeutycznej Berta Hellingera.

Kasia: Nie mów, proszę, do mnie, bo przez moment chcę się z nią spotkać. (Po chwili, z głębokim westchnieniem) Pobyłam już sobie w Łodzi i wróciłam.

Gdy dorosłam, zdałam sobie sprawę, że ta młoda dziewczyna, moja matka, została wzięta w pułapkę lojalności, odpowiedzialności.

A jej mama, która była nadmiernie religijna, po prostu ich ożeniła. I koniec. No i pojawiło się dziecko, czyli ja, z którym trzeba było coś zrobić. Była niezwykłe oddana, moja mama. Nadrabiała to, czego nie czuła.

Ewa: Zobacz, tu z powrotem weszłyśmy do zaniku i zobaczyłyśmy, skąd się biorą te niechciane dzieci, zepchnięte do komórki.

Kasia: Oczywiście, przecież ona sama, bidula, miała swoją małą dziewczynkę w komórce. Wiesz, ja już teraz mogę to mówić, ona nie żyje i ojciec już nie żyje.

Ewa: Kasiu, skończyła się kaseta, może byśmy napiły się herbaty?

Kasia: Nie chcę teraz herbaty. Jestem w środku najważniejszego i najtrudniejszego dla mnie zwierzenia i proszę cię, żebyś to uszanowała.

Ewa: To siadajmy i gadajmy. Ja cię przepraszam, bo ja, kiedy odczuwam tak duże nagromadzenie emocji, potrzebuję zrobić herbatę i zaproponowałam ci – wydawało mi się – najlepsze, przynajmniej dla mnie, wyjście.

Kasia: Wiem i rozumiem, ale powiem ci: jeszcze nie jesteś ze sobą blisko, ponieważ oddalasz się na herbatę wtedy, gdy masz sobie towarzyszyć.

Ewa: Nigdy tak o tym nie myślałam. Teraz dopiero próbuję poczuć to, co mówisz.

Kasia: A ja chcę sobie towarzyszyć, nie zostawić siebie, bo herbata jest tu nieważna.

Ewa: Z tego wynika, że herbata pomaga mi umknąć przed natłokiem uczuć, z którymi nie umiem być?

Kasia: Tak. Dalej nie jesteś ze mną. Ale wrócę do mojego najtrudniejszego zwierzenia. Przyznałam się do tego, czego przez lata wstydziłam się straszliwie: jeżeli nie kochała mnie moja mama, to znaczy, że mnie nie można kochać. Oj, jak mi się chce płakać...

Musiałam więc robić wszystko, żeby zbudować taki zamek, za który by mnie wszyscy pokochali. Bo jakby się dowiedzieli, jaka biedna, głupia, niekochana, nieudana mała dziewczynka siedzi w komórce, nikt by ze mną nie chciał być. Dlatego przez lata mówiłam, że moja mama jest dla mnie niedobra, bo było mi łatwiej powiedzieć, że jest niedobra, niż powiedzieć: ona mnie nie chce. A później dopiero, jak już naprawdę siebie pokochałam i sama zaczęłam być dobrą mamą dla siebie, mogłam ją zrozumieć. Ona, biedna, mogła mnie kochać tylko tak, jak umiała. Niedokochać, ale bardzo o mnie dbać. (Kasia płacze)

Ewa: Kasiu, jak ty tak płaczesz, to ja mam uczucie, że ty płaczesz też za mnie, za wszystkie te niekochane dzieci.

Kasia: No pewnie, ale za siebie przede wszystkim. I nie za wszystkie, tylko za tyle, za ile daję radę. (Wyciera nos) Nie spodziewałam się, że to jeszcze robi na mnie takie wrażenie, ale umówiłyśmy się, że piszemy prawdę.
To jest w ogóle najgłębszy ból człowieka, myślę. Każdego, który coś takiego przeżył. Z całą resztą umiemy sobie dawać radę. I dlatego tak strasznie chcemy, żeby nas ktoś kochał. I dlatego zrobimy wszystko. Im bardziej jesteśmy nieszczęśliwi z tą dziurą, tym więcej zrobimy, żeby nas ten ktoś nie zostawił. A po to, żeby się nie okazało, że nam nie wyszło, często tkwimy w straszliwych związkach.

Ewa: Kasiu, a jeśli nikt nigdy nas nie pokocha?

Kasia: Nie, to niemożliwe. Chociaż, myślę, że bandytów może nikt nie kochał.

Ewa: I dlatego oni robią to, co robią? A może tak jest, że nas nikt nie pokocha tak, jakbyśmy chciały?

Kasia: A to jest już inny temat, też ważny. Na osobne pogadanie. Ale ja już siebie kocham prawie tak, jak potrzebuję. Na przykład teraz płaczę, bo jest mi tak smutno i tak się tym wzruszyłam, moją mamą się wzruszyłam i sobą jako dzieckiem. I nie, że się rozczulam...

Ewa: No właśnie, czy to nie jest tak, że się rozczulasz nad sobą?

Kasia: (wciąż ze łzami w oczach) Nie. Jest różnica między rozczulaniem się a wzruszeniem... Ja się wzruszyłam, bo to było takie głębokie i tak ważne dla niej i dla mnie, i dla ojca, który też w tym wszystkim był nieszczęśliwy, bo miał nieszczęśliwą kobietę...

Ewa: Miał też niedobry związek.

Kasia: Ona też miała nieszczęśliwy związek i dziecko, które się przed nią broniło.

Ewa: No i ona też tego dziecka chyba nie kochała.

Kasia: W każdym razie nie tak, jakby mogła, gdyby dla niej życie ułożyło się lepiej...

Ewa: W jakimś sensie twoja matka zrobiła wszystko, co umiała, czyli znalazła ci nianię, która ją tobie zastąpiła.

Kasia: Tak, czułam, że jest przy mnie prawdziwie kochająca kobieta. Ona i mój fajny tata to była ta radosna część dzieciństwa. Victoria Schnabel, terapeutka pracująca metodą Hellingera, powiedziała mi: „Wiesz, twoja matka była genialna, bo znalazła ci zastępczą matkę i pozwoliła ci z nią być". Jestem mamie za to naprawdę wdzięczna. Moja niania kochała mnie bezwarunkowo. I ja kochałam ją ogromnie. Mówiłam, że się z nią ożenię, bardzo by to było miłe (śmieje się), ale to jednak nie była moja matka. Rozumiesz, ja czułam, że jak moja matka mnie nie kocha, to coś jest ze mną nie w porządku. Że to trzeba przed wszystkimi ukrywać. Więc ukryłam małą dziewczynkę w komórce i wybudowałam parę różnych zamków po drodze...

Ewa: Chciałabym, żeby to nie brzmiało jako oskarżanie naszych rodziców. Robili, co mogli, starali się jak najlepiej. Moja historia jest podobna do twojej. Miałam jeszcze mniej oparcia niż ty, bo nie miałam niani. Też buduję zamki, żeby się ratować... Teraz ja będę płakać...

Kasia: Płacz, płacz...

Ewa: Moja matka oddała mnie swojej matce na wychowanie, a moja babka była bardzo oschła i dla mnie dosyć okrutna. Czasem bywałam odsyłana do drugich dziadków. U nich miałam o tyle lepiej, że druga babcia była absolutną małą dziewczynką i bawiła się ze mną. I mnie kochała.

Kasia: Dwie małe dziewczynki. To jakaś chwila radości.

Ewa: Dwie małe dziewczynki, które się mogły nareszcie spotkać. I to było jakieś oparcie.

Kasia: Promień światła w twoim życiu.

Ewa: Jedyny, bo do tego dorośli nie pozwalali mi się bawić z dziećmi.

Kasia: O, Jezu!

Ewa: Miałam straszliwie samotne dzieciństwo.

Kasia: Współczuję ci bardzo. Ale skąd w takim razie tyle w tobie życia?

Ewa: (śmieje się) Nie wiem.

Kasia: To twoje własne zasoby!

Ewa: Czasem się nad tym zastanawiam, jak udało mi się przeżyć w tym koszmarnym dzieciństwie. Dlatego rozumiem doskonale to, co ty czujesz: jeśli nie kochają nas ci, którzy są do tego niejako zrobieni...

Kasia: ...i nas do tego zrobili...

Ewa: ...to na starcie...

Kasia: ...masz falstart.

Ewa: Tak jakbym od urodzenia miała informację, że jestem jakoś zepsuta, do niczego się nie nadaję. A tę całą energię, która idzie na udowodnienie światu, że jednak nie jestem zepsuta ani nie jestem do niczego, można byłoby spożytkować dużo i lepiej.

Kasia: O, tak... Często mi się zdarza patrzeć na wspaniałych ludzi, którzy borykali się przez wiele lat, zanim „doszli do siebie". O ile więcej zrobiliby dla siebie i świata, gdyby mogli od razu ten czas wykorzystać bardziej konstruktywnie.

Ewa: No właśnie.

Kasia: Ja w końcu wykorzystałam inteligencję, a szczególnie tę emocjonalną, i wychowałam siebie na całkiem szczęśliwą kobietę, co przynajmniej przyda mi się na resztę życia. A może jeszcze paru osobom pomogę się tego nauczyć.

Ewa: Ja nie jestem pewna, czy mogłabym się pod taką deklaracją szczęścia podpisać. Mam wrażenie, że w miarę upływu czasu mam coraz mniej siły.

Kasia: Bo nie na siebie ją zużywasz, tylko na zamki i na czekanie na rycerza. Dlatego masz jej coraz mniej. A twoje dziecko w tej komórce płacze: „Ona już nigdy po mnie nie przyjdzie!". Twoje wewnętrzne dziecko wie, że to ty masz je kochać. Co ono ma zrobić, żeby ciebie do tego przekonać, jeśli ty go nie lubisz i ono ci się nie podoba? Rezygnuje: „No już trudno. Jeśli ona chce, żeby mnie rycerz kochał, to kiedy on przyjdzie i mnie ponosi na rękach, wtedy choć tyle dostanę...".

Ewa: A powiedz, Kasiu, czy można dbać o swoje dziecko, będąc jednocześnie w związku?

Kasia: Można, nawet trzeba, bo innego wyjścia nie ma.

Ewa: Bo masz męża i czworo dzieci.

Kasia: Jedno też wystarczy. Czwórka to jeszcze się sobą zajmie: będą się razem bawiły, tłukły, przewalały, nawzajem siebie wspierały, gorzej jest, jak ma się jedno. Wiem coś o tym, bo byłam jedynaczką, a ty?

Ewa: Ja też.

Kasia: Dzień dobry, wszystkie siostry i braciszkowie jedynacy. Wiemy, jak było. Wróćmy do wątku, który poruszyłaś wcześniej, że to, co mówimy, nie jest przeciw rodzicom. Jesteśmy czułe wobec nich, oni także byli dziećmi. Często niedokochanymi...

Ewa: ...jak my.

Kasia: Moją matkę zrozumiałam już dość dawno i nawet w pewnym momencie wpuściłam się w rolę jej terapeutki.

Ewa: Zostałaś terapeutką swojej własnej matki?!

Kasia: Tak, niestety. Nawet, pozornie, przez jakiś czas z dużymi osiągnięciami. To jednak przedłużyło tylko tę iluzję, że ja mogę ją uszczęśliwić.

Ewa: O, właśnie, właśnie. Tu jest klucz pogrzebany. To bardzo ważne, co mówisz o uszczęśliwianiu.

Kasia: Chyba warto osobno pogadać o uszczęśliwianiu rodziców i kogokolwiek.

Ewa: Wiem po sobie. Kiedy jestem już bardzo nieszczęśliwa, to usiłuję znaleźć kogoś do uszczęśliwienia.

Kasia: Bo to potwierdza nasze prawo do życia, że jesteśmy do czegoś przydatni.

Ewa: U mnie na wsi mijam czasami kobiety, których widok wywołuje we mnie głębokie współczucie. W takich wytartych paltotach, ze spracowanymi, zniszczonymi dłońmi, które mają mężów pijaków, wystających po rogach. Te kobiety, zaharowane, zapracowane, każdym krokiem próbują udowodnić, że mają prawo do życia.

Kasia: Że ten pijak ma jej nie zabić do końca, bo ona mu się przecież jeszcze może przydać. Uff. Tu zróbmy dwie minuty ciszy dla uczczenia tych kobiet i tych dzieci, którymi były te kobiety i ci pijacy. Do jakiego stopnia zostali pokrzywdzeni, że tak żyją?

A sobie możemy pogratulować i swoim kochanym rodzicom podziękować, że my jesteśmy w tym miejscu, w którym jesteśmy.

Ewa: Jednak?

Kasia: To bardzo luksusowe miejsce. Jesteśmy dziećmi szczęścia.

Ewa: Warto o tym pamiętać.

Kasia: Napisałam o tym wiersz:

Jeśli mnie nie zabiją
jeśli umrę sama
wtedy gdy się nażyję
bez wojny i moru

jeśli mnie
nie zasypie
zaleje
zawali

jeśli mnie rak nie pożre
wypadki ominą
sąsiedzi pochwalą
a sądy nie skażą

jeśli po moim wyjściu
ktoś pomyśli o mnie
że dobrze było ze mną
iść kawałek razem

wtedy Cię zapytam
za co mnie
spotkało
takie wyróżnienie

Kto nas pokocha tak, jak chcemy?

Ewa: Dlaczego tak jest, że nikt nas nie kocha tak, jak tego naprawdę potrzebujemy?

Kasia: Bo sami nie umiemy naprawdę empatycznie wyczuwać i rozumieć innych. Ponieważ nie czujemy, że mamy miłości w nadmiarze albo przynajmniej tyle, ile nam samym potrzeba. Bośmy najczęściej nie dostali jej w dzieciństwie, więc musimy sobie gdzieś dobierać, ciułać. W tym sensie nie jesteśmy kompletni, tylko podziurawieni i ciągle zwróceni na zewnątrz.

Ewa: Wydaje mi się też, że nie mamy szacunku dla inności, odmienności, odrębności drugiego człowieka.

Kasia: Bo ktoś kiedyś nie miał szacunku dla naszej indywidualności, tylko nas usiłował podciągać pod jakiś strychulec. Mam w oczach taką parę niedawno spotkaną. Ona – ładna dziewczyna, która bardzo dba o wygląd (typowy zameczek), ale bardzo siebie nie docenia i nie lubi (powiedziała ze dwa zdania o tym, że jest z rodziny alkoholików; wszyscy, którzy się na tych sprawach trochę znają, od razu wiedzą, z czym to się wiąże). Najogólniej mówiąc, ucieka od tematu tej swojej wewnętrznej czarnej dziury. Oczywiście, dużo wkłada energii w to, by być atrakcyjna zewnętrznie.

I ma chłopaka, który jest w nią zapatrzony jak w obrazek i cały czas się stara. Jej jest ciągle zimno, to on ją ciągle ubiera, jej ciągle coś nie smakuje, to on dla niej zdobywa takie potrawy, żeby jej zasmakowały. Ona się nudzi, to on wymyśla, gdzie by z nią pójść, a jednocześnie nie za bardzo ją wypuszcza samą, bo ona taka chorowita, słaba...

Ewa: A naprawdę boi się, że go zostawi.

Kasia: Tak. Ona zresztą dość jawnie flirtuje przy nim z innymi mężczyznami. Kobiety, które nie dostają takiego zainteresowania od facetów, patrzą na to zazdrośnie, no bo „on ją tak kocha i tyle jej daje, a ona ciągle niezadowolona". Więc tłumaczę tym kobietom, że tak naprawdę nie ma czego jej za bardzo zazdrościć i jemu też...

Ewa: On ma przymusowy odruch opiekowania się...

Kasia: ...więc nie mógł zająć się żadną spokojnie szczęśliwą kobietą. A sam mówi od czasu do czasu: „No tak, ja to jestem taki nieważny...". Gdy ona z kimś flirtuje, on z jednej strony jest wściekły i zazdrosny, z drugiej zaś komunikuje: „Jeśli ktoś jest taki porządny jak ja, to wiadomo, że się go robi w konia...". Swój los oświadcza głośno.

Ewa: Ale ludzie nie umieją słuchać takich zdań.

Kasia: Właśnie, a on wszystko jasno i wyraźnie mówi.

Ewa: Tylko sam siebie nie słyszy.

Kasia: Okazuje się, że ona miała przedtem chłopaka, który ją traktował strasznie źle, i wtedy ona, oczywiście, szalała za nim. A teraz ma takiego, który ją traktuje wspaniale, więc ona go nie szanuje. Będą tak sobie grali, nazywając to miłością, choć to nie ma z nią nic wspólnego. A postronni będą wzdychać z zazdrością: „O, proszę, jakie to niektóre kobiety mają powodzenie!".

Ewa: A on pewnie spodziewa się, że jeśli będzie ją jeszcze bardziej „kochał", to może ona w końcu też go pokocha.

Kasia: Albo odwrotnie. Będzie myślał: „Wszystkie kobiety są takie, nie warto kochać". A wszystko sprowadza się do tego, że on siebie nie kocha i ona siebie nie kocha. Więc on ją kocha zamiast siebie, a ona w tej chwili nie ma kogo kochać...

Ewa: ...bo jest za bardzo kochana, żeby mogła pokochać. Będzie mogła kochać tylko kogoś, kto jej nie chce.

Kasia: To takie gry i zabawy rodu ludzkiego.

Ewa: I jeśli niczego w sobie nie zmienią, to oboje będą nieszczęśliwi.

Kasia: Dzięki takim jak oni tworzy się kolejne przypowieści i piosenki pt. „Jak ciebie nie ma, to nie mam po co żyć", w które uwierzą kolejne pokolenia, zamiast się zająć tym, jak żyć. Z tobą, bez ciebie... z kimś innym. A przede wszystkim ze sobą.

Ewa: I tu pojawia się hasło: Pokochaj siebie samego. Tylko co ono znaczy?

Kasia: Odpowiedź może się niektórym nie spodobać.

Ewa: Czemu tak patrzysz na mnie?

Kasia: Bo chcę ci powiedzieć, że pokochać ciebie, tak jak ty potrzebujesz, możesz tylko ty sama.

Ewa: Hm...

Kasia: Tylko ty możesz dotrzeć do tego, czego naprawdę potrzebujesz. A i to nie jest wcale tak od razu dane.

Ewa: Wiem po sobie, że nie jest to takie proste. Ja musiałam skorzystać z pomocy terapeuty, by mieć odwagę zagłębić się w swoje syfy, w swoje czarne dziury, w swoje nierozpoznane potrzeby.

Kasia: Które są w Cieniu i dlatego tak trudno je stamtąd wydobyć. Leżą zepchnięte w głębiny nieświadomości.

Ewa: Przyszło mi ostatnio do głowy, że te piosenki romantyczne, te wszystkie ckliwe filmy, o których tu wspominałaś, mówią o tym, że kochać kogoś to jest coś tak nadzwyczajnego.

Kasia: I że być kochanym to jest też coś super nadzwyczajnego.

Ewa: Myślę o tym, że tak jak dzieci są zupełnie zwyczajne – i gdyby je tak traktować, to by im było o wiele lżej...

Kasia: A gdyby siebie tak traktować!

Ewa: No właśnie! Bo jak się kogoś kocha, to jest to zupełnie zwyczajne. Nie ma w tym niczego nadzwyczajnego.

Kasia: Ja na sobie samej i na innych ludziach doznałam uzdrawiającej mocy zwykłości. Przez wiele lat chciałam być inna, wyjątkowa i oryginalna. Moje przyjaciółki też chciały być inne, wyjątkowe i oryginalne...

Ewa: ...ale o to się wcale przecież nie trzeba aż tak starać. Każdy człowiek jest oryginalny i wyjątkowy. Jest jak płatek śniegu, jedyny taki na całym świecie, jedyny w swoim rodzaju...

Kasia: A poza tym jest jednocześnie taki jak cała reszta...

Ewa: ...i zupełnie zwyczajny.

Kasia: A póki tej swojej zwyczajności nie zaakceptuje, to się umęczy potwornie. Zwyczajność polega na tym, że jedne rzeczy umiem, innych nie umiem, jednych się mogę nauczyć, a innych nie, w niektórych sprawach daję sobie radę, a w niektórych nie.

Ewa: Jedni mnie lubią, a inni znów nie. Poza tym w tych sprawach, w których ty dajesz sobie radę lepiej, ja sobie nie radzę i odwrotnie.

Kasia: Kiedy to sobie uświadomiłam i to do siebie przyjęłam, zeszły straszne ciężary ze mnie...

Ewa: Że nie trzeba umieć wszystkiego i sprostać wszystkiemu...

Kasia: Że nie trzeba ciągle stawać na jakichś rzęsach (które mam zresztą nie najlepsze...).

Ewa: Może od tego? Po prostu, Kasiu, wyprałaś sobie rzęsy.

Kasia: Ale odkąd porzuciłam ten proceder, to mi ulżyło, całemu mojemu otoczeniu ulżyło.

Ewa: Jest jeszcze coś ważnego, co zauważyłam we własnym życiu, a co dotyczy mówienia o swojej miłości tym, których kochamy. Ostatnio doświadczyłam tego z moim synkiem, Stasiem, który ma 13 lat i z upodobaniem jeździ na skuterze. Skuter jest dość szybki, a Stasiowi zdarzało się jeździć bez kasku, co uważam za wysoce niebezpieczne. Kiedy to zobaczyłam, zabroniłam mu jeździć w ogóle, ponieważ nie udawało mi się doprowadzić do tego, by noszenie kasku potraktował poważnie. I gdy mu oznajmiłam: „Nie będziesz jeździł", on mi powiedział, że jestem nadopiekuńcza, że zbytnio się o niego troszczę. Powiedziałam: „Nie jestem nadopiekuńcza, tylko odpowiedzialna". Sam też dobrze może sobie wyobrazić wywrotkę na skuterze bez kasku. Ale on w dalszym ciągu nie był przekonany i pytał: „Mamo, ale właściwie dlaczego ty mi zabraniasz?". A ja mu na to: „Bo cię kocham". I on się niezmiernie wtedy zdziwił: „Ha – powiedział – to ja nie myślałem!".

Kasia: Poczuł, że nie zostało mu nic zabrane. Odwrotnie – został obdarowany. Dostał coś wielkiego. Nie ma nic większego i ważniejszego od takiego „kocham cię". W związku z tym już nie czuje straty z powodu niejeżdżenia skuterem.

Ewa: Wiesz, rzeczywiście. Już potem więcej do tego nie wracał.

Kasia: Chodzi wypełniony poczuciem, że jest kochany.

Ewa: No właśnie, dlatego opowiedziałam tę historię. Sama doświadczyłam, że warto mówić „kocham". Zwłaszcza w takich sytuacjach, kiedy robimy coś, co kochana przez nas osoba może odbierać jako wymierzone przeciwko niej.

Kasia: Rodzice bardzo często z miłości i troski czegoś zabraniają, ale nie pokazują wyraźnie, o co naprawdę chodzi. Jeśli dzieci by czuły i słyszały: „Myślę o tobie, robię to, bo cię naprawdę kocham", a nie: „Każę ci to zrobić, nie wolno ci tamtego", to zupełnie inaczej by te zakazy przyjmowały.

Ewa: Ja poczułam, że warto. Bo często, być może, wydaje się nam, iż to, że kogoś kochamy, jest dla niego oczywiste, albo się krępujemy...

Kasia: Jeżeli nie słyszałaś: „Kocham cię", to nie umiesz tego powiedzieć. Bo skąd?

Ewa: I nie chodzi o samo słowo, ale o rzeczywiste uczucie.

Kasia: Ludziom jest nieludzko trudno wypowiadać dobre zdanie o sobie. Łatwo jest mówić złe rzeczy. To umieją robić godzinami: tego nie umiem, tamtego nie potrafię, tu mi nie wychodzi.

Ewa: Ktoś mi opowiadał o takim treningu otwierającym, że trzeba było stanąć przed lustrem i powiedzieć: „Kocham cię". Ludzie stawali przed tymi lustrami i płakali rzewnymi łzami. A byli to bankowcy, świetnie zarabiający, dobrze ubrani, jeżdżący drogimi autami.

Kasia: Udało im się w życiu, ale okazuje się, że i tak wcale niełatwo powiedzieć do siebie nawet: „Lubię cię". Szlochają albo się wściekają, albo mówią, że to bzdura i nigdy w życiu nie mają zamiaru brać udziału w takim teatrze. Popatrz, jak trudno jest przyznać się przed sobą, że nie umiem sobie czegoś takiego powiedzieć.

Ewa: Jeżeli nie umiem powiedzieć sobie, to jak mam powiedzieć dziecku, żonie, przyjacielowi, mężowi? Tu jeszcze jest coś więcej: jeśli siebie nie kochamy, to często uważamy, że osoba, która nas pokochała, sama jest niewarta, żeby ją kochać. Kocha mnie – znaczy jakaś zepsuta. Myślę o tej dziewczynie, od której zaczęłyśmy rozmowę, i o jej chłopaku.

Kasia: Tak, to częste. Jeśli mnie kochasz, to znaczy, że sam jesteś nic niewart. Strasznie to smutne. Kiedyś mój kolega ze studiów powiedział: „Zmarnowałem tyle prawdziwej miłości...". Na świecie jest wiele takiej zmarnowanej miłości... Chociaż, z drugiej strony, może ona się wcale nie marnuje...

Ewa: Właśnie, bo nawet jeśli kochamy kogoś, kto nie odpowiada nam tym samym, to i tak niczego nie marnujemy. Przecież mamy z tego same korzyści: coraz bardziej otwieramy serce, uczymy się cennych rzeczy o sobie, oczywiście jeśli chcemy...

Kasia: Otóż to. Jeśli kochamy siebie, wtedy szanujemy to, że kochamy kogoś, kto – być może – nie jest w stanie nam tego oddać, odpłacić tym samym. Ale przecież kochamy! Już to jest cenne. Nie jest to pochwała nieodwzajemnionej miłości, tylko miłości w ogóle. Jeśli stać mnie na miłość, jestem bogata, mogę nią obdarowywać. Nie zubożeję od tego, że ktoś mi nie odda. Odda mi ktoś inny, a najważniejsze, że sama sobie daję.

Ewa: To nie znaczy, broń Boże, że jak kochamy kogoś, to mamy położyć się na jego wycieraczce i tam leżeć...

Kasia: (śmieje się) Aczkolwiek lubiłybyśmy wyjść z domu, a tam na naszej wycieraczce ON! Albo i pokoty.

Ewa: Oj, sama miałam takie momenty, kiedy bym się kładła na tej wycieraczce.

Kasia: Ja miałam kiedyś taki syndrom, iż kiedy czułam, że chciałabym facetowi podłogę szorować, to już wiedziałam, że jest ze mną bardzo źle.

Ewa: Gratuluję nam: wycieraczka i szorowanie podłogi.

Kasia: I to w dodatku na kolanach...

Ewa: No to mi się przynajmniej wydaje atrakcyjne erotycznie...

Kasia: Jak wiesz, nigdy specjalnie nie rwałam się do porządków, więc jak już czułam, że bym szorowała tę cudzą podłogę, to musiałam być w kompletnej ekstazie. Ale na szczęście podniosłyśmy się z tych kolan i wycieraczek.

Ewa: Tak, już jest całkiem przytomnie. Mam nadzieję, że do końca życia żadnej już nie zaliczę. Choć oczywiście na żadnej do tej pory też nie leżałam. To była tylko fantazja...

Kasia: O, leżałaś – mentalnie. Mentalne wycieraczki są nawet ważniejsze. Bo kiedy się już uniezależnisz, wtedy możesz się i położyć.

Ewa: My się śmiejemy, a tu wyłania się całkiem poważna sprawa. Jest przecież taki wątek u marzycielki: on przyjdzie i mnie z tych kolan podniesie, pozbiera mnie litościwie ze swojego progu i zabierze do domu...

Kasia: To jest właśnie niedokochanie siebie. Z jednej strony: „Zrobię dla ciebie wszystko" – co brzmi przyjemnie i czasami ma też może sens – ale z drugiej strony niesie ten straszliwy przekaz, że oddaję siebie, przestaję istnieć. A jednocześnie ukrywam się ze swoim bólem. Nie mówię o nim. Manipuluję sobą. Jak dalece myli nam się gra, udawanie szacunku z prawdziwym szacunkiem do siebie.

Ewa: Właśnie, to ciekawe. Niektórym nic się nie myli, bo oni nie wiedzą, że można inaczej...

Kasia: Wydaje nam się, że szanujemy siebie wtedy, kiedy siebie ukrywamy.

Ewa: Czyli właśnie siebie nie szanując.

Kasia: Nie szanuję moich uczuć! A moje uczucie złości, zranienia, żalu, smutku, gniewu jest ważne. Jest cenne dlatego, że jest moje, że je przeżywam. Jeśli mi coś zrobiłaś i ja ci powiem, co się, według mnie, stało – ty wiesz, jaki skutek wywołało twoje działanie. Ale najważniejsze, że ja ujawniam, jak się z tym czuję. Kocham siebie i na tyle cenię i w siebie wierzę, że wiem, iż każde moje uczucie jest ważne i cenne, jakiekolwiek jest.

Ewa: Natomiast ludziom się to miesza z poczuciem godności, ze skutecznością...

Kasia: No tak, bo jak ukryjesz przed nim albo coś udasz – to on się poczuje zazdrosny, poczuje, że może cię stracić, i wtedy ciebie zechce.

Ewa: To zwykła manipulacja.

Kasia: Oczywiście! Ale wydaje ci się, że on cię nie zechce, kiedy mu powiesz, że cierpisz.

Ewa: Boisz się pokazać swoje prawdziwe uczucia, bo wtedy ten ktoś może cię zranić jeszcze bardziej.

Kasia: Wiesz dlaczego? Bo jeśli w dzieciństwie pokazywałaś, że ci na czymś zależy, a rodzice mówili: „Milcz, szczeniaro, nie jest ważne, czego ty chcesz", to uczyłaś się, że ujawnianie uczuć i potrzeb jest nieważne, a nawet niebezpieczne. Dzieci bywają w takich sytuacjach zawstydzane, wykpiwane, czasem opowiada się o tym publicznie: „Cha, cha, cha, wiesz, co wymyśliło to moje dziecko!". To koszmar, jesteś wtedy ogołocona ze wszystkiego...

Ewa: Czy naprawdę?

Kasia: Jako dziecko tak.

Ewa: Dorosły człowiek jednak może sobie z tym próbować radzić...

Kasia: Ale dorosły człowiek nosi w sobie tamto dziecko.

Ewa: Ja na mojej własnej terapii, już jako całkiem dorosła osoba, zobaczyłam, że bardzo często mylę uczucia z myślami. Kiedy mój terapeuta, wspaniały, któremu tu się kłaniam do ziemi, pytał mnie, co czuję, to mu mówiłam, co myślę. On mnie pyta: „Co wtedy czułaś?", a ja mu na to: „Myślę, że wtedy nie powinnam zrobić tego czy tamtego...".

Kasia: O, tak jest u bardzo wielu ludzi.

Ewa: Bo to jest świetny sposób, żeby nie czuć. Pamiętam, że po bardzo bolesnym dla mnie rozstaniu, kiedy zaczęłam chodzić na terapię, będąc w okropnym stanie, w depresji, rysowałam, żeby sobie pomóc ujawnić głęboko zagrzebane uczucia. Narysowałam wtedy, jak wielki, czarny demon urywa głowę temu mężczyźnie. I z tej głowy bryzgają strugi krwi. Dopiero dzięki temu zobaczyłam, że za to, iż on mnie nie chciał, moim zdaniem, porzucił, jestem w stanie go zabić. I uświadomiłam sobie, jak dalece jest to absurdalne: do tej pory go kochałam, był dla mnie najważniejszy, dla niego chciałam zrobić to słynne „wszystko"...

Kasia: ...i ten doniedawny ukochany staje się z dnia na dzień twoim największym wrogiem.

Ewa: To się nagle przekręca o sto osiemdziesiąt stopni i najchętniej zmiotłabym go z powierzchni Ziemi, a przynajmniej porządnie mu zaszkodziła.

Kasia: Nie przypadkiem mówi się, że najstraszniejsza jest zemsta porzuconej czy zdradzonej kobiety. Oczywiście zemsta kobiety, która nie ma tak naprawdę kontaktu z własnymi uczuciami. To może niejasno brzmieć: nie znaczy, że nie ma w ogóle uczuć, wręcz przeciwnie – ma ich nadmiar. Uczucia ją zalewają. Nie można mieć kontaktu z czymś, co cię zalewa, bo po prostu ciebie wtedy nie ma. Jesteś jak pod wodą. To tsunami i ono ciebie gna.

Ewa: Nie szkodzi, że jeszcze wczoraj byłam rozsądną, dorosłą osobą, bo dziś już jestem porwanym strzępkiem, płynę razem z falą nienawiści, żalu, rozpaczy, wściekłości.

Kasia: Ale człowiek, który sam siebie szkoli czy trenuje w rozumieniu własnych uczuć, w dojrzałym posługiwaniu się nimi, wie, że uczucia nigdy nie są większe od niego.

Ewa: Właśnie, ale tu już słyszę chór kobiet, do którego zresztą sama do niedawna należałam, protestujący: „Jak to? Zostawił mnie, to niech go szlag trafi! Należy się skurczybykowi!".

Kasia: Napisałam na temat jednego pana:

Pojechałabym po tobie
kosiarką do trawy.
To, że leżysz pod spodem,
dobre jest dla murawy.

Ale kiedy to już napisałam, ulżyło mi, naprawdę! Bo poczułam, że już go pochowałam. Wiesz, pochowałam go w sobie. Niczego nie musiałam mu mówić...

Ewa: ...ani kosiarką po nim jeździć. I to jest dorosłe. A ja wtedy byłam w takim stanie, że bym po nim naprawdę przejechała kosiarką. I nie tylko. Kombajnem, młockarnią, a co najmniej samochodem... Przestała pracować moja racjonalna głowa, a do głosu doszła głowa szalona.

Kasia: Dałaś się zalać emocjom, które zresztą tylko na to czekały. Bo przedtem cię zalały emocje „myłości" do niego...

Ewa: Masz na myśli, że wcześniej pomyliłam jakieś całkiem inne uczucia z miłością i wyszła z tego „myłość"? Całkowicie się zgadzam.

Kasia: I też poddałaś się jej, żeby cię niosła i niosła, a – że tak powiem – nie miałaś jej w swoim zasięgu. I jak ci się urwała możliwość „myłości", to poddałaś się fali innych uczuć – odwetowi za to, że nie możesz już dać się jej nieść.

Ewa: Było to jedno z ważniejszych doświadczeń w moim dotychczasowym życiu.

Kasia: Dzięki temu zaczęłaś robić z niego użytek.

Ewa: Gdyby nie to, co się wtedy stało, nigdy – być może – bym nie zauważyła, że jestem na etapie porzuconego dwumiesięcznego dziecka. A to też nie stało się od razu. Samo w sobie było długim, chwilami bolesnym procesem.

Kasia: I tu mówimy kolejną paradoksalną rzecz: dziękujemy wszystkim, którzy nas nie chcieli, porzucili, zdradzili, zrobili nam coś, co nam się wtedy bardzo nie podobało...

Ewa: To są nasi najwięksi nauczyciele dorosłości, świadomości.

Kasia: Pod warunkiem że z tego skorzystamy.

Ewa: A korzystanie polega na nauczeniu się kochania siebie.

Ewa i Kasia: (chórem) Bo nikt nas nie pokocha tak, jak chcemy. Tylko my same!

Moja kochana odpowiedzialność

Ewa: Wiesz, Kasiu, ja już jestem zmęczona i marzę o tym, żeby ktoś w końcu wziął za mnie odpowiedzialność... Za długo wszystko sama ciągnę...

Kasia: Słyszę w tym coś bardzo ciężkiego, trudnego, przerastającego cię...

Ewa: Właśnie tak to czuję. Wyprowadziłam się z domu, kiedy miałam 18 lat, i bardzo długo musiałam wszystko robić sama. Płacić wszystkie rachunki, na własne konto popełniać błędy, wszystkie gwoździe wbijać sama w ścianę. Potem sytuacja się zmieniła, ale teraz zaczyna znów być tak jak przedtem i ja bym chciała, żeby ktoś to zaczął robić za mnie.

Kasia: Za ciebie? A nie dla ciebie?

Ewa: Tak o tym do tej pory myślałam: za mnie.

Kasia: Wiem, że to, co mówisz, jest wspólne bardzo wielu ludziom. W ogóle ludziom, ale może skupmy się bardziej na kobietach. Otóż kobiety, które musiały się nauczyć samodzielności, ale też i chciały być samodzielne, tak nie do końca jasno tę swoją odpowiedzialność traktują. Są z niej z jednej strony dumne, bo myślę, że ty też jesteś z tego dumna, że to wszystko umiałaś, zrobiłaś, doszłaś do jakichś sukcesów, ba, że w ogóle dałaś sobie radę, że się nie rozwaliłaś.

Ewa: Tak, jestem z siebie dumna, ale jednocześnie jestem straszliwie tym zmęczona, już naprawdę nie mam siły.

Kasia: Wiesz, na czym się zasadza to zmęczenie? Na tym, że „musiałam" albo „muszę", a nie „chcę".

Ewa: Może...

Kasia: Jasne jest, że kiedy miałaś 18 lat, jeszcze nie chciałaś być samodzielna.

Ewa: Wtedy chciałam, właśnie wtedy chciałam! Miałam mnóstwo pary...

Kasia: To są dwie różne rzeczy. Miałaś parę, bo wtedy chciałaś być dorosła, po to, żeby ci było wolno robić te wszystkie rzeczy, których ci zabraniali, gdy byłaś mała.

Ewa: Tak, oczywiście, że tak!

Kasia: To jest zupełnie coś innego niż odpowiedzialność.

Ewa: Znowu wraca ta mała...

Kasia: Wtedy byłaś małą, która chce być duża, bo wydawało się, że fajnie jest być dużą, bo duzi wszystko mogą, a nic nie muszą. I dopiero gdy się stajemy duzi, dociera do nas, że nie wszystko możemy, za to coraz więcej musimy... Inni uważają, że musimy, albo mamusia uważała, że musimy, i ciągle jej słuchamy, albo sami nauczyliśmy się, że tyle trzeba robić... I kiedy już jest to „trzeba", „muszę", „powinnam" i nic więcej, to naprawdę męczy, ponieważ nie idzie za tym „ja chcę". To zaś, co robimy z prawdziwą radością i satysfakcją, męczy nas w sposób przyjemny. Zmęczenie po robocie, którą lubię i którą wybrałam z ochoty, jest zmęczeniem miłym. Kiedy zaś robię, bo muszę, to mam poczucie, że nie robię tego dla siebie. Chociaż to jest dla mnie, bo to jest moje życie: moje rachunki, moje gwoździe, moje ściany, moje dziecko, moje jedzenie, moje prasowanie, mój dom do sprzątania.

Ewa: Masz rację. Bo wtedy robię to coraz bardziej byle jak, wszystko się jakoś rozłazi, jest jakieś niedokończone.

Kasia: I potem masz sobie za złe, że zrobiłaś byle jak. Bo przecież „musisz" robić wspaniale. Więc jesteś wzięta w taki podwójny chwyt niezadowolenia. Nie dosyć, że musisz coś zrobić, to musisz to robić wspaniale, choć ci nie wychodzi, bo jak ma ci wyjść, skoro ci się nie chce. W związku z tym jesteś niezadowolona i dodatkowo jeszcze za to się karzesz. Mamy tu do czynienia z rodzicem wewnętrznym, który jest nadmiernie surowy, karzący, a nie motywuje i nie wspiera. Daje ci zadania nie do wykonania, a ty go słuchasz.

Ewa: To jest taki wiecznie niezadowolony ktoś, kto mi mówi: „To mogłaś zrobić lepiej, a tego lepiej było w ogóle nie robić, znowu czas marnujesz". Zamąca myślenie.

Kasia: I, w gruncie rzeczy, obezwładnia nasze wewnętrzne dziecko, któremu ciągle coś wychodzi nie tak. Choć tyle się stara, wciąż zawsze słyszy: „Znów się lenisz, nic nie robisz. Zabierz się do czegoś sensownego". Takie rzeczy mówi nam wewnętrzny rodzic, a wcale nas nie chwali. Nie powie: „Dobrze zrobiłaś", tylko „Mogłaś jeszcze lepiej!". A wtedy ręce opadają. I poczucie własnej wartości też.

Ewa: Kasiu, co z nim zrobić, powiedz szybko! Zamordować?!!!!

Kasia: Przerobić – na dobrego rodzica. Przypominam, że już raz chciałaś mordować małą dziewczynkę. Ale wróćmy do odpowiedzialności, której pragnęłaś z radością, gdy byłaś młoda. Której chciałaś jako wolności. Przerobienie rodzica na lepszego dla nas gwarantuje satysfakcję z odpowiedzialności za siebie.

Ewa: Ja wtedy przecież nie wiedziałam, że to odpowiedzialność. Marzyła mi się tylko wolność.

Kasia: A teraz masz ją i już nie czujesz, że jesteś wolna.

Ewa: Bo czuję, że wszystko muszę i nie mam wyboru.

Kasia: Ale dalej jesteś wolna, tylko tego nie widzisz i z tego nie korzystasz.

Ewa: Masz rację, bo nic się w zasadzie nie zmieniło: nie mam rodziców nad głową, jestem w tej samej sytuacji, we własnym domu.

Kasia: Od ciebie wszystko zależy. Ale zaczęłaś się czuć zniewolona.

Ewa: To prawda, ale kompletnie nie umiem z tego wyjść.

Kasia: Trzeba tu równolegle pracować nad zmianą wewnętrznego rodzica w coraz mądrzejszego, cieplejszego, bardziej rozumiejącego, kochającego – i to jest praca od środka – a jednocześnie inwestować w świadomą zmianę zachowań. Czyli sprawdzać za pomocą wewnętrznego czujnika (to jest szalenie istotne pojęcie w moim myśleniu o człowieku; ten czujnik najbardziej sytuuje się gdzieś w brzuchu, w każdym razie na pewno w wątpiach, a nie w umyśle), pytać go: kiedy mi jest dobrze? kiedy jest mi niedobrze? kiedy mam dosyć? kiedy wystarczy? Uważnie słuchać tych sygnałów, szanować je i postępować zgodnie z nimi.
Znasz taki styl sprzątania, kiedy wywala się wszystko na środek i wtedy już wszystko trzeba sprzątnąć?

Ewa: O, taaak, to u nas przechodzi po linii żeńskiej z pokolenia na pokolenie.

Kasia: Jest oczywiste, że w połowie albo już nawet w jednej trzeciej ma się tych porządków serdecznie dość. Już się nienawidzi tej pracy. Ale WSZYSTKO jest wywalone na wierzch, zresztą specjalnie, żeby WSZYSTKO zostało sprzątnięte. „Więc nie spocznę, bo nie będę mogła patrzeć na siebie w lustrze, jeśli tego nie dokończę" – mówi sobie w duchu taka pani jak ty...

Ewa: I o godzinie dwudziestej drugiej słaniam się na nogach, ale co najmniej jedna trzecia jest jeszcze przede mną.

Kasia: Gratulacje. I albo wtedy pójdziesz spać, mówiąc sobie: „Boże, nie zrobiłam, chyba jestem jakaś leniwa", albo padniesz...

Ewa: Nie mogę się poddać, wszystko leży w przedpokoju na samym środku podłogi i nie ma jak przejść.

Kasia: O, taka jesteś sprytna, tak sobie inteligentnie życie utrudniasz! Czyli robisz do końca i jesteś ćwierć żywa. I potem bardzo, baaaardzo długo nie zabierasz się do sprzątania, bo na samą myśl robi ci się niedobrze. Dlatego masz do siebie pretensje, że jesteś leniwa, zamiast inaczej rozłożyć sobie pracę.

Ewa: Szkoda, że moja babcia i mama tego nie wiedziały, bo porządki to dla mnie sprzątanie po wybuchu bomby. Taki mam wzór.

Kasia: A ja ci opowiem o moim ulubionym skojarzeniu. Hasło: kredens gdański! Wyobraź sobie, dostałaś w spadku ogromny, piękny kredens, w którym jest mnóstwo szufladek, różnych dziurek, szparek, zakamarków, półeczek, przegródek, szybek i jeszcze do tego jest rzeźbiony i pokryty kurzem, bo długo stał u babci na strychu. I chcesz mieć ten mebel, bo ci się należy, w dodatku jest po przodkach, ale jak tu używać coś tak brudnego? To jest metafora, która pasuje do wszelkiej pracy nad sobą, do każdego właściwie odcinka. Kiedy ludzie mnie pytają: „To ile ja właściwie muszę nad sobą pracować?", odpowiadam: „Jeśli chcesz mieć do użytku cały ten piękny kredens, to cały musisz wyczyścić".

Ewa: Ale przecież go naraz nie wyczyszczę...

Kasia: Bo go znienawidzisz. Wyczyść dziś tylko jedną szufladkę. I potem się za to pochwal. Ucieszysz się, że masz już jedną czystą, potem się zabierzesz do drugiej. Może, jeśli będziesz miała więcej czasu, zrobisz większą szufladkę, a jeśli mniej – tylko pół. I będziesz miała zrobione już trzy. Nie mów sobie wtedy: zostało mi jeszcze dwadzieścia. Powiedz: mam już trzy gotowe! A potem pięć, i tak dalej. Powolutku. Przyjdzie taki dzień, w którym cały kredens będzie czysty. Oczywiście w tym czasie pierwsza szufladka się zakurzy, ale wystarczy ją tylko przetrzeć ściereczką. W końcu, kiedy odświeżysz cały mebel i zaczniesz go używać, też od czasu do czasu trzeba go będzie przelecieć ściereczką.

Ewa: I też nie cały jednego dnia.

Kasia: Czasem coś się zaplami, czasem wyleje albo wysypie. Dokładnie tak jak z naszym życiem. Bierzesz się do dużej roboty, żeby sobie coś przysposobić. Ale jak już sobie przysposobiłaś, to nie znaczy, że to jest już raz na zawsze, ponieważ jeszcze czasem trzeba wszystko przejrzeć, bo się na przykład mole zagnieździły.

Ewa: Albo pajęczyna się wdała.

Kasia: Albo coś się naprawdę gdzieś psuje. Można lubić swój kredens i bardzo się nim zajmować, bo to się naprawdę opłaca...

Ewa: Czy chcesz powiedzieć, Kasiu, że odpowiedzialnością jest też realne patrzenie na swój kredens: wiem, że nie dam rady wyczyścić całego naraz, bo jeśli zamierzam to zrobić, to jest to w jakimś sensie nieodpowiedzialne.

Kasia: Brawo!

Ewa: Jestem zdolną uczennicą.

Kasia: Bardzo.

Ewa: Tu narysuję kwiatek dla siebie.

Kasia: A ja ci dorysuję serduszko.

Ewa: Właściwie dlaczego tak postępujemy? Z lenistwa chcemy mieć coś od razu zrobione, skończone, przygotowane?

Kasia: To nie z żadnego lenistwa... Słowo „lenistwo" domaga się specjalnej ramki. Ponieważ słowo „lenistwo" to jest nasz kat.

Ewa: A naszym katom mówimy: nie!

Kasia: Naszym katem stało się dlatego, że wiele rzeczy, które robiliśmy dla zabawy w dzieciństwie lub młodości, nazywane były lenistwem właśnie dlatego, iż sprawiały nam przyjemność. Nasza biedna kultura oduczyła się szanować radość jako bodziec do działania. Rodzice łudzą się, że nauczą dzieci odpowiedzialności i pracowitości, przedstawiając je im jako coś tylko poważnego, co się wiąże z ciężarem, a nie z lekkością i chęcią.

Bądźmy uważne na słowa „powinnam", „muszę", „trzeba". Mogą znaczyć, że nie mamy na coś ochoty.

Ewa: Muszę się do tego zabrać, bo przecież nie wolno się lenić. Powinnam być jak mróweczka, biegać celowo i zadaniowo. Najchętniej na cudzą chwałę, bo przecież na własną to nieładnie.

Kasia: Żadna przyjemność zasuwać na cudzą chwałę...

Ewa: Och, znam wiele osób, które to świetnie umieją.

Kasia: Ja też. To są ci, o których się mówi, że się poświęcają. I oczywiście za to też coś chcą. Bo każdy chce takiej czy innej zapłaty za to, co robi. Tylko że za pracę na cudzą chwałę nikt im nie podziękuje. Dlatego to się nie opłaca.

Ewa: Jeśli słyszymy w głowie taki komunikat: „To się nie opłaca"...

Kasia: ...to go posłuchajmy. To jest komunikat od wewnętrznego dorosłego, naszej najmądrzejszej części. Lenistwo się opłaca, dopóki jest przyjemne. Bo wtedy naprawdę odpoczywasz. Kiedy lenistwo zaczyna być nudne (a po jakimś czasie zaczyna), wtedy opłaca się ruszyć do kolejnych zadań.

Ewa: A jeśli odzywa się głos: „Nie robisz tego z lenistwa"?

Kasia: To jest to głos twojego karzącego, niesprawiedliwego rodzica: nie wolno się lenić, bo to jest niemoralne. Mówi: „Nie leń się, tylko rób coś pożytecznego". Czyli to, że po zajęciach leżysz i myślisz o niebieskich migdałach, machasz nogą i patrzysz, jakie piękne są chmury, nie jest pożytecznym odpoczynkiem...

Ewa: Ach, uwielbiam to!

Kasia: ...tylko marnujesz czas. A prawda jest taka, że jeżeli nie będziesz patrzeć w chmury, to nie będziesz miała siły na swoje obowiązki. Co prawda gdybyś myślała tylko o niebieskich migdałach, można by było powiedzieć, że jesteś dla siebie samej mało produktywna, ale jeśli myślisz tylko czasami, to dajesz odpocząć tym częściom siebie bardziej produktywnym, czyli się reanimujesz, regenerujesz. A jeżeli się nie bawisz, nie masz energii i radości z tego, co dokonałaś, ani z tego, że teraz możesz odpocząć, wtedy stajesz się perfekcjonistką. Jest to jeden z gorszych objawów niezadowolenia z życia. Znam takich, którzy, żeby odpocząć, muszą aż popaść w depresję. Bo przecież z mniej poważnego powodu nie mogą zwolnić się z zasuwania.

Ewa: A ludzie uważają, że perfekcjonizm to coś wspaniałego!

Kasia: Im się to myli z perfekcją, czyli z dobrym wykonaniem roboty – świetnie coś wykonać, a potem się położyć brzuszkiem do góry, być z tego zadowolonym i przez jakiś czas dać sobie prawo do odpoczynku. Wtedy się nie jest perfekcjonistą, tylko zdrowym, produktywnym człowiekiem. Bo perfekcjonizm polega na tym, że nie wolno odpoczywać, bo przed nami kolejna półka skalna do zdobycia. Bo trzeba szybko wejść na sam szczyt, a jak się już tam weszło, to też nie można odpocząć, bo przecież obok niego jest następny, jeszcze wyższy, na który trzeba wejść, bo inni już tam weszli albo ja będę pierwszy.

Ewa: Uuuu, znam takich ludzi. Są straszni, nigdy nie „mają czasu", nigdy się nie cieszą. Są dla innych mało ciekawi, mimo iż wydawałoby się, że robią tyle interesujących rzeczy.

Kasia: Są strasznie napięci. I patrzą ze zgrozą, ironią albo potępieniem na tych, którzy nic nie robią i cieszą się z tego, co zrobili przedwczoraj.

Ewa: Nie dosyć tego: wleźli tylko na pierwszą półkę, a potem zlezą z niej i już nigdzie nie będą wchodzić.

Kasia: Albo zostaną tam i zrobią sobie wspaniałe obozowisko.

Ewa: Ale potem zejdą i będą się cieszyć życiem. Pójdą w dolinę po wodę...

Kasia: ...i zostaną tam tydzień. A potem wrócą na swoją półkę i stwierdzą: „Nam właściwie ta wysokość wystarcza". Niektórzy stwierdzą wręcz, że wolą żyć w dolinie. Podczas gdy perfekcjoniści włażą już na trzeci szczyt i się dziwią, że im nie zazdrościsz.

Pan Czesiek i inne chłopaki

Kasia: Pani Agnieszka Osiecka zrobiła prześliczny podział mężczyzn na trzy typy: wieczny chłopiec, dostojnik i pan Czesiek. Wydaje mi się to niezwykle trafne i ja ci o tych panach opowiem wszystko, co wiem. Wieczny chłopiec to jest chyba najliczniej uprawiany przez inteligentne kobiety rodzaj mężczyzny.

Ewa: Czyste paznokcie, skrzypce lub co najmniej gitara...

Kasia: ...falujące włosy, chyba że łysy, szczupłe dłonie, romantyzm, bajer, przeczytanych dużo dobrych książek, zna się na filmach, liznął różnych teorii, w ogóle uczy się i rozwija.

Ewa: Tylko że się rozwija wiecznie, toteż nigdy nie jest rozwinięty. A kim jest kobieta dla wiecznego chłopca?

Kasia: Wieczny chłopiec potrzebuje kobiety, która go przytuli, opierze, roznamiętni oczywiście i pozwoli mu przez jakiś czas uważać, że spotkał boginię swego życia, do której będzie pisał wiersze albo dla niej śpiewał, albo myślał o niej tęsknie i wystawał pod oknem, co ona zauważy i przyjmie z wielkim zadowoleniem, bo wydaje się, że w końcu prawdziwy rycerz jej się trafił.

Ewa: Jak z piosenki Demarczyk, kiedy on kupuje drugą gazetę i sterczy na deszczu pod jej oknem.

Kasia: Ale to nie jest na stałe, oczywiście. Bo gdy już bogini przestaje być boginią – a nie może nią być, jeśli jednocześnie go opiera i się nim opiekuje – wieczny chłopiec znajduje nową boginię, która na pewno spełni te romantyczne pragnienia i uniesienia...

Ewa: Oj, wiem coś o tym, wiem! I ja, i moje przyjaciółki przerabiały to już z niejednym wychudłym literatem... Swoją drogą ciekawe, dlaczego zawsze on jest takim chuderlakiem?

Kasia: No co ty? Inaczej nie wyglądałby jak chłopiec. Za to dostojnik jest mężczyzną raczej postawnym, chyba że ma urodę Ryszarda Kalisza, ale jednak częściej przypomina pana Olechowskiego. Wyniosły, poważny, posiada władzę, władzą się posługuje, jest absolutnie KIMŚ. Nawet jeśli nim naprawdę nie jest. Kobieta dla niego to, oczywiście, ukoronowanie jego pozycji. Ma to więc być kobieta do pokazania, do pochwalenia, do zazdroszczenia. Kobietę się nosi.

Ewa: W tym sezonie nosi się blondynki, a w następnym już nie będą w modzie?

Kasia: Oczywiście. Kobietę nosi się też w celu rywalizacji z innymi.

Ewa: Ale, broń Boże, nie nosi się jej na rękach.

Kasia: Nie, tego się nie robi, bo i po co? Natomiast ona ma nosić za swoim panem różne rzeczy. Być wdzięczna, że jej się tak wspaniały mężczyzna w ogóle trafił. Czcić, szanować i obsługiwać, również seksualnie, oczywiście.

Ewa: To ciekawe, co mówisz. Bo z drugiej strony rozumiem, że on by chciał, żeby ona sama była osobą niezwykłą...

Kasia: On też by chciał, żeby ona go kochała... O co już naprawdę niełatwo.

Ewa: No może na początku łatwiej?

Kasia: Tak, bo kobiecie się wydaje, że ten pan da jej wszystko, o czym ona marzy. Mianowicie: opiekę, wsparcie, dobrą sytuację materialną, pozycję, bezpieczeństwo. I być może tak będzie, aż do następnej, którą się bardziej nosi w tym sezonie. Ale, na szczęście, mamy jeszcze pana Cześka.

Ewa: Pan Czesiek nas uratuje!

Kasia: Pan Czesiek zreperuje kran, zrobi zakupy. Pan Czesiek poklepie po pupie i przytuli, jak baba płacze, i powie: „No, głupia, już nie rycz!". I to jest mężczyzna, za którym warto się rozejrzeć.

Ewa: To ja jestem jednak za związkami bigamicznymi.

Kasia: Najwyżej osiągniesz to, że część twojego serca będzie zaspokajana z jednej strony, druga z innej, trzecia z jeszcze innej.

Ewa: Innego wyjścia nie mam. Bo nie chcesz powiedzieć, że są jeszcze mieszanki, dajmy na to pan Czesiek złączony w bliźniaczo-syjamskim uścisku z wrażliwym chłopcem? No w takie połączenie to naprawdę nie uwierzę!

Kasia: To jest czysty podział. Tu trafiamy w dziesiątkę. Mogą być typologie według innych wskaźników. Natomiast ta jest naprawdę bardzo celna. Widać, że kobieta znała świat i ludzi.

Ewa: Mnie, ilekroć o tym rozmawiamy, zadziwia ten klub iluzjonistów i iluzjonistek, którzy się za każdym razem na to nabierają. Zdaje się, że cały dramat polega na tym, iż kolejny raz zmienia się kobietę, z nadzieją, że następna spełni te oczekiwania. A one są nie do spełnienia.

Kasia: Dostojnik nie zmienia kobiety dlatego, że ona nie spełnia jego oczekiwań. On wybiera taką, która spełnia. I bierze następną, bo ta druga mu się bardziej opłaca.

Ewa: No tak, bo poprzednia jest już *démodé.* Czy on w ogóle słyszał coś o uczuciach?

Kasia: Wiesz, on gdzieś w głębi swojego zapomnianego serca marzy o prawdziwej miłości, ale chyba jednak to już dawno zakopał. Już wie, że prawdziwa miłość nie istnieje. Wie, że istnieją tylko władza i pieniądze.

Ewa: Naprawdę? To biedny jest...

Kasia: Tak. I on myśli, że tylko to warto mieć. I kobiety na topie. Ty mówisz o iluzji. Ale ja bym się tu nie tylko do kobiet, ale i do mężczyzn zwróciła, że nieszczęśliwi z powodu niespełnienia iluzji jesteśmy tak długo, jak długo tę iluzję hodujemy. Bo jeżeli zechcesz się ucieszyć wiecznym chłopcem na romantycznych spacerach i w łóżkowych przeżyciach i nie będziesz spodziewać się, że on odprowadzi dzieci do szkoły, będzie pamiętał, że należy przyjść na wywiadówkę, to może ci być z nim bardzo miło.

Jeżeli będziesz się chciała pokazać w świecie i zabierze cię tam dostojnik, oprowadzi i zaprezentuje parokrotnie, choć może już nie więcej, to w tym czasie nawiążesz interesujące znajomości...

Ewa: ...z innymi dostojnikami...

Kasia: ...o ile ci na tym zależy, bo jesteś takim typem kobiety, którą obnoszą dostojnicy. Jest taki typ kobiet i one są z tego zadowolone. To jest właśnie to, o co chodzi. Może by chciały przy którymś zakejować na dłużej, no i jeśli są, jakby to powiedzieć, wystarczająco wykształcone, to im się uda. Trzeba się nauczyć obchodzić z dostojnikiem.

Ewa: A jak robisz remont mieszkania, to pan Czesiek jest jak znalazł.

Kasia: Ja, odkąd stałam się kobietą dojrzałą, jestem fanką pana Cześka. Bo, po pierwsze, on zna życie bliższe temu, co kobiety uznają za życie. Nie musi być ważny, bo jest potrzebny. Nie musi dokładać sobie wartości, bo to jest chłop z krwi i kości.

Ewa: A czyta książki jakieś?

Kasia: No, może niechętnie, obawiam się.

Ewa: A do kina chodzi tylko na bombachy?

Kasia: Może na komedię romantyczną by z tobą poszedł, a na bombachy niech sobie chodzi z kolegami.

Ewa: A na rozmowy intelektualne będziemy się umawiać z wiecznymi chłopcami...

Kasia: Trzeba sobie z nich zrobić kumpli. Ale pan Czesiek jak już coś powie, to zwykle mądrze. Bo on jest życiowy.

Ewa: Ciekawe, jaki pan Czesiek jest w łóżku?

Kasia: To już zależy od jednostki. Ale powiem ci, że nie mogę zapomnieć jednego hydraulika, który pracował u mnie „na remoncie". I ten pył, ze ściany, którą pracowicie kuł, osadzał mu się na rzęsach, a rzęsy miał jak lalka, dłuuuugie i zawinięte do góry, i powiem ci, że ja tego do końca życia nie zapomnę. Oczy miał niebieskie....

Ewa: Ale do czegoś, poza twoim zachwytem, doszło?

Kasia: Nie, nie doszło, bo remont był robiony szybko i sprawnie. Nie było przestojów.

Ewa: Nie było powodu psuć remontu.

Kasia: Poza tym przyjemne jest marzenie o oczach hydraulika. Dlaczego ja mam mieć spełnione to marzenie. Fajnie mieć niespełnione marzenia.

Ewa: To prawda, większość marzeń, które spełniłam, okazała się moją zgubą.

Kasia: Niektóre moje marzenia wracają, zmieniają się i przekształcają, ale mam też oczywiście i takie, których spełnienie wyszło mi bokiem. Dlatego jest takie ważne, żeby pamiętać, o czym się naprawdę marzy, żeby to było zdefiniowane. Może lepiej: uważaj, czego naprawdę pragniesz, bo ci się to spełni.

Ewa: Tak, to jest to słynne chińskie przekleństwo. Wiesz co, Kasia? Ja tak sobie myślę o tym, co mówisz, i znów mnie smutek ogarnia. Czy ja jestem jakaś nostalgiczna, czy co? Bo taki pan Czesiek to jest fajny facet, naprawdę, i bardzo się sprawdza w życiu, żeby on był jeszcze trochę bardziej oczytany, inteligentny, miał dobrą rodzinę...

Kasia: ...nieduży zameczek nad Loarą, to ty byś wtedy proszę bardzo...

Ewa: Albo nawet w te pędy... No, żeby on chociaż był psychoterapeutą.

Kasia: Nie chciałabym się narazić moim wspaniałym kolegom, ale nie radzę. No chociaż może paru.

Ewa: To ty nie wiesz, że większość kobiet marzy o psychoterapeucie? Im się wydaje, że jak będą z kimś, kto jest świadom wszystkiego, co się dzieje, to on ich nie skrzywdzi, zajmie się nimi, pozwoli im te meandry psychiczne hodować.

Kasia: Po to ludzie idą też na psychologię, przynajmniej niektórzy. Uważają, że nareszcie ich cudowna wrażliwość zostanie doceniona i zyska stosowną oprawę. Jednym to przechodzi, a innym nigdy...

Ewa: Ależ, Kaśka, bezlitośnie rozwiewasz wszystkie moje rojenia na temat sensownego faceta. W tej sytuacji chyba muszę zostać sama.

Kasia: Na jakiś czas bym ci to radziła.

Ewa: W tej książce złożę śluby wieczyste.

Kasia: Nie, nie! Niczego nie mów na zawsze.

Ewa: A może to właśnie jest sposób na życie? Żeby nie chcieć niczego zmieniać, nikogo na nic nie namawiać, po prostu wziąć go takim, jakim jest, i próbować mieć z tego największą radość, jaka jest możliwa.

Kasia: Święte słowa! Cieszyć się, ale naprawdę.

Ewa: Mieć z tego tyle, ile się da, a jak wyciągają rękę z młotkiem, to się wtedy uchylać. I uciekać na z góry upatrzone pozycje, i czekać, aż minie.

Kasia: O ile to naprawdę miałby być młotek, to w ogóle uciekać, ale jeśli są to takie tylko szpilki, gorsze momenty, dni, to wszyscy je mamy. My też jesteśmy paskudy czasem.

Ewa: To prawda. A wracając do wiecznych chłopców, oni raczej nie chcą mieszkać z kobietami...

Kasia: Nie, rzeczywiście. Chyba że przemieszkać, a potem odfrunąć. Ewentualnie za trzy miesiące wrócić i powiedzieć: „Jednak tylko ciebie kocham!".

Ewa: Na razie, tymczasem.

Kasia: O, tego nie powiedzą, bo tego kobieta słuchać nie lubi. Ale „tylko ciebie kocham naprawdę" kobieta lubi słuchać. I daje się na to złapać, że ho, ho!

Ewa: Trzeba przyznać, że wieczny chłopiec pod tym względem zna się na kobietach. To jest pod wieloma względami koleżanka, z którą można pójść do łóżka. Nie przyjaciółka, ale taka dobra kumpelka.

Kasia: Myślę, że nie. Bo jeśli jest tak, jak mówisz, to nawet kiedy on odejdzie, ty tak znów strasznie nie cierpisz. Natomiast jeśli on cię weźmie na ten romantyzm, to nie jest kumpel, to jest dobry bajerant. Już sobie posprawdzał na tylu przykładach, co dobrze robi dziewczęcemu sercu, niezależnie od tego, w jakim ciele przebywa, czy 15-, czy 50-latki. Wieczny chłopiec też może mieć z sześćdziesiątkę.

Ewa: Myślę o takiej bardzo ludzkiej tęsknocie za miłością, co z nią?

Kasia: Wieczny chłopiec bardzo tęskni za miłością. On wszystko robi w imię miłości, w związku z tym wszystko mu wolno. No i to jest tragiczne.

Ewa: Ojej, ale w imię jakiej miłości?

Kasia: No właśnie wiecznej, nieuchwytnej, prawdziwie wielkiej. Gdy ona jest już prawdziwie wielka, to nie jest ludzka. Ludzka miłość jest ułomna, a ułomnej on nie zdzierży.

Ewa: A to ja już rozumiem: albo jest idealnie, albo w ogóle niczego nie ma.

Kasia: Gonić króliczka, gonić, gonić go.

Ewa: To znaczy, że są to gry i zabawy towarzyskie, jeśli je znamy i przestrzegamy reguł, to możemy w nie grać z tymi wiecznymi chłopcami.

Kasia: Wieczny chłopiec może pomóc sercu, które się musi pozbierać. Tylko żeby wiedzieć, że to nie ma być „zamiana na", tylko taki balsam, chwilowy kompres. Zdaję sobie sprawę, że brzmi to jakoś zupełnie strasznie, cynicznie, w każdym razie dla niektórych, bo dla innych nie...

Ewa: Ale to, co robi wieczny chłopiec, też jest cyniczne bardzo.

Kasia: Tak, i nawet zdarzają się wieczni chłopcy, którzy już wiedzą, że są cyniczni. I robią sobie z tego jakiś sztandar. O, to jest coś, czego bardzo nie lubię. Chodzą tacy panowie, co często otarli się o to, że są KIMŚ. Jakiś średnio znany, a może już nawet niektórym bardzo znany piosenkarz, wybitny tłumacz, niegdyś przez chwilę słynny aktor... I czegoś zabrakło, nie podtrzymała się ta wielkość, wszak każdy z nich został stworzony do bycia kimś (tu patrz: wychowanie przez mamusię nadopiekuńczą i bałwochwalczo zakochaną w syneczku. To nie jest jedyna wersja, ale jedna z wyraźnych). On poczuł się obrażony na świat, bo nie został przezeń wystarczająco doceniony i wyniesiony na złote stolce. W związku z tym należy się za to światu odwet.

A jak się jest inteligentnym i nie jest się ze światem zaprzyjaźnionym, to się swojego potencjału intelektualnego używa do gryzącej ironii. To jest niesłychanie niszczące. Z jednej strony, oczywiście, daje pozorną ochronę cierpiącemu sercu. Z drugiej natomiast sieje spustoszenie, na przykład u młodych dziewczyn, które się łapią na tę pseudowielkość i nawet jeszcze wymyślają sobie, że to może będzie miłość. Oczywiście, nie tylko im robi szkodę, robi szkodę też swoim przyjaciołom, z którymi chodzi na wódkę i razem sobie podgryzają świat. A potem się dziwią, że świat ma wygryzione miejsca i nie jest wcale taki fajny.

Może robi też krzywdę młodym facetom, którzy nie wiedzą, w którą stronę pójść.

Ewa: I chcieliby się od niego dowiedzieć, bo on jednak jest dla nich jakimś rodzajem autorytetu.

Kasia: I ma coś do powiedzenia, ale to, co mówi, jest straszne, zabijające i toksyczne. No i w tym sensie jest szkodliwe społecznie.

Ewa: Bo kształtuje obraz świata, który zaraz staje się ponury i niedostępny.

Kasia: Ci chłopcy chodzą falangami, takimi dużymi grupami, wspierają się i popierają, oczywiście przeciwko kobietom.

Ewa: Stwarzają wrażenie, że skoro jest ich tak wielu, to racja jest po ich stronie.

Kasia: Ludzie się na to łapią, a potem nie wiedzą, dlaczego ich boli.

Ewa: Ale ja jeszcze wrócę do mojego ulubionego pytania: czemu to robimy, że bierzemy, dajmy na to, pana Cześka i chcemy go przerobić na wiecznego chłopca, a romantyka próbujemy za to zrobić „na Cześka". Realistę odrealnić, a utopistę postawić na ziemi. Przecież to znaczy, że same nie umiemy ich pokochać. No właśnie, Kasiu, co to właściwie znaczy kochać?

Kasia: O tutaj, pani, ruszyłaś niezłą kolubrynę.

Ewa: Czy można kochać kogoś, kto jest taki poniszczony w środku, bardzo trudny, sam nie umie za bardzo kochać, czy to jest tak, że można kochać kogoś takiego i można z nim być?

Kasia: Kochać kogoś takiego można, jeśli jest to twój przyjaciel, brat, mąż, a może twój tatuś, natomiast nie wolno zbyt wiele oczekiwać. To jest jedna z odpowiedzi, co to znaczy kochać.

Kochać to nie oczekiwać zbyt dużo. A to się ludziom dokładnie miesza, prawda? My chcemy czegoś dla siebie od osoby, którą „kochamy". Natomiast kochać znaczy traktować kogoś w taki sposób, żeby mu życzyć wszystkiego najlepszego i nie oczekiwać niczego. Jak się coś dostanie, to cudnie, a jak nie, to nie.

Ewa: I to jest bardzo trudne.

Kasia: Bardzo. Toteż łatwo można przestać, w tym sensie, kochać. Bo przecież zwykle tak się robi. A to by znaczyło, że jednak się czegoś oczekiwało. I jeśli się tego długo nie dostawało, to się przestaje „kochać", czytaj: przestaje się oczekiwać, bo już się wie, że się nie dostanie.

Ewa: A tak się przyjemnie rozmawiało na początku...

Kasia: Też mi trochę szkoda... No to pozwólmy sobie na małą, miłą iluzyjkę o uroczym wiecznym, ale wiernym chłopcu, który z powodu swojej inteligencji został wspaniałym dostojnikiem o duszy i cieple pana Cześka...

Podwieszacz, czyli za wszystkim stoi kobieta

Ewa: Kasiu, mam znajomego, dla którego dwie kobiety niezwykle dużo zrobiły. Jedna przez wiele lat utrzymywała go i była pilną asystentką jego szaleńczych, acz niedochodowych pomysłów. Następna, bo z tamtą po latach się rozstał, wybudowała dla niego dom. Długo też go utrzymywała i hołubiła. I jak tak sobie pomyślę, to znam więcej takich mężczyzn, którzy potrafią uwiesić się na kobiecie.

Kasia: To się nazywa „urządzić siebie i ją".

Ewa: Umieją tak zmanipulować kobietę, że wydaje się jej, iż ona to robi, bo sama tak chce...

Kasia: Znam niemało takich kobiet: sprawne, inteligentne, twórcze, sprawcze, rzutkie, kontaktowe, potrafiące wszystko załatwić, lubiane i lubiące ludzi...

Ewa: Tak, tak, to były takie kobiety...

Kasia: Jedna to już miała skrajnego męża...

Ewa: „Skrajny mąż" – to powinien być tytuł rozdziału!

Kasia: Sama się przekonasz, że taki był, kiedy powiem ci, że nic innego nie robił, tylko leżał na kanapie. Słownie – nic innego nie robił.

Ewa: Nawet z nią nie chodził do łóżka?

Kasia: Tego nie wiem, bo ja tam tak dalece nie bywałam. Jego żona była towarzyska, bardzo lubiana. W gości chodziła sama, bo on nie chadzał. Czasem zapraszała do siebie, ale nie zmieniało to pozycji pana domu.

Ewa: Taki Obłomow.

Kasia: ...tylko żonaty. Bo Obłomow nie zdecydował się ożenić, choć miał chętną, która by mu życie ułożyła...

Ewa: Może nie miał drugiego miejsca na kanapie?

Kasia: No tak, to wymaga pewnej aktywności organizacyjnej. Trzeba kupić większą kanapę lub choćby dostawić jakiś fotel...

Ewa: Kasiu, powiedz mi, jak ci faceci to robią.

Kasia: Ja bym to pytanie odwróciła: jak to się dzieje, że tak wspaniałe kobiety, które mogłyby naprawdę dużo zdziałać na własne konto...

Ewa: ...i działają, działają...

Kasia: ...w gruncie rzeczy robią to na jego konto? To jest temat wielowiekowy. Bo jeżeli kobietom nie pozwala się być kimś (choć teraz częściowo sobie to wywalczyłyśmy), chcą być kimś „zastępczo" – przez swojego mężczyznę. Przecież większość wielkich, znanych mężczyzn w historii nie byłaby takimi, gdyby nie stała za nimi jakaś kobieta lub wiele kobiet.

Ewa: Poczekaj, to są dwa różne wątki. Kobieta, o której mówię, jest kimś, natomiast holuje faceta.

Kasia: Ale nie uważa, że sama jest kimś. Ona, bez niego na tej kanapie, przypuszczalnie nie czułaby, że ma ułożone życie.

Ewa: A tak ma?

Kasia: Nie jest zbyt usatysfakcjonowana, ale woli go uprawiać na tej kanapie, niż nie mieć go wcale.

Ewa: Jedną rzeczą jest go mieć na tej kanapie, a drugą – mościć dla niego tę kanapę i podkładać mu coraz to nowe jedwabne poduszeczki.

Kasia: Jedzonka pyszne mu podstawiać oraz pantofelki wyhaftowane, żeby wstał sobie w szlafroku czy w bonżurce i żeby dobrze wyglądał, jak idzie do łazienki...

Ewa: ...się wysikać...

Kasia: ...bo specjalnie po nic innego nie musi chodzić.

Ewa: Chcesz powiedzieć, że tak naprawdę nie ten facet to sprawia...

Kasia: Oczywiście on też ma w tym swój udział, ale nas interesują tu bardziej kobiety... Chyba?

Ewa: Mnie ciągle nie.

Kasia: A mnie wciąż tak. Ale tu można zastosować fraszkę Boya Żeleńskiego: „W tym największy jest ambaras, żeby dwoje chciało naraz". Oni się dobrali, pytanie tylko, kto kogo wyniuchał pierwszy.

Ewa: Nie patrzyłam tak na to, ale teraz się zgadzam...

Kasia: Może on wywąchał, że ona taka wspaniałomyślna...

Ewa: „U tej mi będzie dobrze".

Kasia: „Ona mi urządzi dom, będę u niej miał jak u mamusi". A ona poczuła: „Och, jaki on jest bezradny, jaki on jest wrażliwy, jaki on jest potrzebujący wsparcia. Nikt się o niego nie zatroszczy tak jak ja. Będę miała kim się opiekować. Będę potrzebna. Niezastąpiona. Jemu na pewno będę niezbędna".

Ewa: Albo: „Och, jak on się wspaniale zapowiada, ja go wylansuję...".

Kasia: „Ja mu urządzę pracownię, poprowadzę firmę, a on będzie prezesem albo dyrektorem".

Ewa: Czyli: ja mu się oddam.

Kasia: No właśnie. Oddam się w jego służbę, żeby on zrobił wielkie rzeczy, a przynajmniej choć trochę takie, jakie chciałabym, żeby zrobił. Żebym ja mogła być żoną takiego mężczyzny.

Ewa: Czyli: ja bym chciała być z samcem alfa, ale że taki się nie zjawił, to go sobie udziergam własnoręcznie.

Kasia: Bo sama nie mogę być samicą alfa; to by było nieładnie...
Ewa: Poza tym bez samca jestem jakaś niekompletna.
Kasia: W ogóle jestem niekompletna.
Ewa: A gdybym sobie wzięła zwykłego faceta, który by się mną opiekował i mnie wspierał...
Kasia: (ze śmiechem) Chcę ci zwrócić uwagę, że nie byłby wtedy taki zwykły. Oby to była nasza zwykłość!
Ewa: Przepraszam. Odwołuję. Może takiego trudniej spotkać, więc ona bierze, co bierze, bo idzie na łatwiznę.
Kasia: To nie jest kwestia: łatwiej czy trudniej spotkać. Chodzi o to, że takim, który sam się sobą zajmuje, nie można się opiekować, nie można mu mościć, wdawać się w jego sprawy i go popychać. Bo on powie: „Kobieto, weź się za swoje sprawy, a mnie zostaw moje. Sam wiem, gdzie mam pójść i co mam robić".
Ewa: Ale my nie mówimy tu o facecie pantoflarzu...
Kasia: Nie, nie, nam chodzi o takiego... no można by różnych słów użyć – krwiopijcę, jamochłona, wampira, wygodnisia, spryciulę.
Ewa: Podwieszacza, którego jego kobieta kreuje na artystę, myśliciela.
Kasia: Kobiety, które mogłyby startować na prezydentki, całą własną energię kręcą wokół swojego pana.
Ewa: I używasz tego słowa z pełną świadomością „pan i władca"?
Kasia: Tak, ze smutną świadomością. Bo to jest pan ich emocji. Gdy pan się skrzywi, świat szarzeje. Gdy pan się złości – robi się czarny. Gdy pan jest niewdzięczny – przykro. Jak zadowolony...
Ewa: ...od razu rozbłyskuje słońce.
Kasia: Jest w tym coś bardzo smutnego. Trzeba by powiedzieć tej kobiecie: „Słuchaj, twój król jest nagi". Ale ona nie chce tego widzieć ani słyszeć, bo potrzebuje, żeby on był królem.
Ewa: Nie chce go rozbierać? Nawet dla własnego dobra?

Kasia: Bo chce być przy nim królową. Ale przez fakt, że jest jego kobietą, a nie że jest nią sama w sobie. To nie jest Elżbieta I. ON ma być królem. I jeżeli on ma do tego predylekcje, to da się nadąć.

Ewa: Zwłaszcza że oddana fanka tę pompkę ciągle pompuje i dmucha w jego gwizdek.

Kasia: To się nazywa, że ona jest taka kobieca, ciepła, rozumie go, jest wspierająca.

Ewa: Ale on ewidentnie na niej pasożytuje. W zdrowym związku on też powinien ją wspierać, powinna być wymiana.

Kasia: On ją wspiera wyłącznie w robieniu dobrze dla niego...

Ewa: „Nikt nie gotuje tak jak ty. Tylko z tobą chcę być".

Kasia: Bo kto inny by to wytrzymał?

Ewa: Ale tam kolejka stoi! Wcale nie jest tak, Kasiu, że jeśli ta będzie miała dosyć, to on, biedny, znajdzie się na ulicy. Zwykle zresztą bywa, że to nie ona ma dość, tylko on jej już nie chce, bo już ją wyeksploatował.

Kasia: Ona też może przejrzeć na oczy. To kobiety piszą więcej pozwów rozwodowych.

Ewa: Wtedy on idzie do następnej, jakiejś nowszej lub lepiej ustawionej...

Kasia: To racja. Z tego powodu powszechnie twierdzi się, że mężczyźni mają lepiej, bo zawsze znajdą sobie jakąś kobietę. A prawda jest taka, że nie radzą sobie z życiem bez kobiety.

Ewa: A kobiety radzą sobie z życiem bez mężczyzny? Bo ja nie.

Kasia: Dużo lepiej niż oni. Kobiety potrzebują do życia innych ludzi, także mężczyzn. Ale popatrz na długo żyjące wdowy, samotne matki, wolne rozwódki. Mają domy, ogrody, pracę, przyjaciół, znajomych. Żyją pełnią życia.

Ewa: I są znakomitym łupem dla podwieszaczy.

Kasia: No, niektóra da się zwabić, ale taka prawdziwie doświadczona i mądra odsieje wampira od ziarna.

Ewa: A co z tymi, które się dały nabrać?

Kasia: Kobieta, która oddała siebie i została wymieniona na nowy egzemplarz, jest naprawdę nieszczęśliwa, niewiarygodnie rozczarowana, tak straszliwie, niesprawiedliwie, według niej, potraktowana.

Ewa: Skarży się: „Zrobiłam dla niego wszystko. Oddałam mu całe swoje życie"...

Kasia: I miała za to mieć nagrodę.

Ewa: Ale jaką?

Kasia: Niekoniecznie to wie. Na pewno czekała, aż on ją doceni. Powie jej i innym – koniecznie innym – jaka jest wspaniała. I będzie się zachowywał wobec niej z wdzięcznością i z czułością, cieszył się razem z nią tym, co zdobył. A on wcale nie chce się cieszyć razem z nią. Bo przecież ona dęła przez cały czas w JEGO balonik. To on jest wielki. A teraz ona co? Chce się podwiązać do jego wielkości?!

Ewa: Chcesz powiedzieć, że on nie widzi, iż to wszystko dzięki niej? Że bez niej nie byłby taki „udany"?

Kasia: Myślę, że od pewnego momentu już nie widzi. Nie chce widzieć, bo odebrałoby mu to poczucie własnej wielkości.

Ewa: Więc może nawet chętnie by się jej pozbył...

Kasia: Ona już jest sprawdzona. Pozbyć to nie, chyba że spotka taką, która go przekona, że u niej będzie jeszcze lepiej... Tylko musi go rozwieść i wszystko załatwić. Ta nowa musi wziąć na siebie wszelką niewygodę i odpowiedzialność. No i wtedy z punktu widzenia tej poprzedniej jest prawdą, że „ona mi go zabrała". Jakoś niemiło, wiesz, mi się o tym mówi. Ale tak bywa...

Ewa: A to manipulant! Wiesz, co jest dla mnie ciekawe? Przeświadczenie tych mężczyzn, że ta droga jest słuszna i że tylko w taki sposób można funkcjonować.

Kasia: Przecież oni mają na to żywe dowody, wiele dowodów. Poza tym to bardzo karmi ego i uspokaja wewnętrzną niepewność dziecka, które może się zapowiadało i nie wyrosło albo nawet się nie zapowiadało, a teraz jest ktoś, kto czci i służy...

Źródłem tego są matki nadopiekuńcze wobec synów, przenoszące na nich niespełnioną miłość do mężczyzny, jego nieobecnego ojca. Rozpieszczają synów, zamiast dać im rzetelną, uczciwą miłość, która również wymaga i stawia granice.

W relacji między taką służebną kobietą a wypasionym królewiczem czy królem *vel* balonem ona ma mu za złe nie to, jaki on jest i co robi, tylko to, że nie jest jej wystarczająco wdzięczny za to, co ona mu daje. Może być potworem, byle był wdzięczny i był jej.

Ewa: Czyli w tej relacji nie ma wymagań ani otwartego stawiania sprawy, że robisz coś niefajnego, wykorzystujesz mnie, postępujesz nie *fair* albo jesteś dla mnie niemiły przy ludziach.

Kasia: Taka partnerka nie powie: „Jesteś dla mnie niemiły", tylko mówi mu: „Robisz mi takie rzeczy, a ja dla ciebie wszystko...".

Ewa: „Ale następnym razem zrobię dla ciebie jeszcze więcej, żebyś był milszy". I nigdy nie ma uczciwego postawienia sprawy: „Robisz coś, czego się nie robi drugiej osobie, bo to jest nie w porządku. I właściwie nie zrobię już dla ciebie niczego i mam cię już w dupie".

Kasia: Nie możesz mnie nie obchodzić, bo zainwestowałam w ciebie całe swoje życie, całą siebie, więc jak mam się wycofać bez niczego? Zapytałam taką kobietę: „Żyła z nim pani trzydzieści lat. Podziękował kiedyś?". A ona robi wielkie oczy: „Jak to podziękował, za co?". „Za to, co pani dla niego robiła. Chciałaby pani, żeby podziękował?". „O, tak, bardzo bym chciała...". „Powiedziała mu pani, że trzeba podziękować?". „Nie". „A dlaczego?". „A co? To tak można?".

Ewa: To ciekawe.

Kasia: Jak to „ciekawe"?! To przecież straszne i smutne!

Ewa: Wiesz, ja się wychowałam w takiej właśnie rodzinie. I chociaż od dawna widzę i rozumiem ten mechanizm, to moje emocje za tym nie nadążają. Zastanawia mnie, czy te kobiety w głębi duszy zdają sobie z tego sprawę?

Kasia: Zdają i nie. To jest uzależnienie. To jest prawdziwe uzależnienie.

Ewa: Na czym polega?

Kasia: Zaczynamy brać coś, co początkowo robi nam dobrze. A to dlatego, że przedtem nam było niedobrze. Najpierw musi nam być niedobrze, sięgamy więc po coś, co to zmieni. Tak jak tutaj: niekochana dziewczyna marzy o miłości i on jej przez chwilę daje takie złudzenie. Bo jej mówi: „Ty jesteś taka słodka, taka ciepła, taka dobra. Ja ciebie chcę. Ty jesteś moja na wieki". A ona myśli sobie...

Ewa: „Nareszcie, na wieki...".

Kasia: Jak alkoholik, który bierze pierwszy łyk alkoholu...

Ewa: I jest nieźle...

Kasia: Jest pysznie. Przez chwilę nie czuje bólu, udręki, smutku i osamotnienia. No, to hulaj dusza, będę pić! Jest cudownie, mam miłość, mam mężczyznę, który już teraz będzie tylko ze mną. I on rzeczywiście jest ze mną, tylko coraz drożej mnie to kosztuje...

Ewa: Tak, tu jest klucz! To jest to! Miało mi być coraz lepiej...

Kasia: A niezauważalnie stało się tak, że jest mi coraz ciężej. „Już nie mam sił" – mówią kobiety, niezależnie, czy są żonami alkoholików, pracoholików czy nieobecnych tatusiów...

Ewa: ...czy niezaradnych chłopaczków leżących na kanapie...

Kasia: „Jest mi ciężko – mówią – a ty mi nie pomagasz". I zobacz, co to znaczy. Ona nie chce nawet, żeby wszystko robili razem. Wystarczyłoby jej tylko, żeby on troszeczkę pomógł. Gdyby częściej powiedział „dziękuję", śmieci wyrzucił, coś z samochodu wyniósł, drzwi przed nią otworzył albo jej coś kupił – to już by była szczęśliwa...

Ewa: I już by mogła robić dwa razy więcej.

Kasia: Jeśli on jest choć trochę sprytny i to robi, małżeństwo uważa się za udane. Żona robi nawet trzy razy więcej, ale jakoś się to jej kalkuluje. Bo coś od niego czasem skapnie.

Ewa: Są jednak kobiety, które nic nie dostają. Tylko milczenie. Nawet żadnego „dziękuję", „proszę", „przepraszam". Nie wspominając o kwiatach na imieniny.

Kasia: Te słynne kwiaty! Kobiety mogłyby same zacząć je sobie kupować i przestać uważać, że jeśli facet przyniesie bukiet, to zrobił Bóg wie co. A one płaczą: „Kwiatów mi nie daje. Żeby mi chociaż dawał kwiaty...".

Na pierwszych randkach jest ważne, że skoczył na klomb, bo taki jest romantyczny. Cudowne jest dawanie kwiatów dla przyjemności posiadania ich w domu czy obdarowania nimi osoby, którą się kocha i która to lubi. Ale przynoszenie kwiatów z okazji „zbłądziłem" albo „wybacz mi, kochana, już nigdy więcej", albo „niech ci już będzie, masz"...

Ewa: ...albo „ja ci kupię kwiaty, ale ty zrób to dla mnie...".

Kasia: ...jest nadużyciem i oszustwem. Łapówką. A zauważ, ile razy jest tak, że kobieta powie: „Kup mi kwiaty" i usłyszy: „A po co ci? Przecież dostałaś na imieniny!".

Ewa: Tutaj, Kasiu, demaskujemy potężny stereotyp, którym się wyciera jak gumką-myszką kleksy i brudy: „Nie będę się już na niego wściekać, bo mi przecież kwiaty kupił...".

Kasia: No, w ogóle pomyślał... Poszedł, wybrał! Może kupił byle co, pierwsze, co było pod ręką, ale kupił! Pamiętał. Boże! To pokazuje, jaki my mamy poziom...

Ewa: ...samooceny. Tanim kosztem zamydla nam się oczy, żebyśmy nie domagały się naprawdę ważnych rzeczy.

Kasia: I nie myślimy tu o prezentach, tylko o partnerstwie w życiu. A druga rzecz, którą zamydla nam się oczy, to jest bajer. Jeśli ktoś rzeczywiście umie go stosować, bardzo skutecznie działa. Usypia szare komórki damskie.

Ewa: Parę razy usnęłam...

Kasia: Gdyby kobiecie w pracy jakiś kontrahent zaczął mówić: „Ależ pani jest przeurocza!", to ona, jeśli jest profesjonalistką, odpowie mu: „Panie, miło mi bardzo, aleśmy się nie po to spotkali. Wracajmy do rzeczy". Albo by tego nie powiedziała, ale pomyślałaby: „Aha, chce zbić cenę, chce lepiej kupić". Tylko jakoś potem tej wiedzy nie przenosi do domu. Że on też chce obniżyć cenę i lepiej kupić. Ona uważa to za cymes, za prawdziwą monetę, a on ją zwyczajnie robi w konia.

Ewa: Oczywiście, to są pieniądze z drukarki.

Kasia: Tej, którą on trzyma w kieszeni.

Ewa: I wyjmuje te banknoty, kiedy tylko ona próbuje czegoś od niego chcieć. A ona je przyjmuje.

Kasia: Ale przecież może mieć już dosyć.

Ewa: Co ty, Kaśka? Przychodzę do niego i mówię: „Już dosyć. Od dzisiaj nie!". To przecież on patrzy na mnie jak na idiotkę i mówi: „Kochanie, czy ty się źle czujesz, zwariowałaś?".

Kasia: Najpierw ci mówi, że zwariowałaś, a potem, jak to nie działa, to mówi ci: „Ale przecież ja cię kocham! Bez ciebie żyć nie mogę".

Ewa: Potem robi parę tych rzeczy, które ja chciałam, żeby on zrobił przez te dziesięć lat...

Kasia: I ty, oczywiście, najczęściej ufasz mu po raz siedemset osiemdziesiąty ósmy...

Ewa: Och, jak w takiej noweli brazylijskiej.

Kasia: Większość osób, które są już wdrożone w taki rodzaj życia...

Ewa: Wdrożone?

Kasia: Używam tego słowa z pełną premedytacją, bo jest to przecież wyuczone. Zatem osoby takie kolejny raz odczuwają: „No przecież jednak on mnie kocha...". Albo zauważają, że znalazł się na niego nowy sposób: muszę się zacząć odsuwać, to wtedy on się będzie przysuwał. I może się rozpocząć nowy kontredans: to ja teraz chcę, żebyś ty mi odpłacił za te wszystkie lata...

Ewa: On teraz będzie się kłaniał...

Kasia: Przyniesie kwiaty, może coś ugotuje albo przestanie reglamentować seks. Aż poczujesz się lepiej i odpuścisz: „Już dobrze, kochanie, przecież ja cię kocham całe życie, tylko bądź dla mnie troszkę lepszy...". I za tydzień znajdziesz się w tym samym, w czym byłaś.

Ewa: Tak, jestem pewna. Dwa tygodnie sielanki...

Kasia: Pozornej sielanki, na którą znów dałaś się zwieść. Ale sobie samej, na własne życzenie. Bo wydaje ci się, że jeśli on robi tych kilka rzeczy, na które tak długo czekałaś, to jest to właśnie ten twój raj i że tak już pozostanie. A nie pozostanie, bo to nie jest jego raj, spełniają się tylko twoje życzenia, a po drugie, tu nic nie zostało uzgodnione i wypracowane między wami w trudzie wzajemnego, chętnego wysiłku, tylko zostało wymuszone przez jego obawę, że odejdziesz.

Najważniejsze zaś, że znów odniosłaś wszystko do niego. On najpierw ci mówi, że zwariowałaś, a potem zaczyna spełniać twoje życzenia. I ty już idziesz za nim, pozostawiając to, co odkryłaś.

Ewa: Znów nie „dałam się oszukać", tylko „sama się oszukałam".

Kasia: Być może usłyszałybyśmy tu oburzone głosy wielu kobiet (i mężczyzn), że odzieramy z wartości relacje damsko-męskie. Otóż przeciwnie. Chodzi o odróżnienie, gdzie jest bliskość, a gdzie nieuczciwa gra.

W grupach terapeutycznych, kiedy już pojawia się wzajemne zaufanie i otwartość, wielokrotnie mężczyźni i kobiety mają szanse dopytać się tej drugiej płci o jej „sposoby". I mężczyźni mówią cudzym żonom (bo własnym za żadne skarby by im się to nie opłacało), jak swoimi manipulują.

Kiedy już czują, że żona zaczyna tracić cierpliwość, za chwilę zechce rozliczać ze wszystkiego, co robią i czego nie robią, wtedy sięgają po męski czar. Robią maślane oczy, wpatrują się z wytężonym uwielbieniem, głos leje się jak miód: „Wiem, że wszystko tak naprawdę tobie zawdzięczam. Tak cię kocham. Bez ciebie nie wyobrażam sobie życia. Jesteś dla mnie absolutnie najważniejsza" itd., itp. zależnie od okoliczności i potrzeb.

Dziewczynom oczy się szeroko otwierają, kiedy cudzy mąż mówi te same teksty co jej własny. Te zwierzenia i wyznania, przyjmowane przez nie za prawdziwe i wzruszające, okazują się wykalkulowaną grą. Grą, co do skuteczności której mężczyźni nie mają żadnych wątpliwości.

Ewa: Jakbym się dowiedziała, że mnie tak roluje, to bym go chciała zabić. A co robią te dziewczyny, kiedy wracają do domu?

Kasia: Nie wracają tak od razu, bo pewnie też by chciały zrobić ukochanym krzywdę. Nie można ich wypuścić w takim stanie. To dopiero pierwszy, duży krok do zrozumienia i zaakceptowania przykrej wiadomości, że są wpuszczane w maliny na własne życzenie.

Ewa: Ale przecież w tych wyznaniach jest chociaż odrobina prawdy?!

Kasia: Przeważnie więcej, niż nawet ci panowie zdają sobie sprawę. Rzecz jednak w tym, że oni tak rzadko to mówią (lub nigdy). Nie okazują czułości, potrzeby kontaktu, empatii i całego asortymentu bliskości, której oczekują ich wybranki. Przypomina im się, że one tego pragną i że można się tym posłużyć, dopiero wtedy, kiedy pali się grunt pod nogami. Czyli uczucia, które w jakiejś mierze przecież mają, przerabiają na łapówkę.

Ewa: Więc sami siebie zubażają.

Kasia: I dewaluują związek.

Ewa: Jakie może być rozwiązanie?

Kasia: Przede wszystkim odwrócić wzrok wpatrzony ciągle w niego. Teraz na siebie. Ale nie żeby zobaczyć znów, czego chcę od NIEGO, tylko zobaczyć, w czym ja sama żyję. Co ja sobie funduję przez te lata lub miesiące? Jaki rodzaj iluzji i oczekiwania? Na co? Na co czekam? Czego JA chcę ? I zacząć żyć tak, żeby mieć to, co można mieć teraz. W rezultacie świadoma swej wartości kobieta powinna być w stanie powiedzieć: „Wiem, że mnie kochasz i ja też cię kocham, ale to, co ustalone, i tak ma być zrobione".

Potrójniak i zmuszona z miłości

Istnieją mężczyźni kochający tylko takie kobiety, które dają się wykorzystywać.

Wilfried Wieck, *Gdy mężczyźni nauczą się kochać*,
Książka i Wiedza 1995

Kasia: Chciałam opowiedzieć ci o moich wczorajszych doświadczeniach towarzyskich. Zostałam zaproszona na kolację. Znałam tylko gospodarzy. Przy stole siedziała jeszcze samotna kobieta oraz pewna para. Ci dwoje wyglądali jak mężczyzna z dzieckiem – dziewczyna bardzo ładna, wielkie oczy, jak sarenka. Kiedy tam weszłam, nie wiedziałam, kim są. Najpierw zaczęłam rozmawiać z kobietami. Ta samotna od razu podjęła rozmowę, więc zaczęłam się też zwracać do tej drugiej.

Ewa: Do Sarenki?

Kasia: Tak. I ona się uśmiechała, główką kiwała. Pytałam, co robi, czy tu już była. Ona, że tak, trzeci raz, że bardzo jej się podobało. I powiedziałam coś takiego, że ona taka spokojna i cicha, a ona na to: „Tak, ja jestem grzeczna...".

Ewa: Ojej!

Kasia: Wyobrażasz to sobie!?

Ewa: A ile miała latek?

Kasia: A tak około trzydziestu paru. I teraz słuchaj: przez pół nocy ona się chyba raz odezwała. Siedziała daleko od swojego faceta, on tokował z towarzystwem, na nią w ogóle nie patrzył, nic do niej nie mówił i nikt, w ogóle nikt nic do niej nie mówił. Ona grzecznie kiwała główką, popatrywała, za każdym wodziła wzrokiem.

Ewa: Nie wiem, co na to powiedzieć, bo czuję, że mi się w brzuchu przewraca, jak to opowiadasz...

Kasia: Zachowywali się, jakby jej nie było. Chyba że trzeba było nałożyć, to się mówiło: „Podaj talerz. Czy chcesz jeszcze? Może ci dolać?". I tyle. Natomiast ta druga dama była taka, że z kolei żaden facet jej nie podskoczy. Samotna...

Ewa: Na własne życzenie?

Kasia: Nie wiem. Mówiła coś o przejściach, po których została sama... Tak wygadana, tak pewna swego, dominująca, niewiarygodnie oblatana...

Ewa: W czym?

Kasia: W świecie, w kulturze, podróżująca, z bardzo wysoką pozycją, z pieniędzmi. Z wielką wiedzą. Mało kontaktowa; nie patrzyła w oczy, nie uśmiechała się, nie słuchała uważnie, czyli nie robiła tego wszystkiego, co składa się na typowy miły „zestaw damski". Zdecydowanie wojująca z kobietami i z facetami. Udowadniająca na każdym kroku, że jest najlepsza.

Ewa: Gdzieś ty poszła?

Kasia: Do normalnych ludzi. To nie był nieprzyjemny wieczór. Raczej fascynujący. Zatkało mnie, jak ona zaczęła opowiadać o wyposażeniach studiów nagrań, o tym, jaki rodzaj żarówek jest używany przy oświetlaniu miast. Miała wiadomości tak konkretne, jasne, tak nieprawdopodobnie zapamiętane na poziomie, na którym nikt, przypuszczam, oprócz fachowców nie może z nią rozmawiać. Zaimponowała mi. Faceci kompletnie wymiękali, w ogóle nie podejmowali tematów.

Ewa: Czyli zobaczyłaś dwie niezwykle samotne osoby... Każdą na innym biegunie...

Kasia: A może nam się tylko tak wydaje. Naprzeciwko mnie siedziały dwie skrajnie różne osoby. Jedna się do mnie uśmiechała, druga nie. Ta, która się uśmiechała, robiła to jakby z wdzięcznością, że ktoś w ogóle na nią zwraca uwagę; choć nie jestem pewna, czy ona w ogóle widzi różnicę. Natomiast ta druga ewidentnie mnie nie lubiła. Byłam z innej bajki, ale, jak ona, też jestem osobą dość wyraźną...

Ewa: Ale nie wyobrażam sobie, żebyś chciała grać w jej grę: ja wiem lepiej i najlepiej.

Kasia: Nie grałam. Słuchałam jej uważnie, pytałam o różne rzeczy i prosiłam, żeby coś opowiedziała. Ale od niej płynął przekaz: „Nie wysilaj się, i tak cię łatwo nie polubię". Gospodarze cieszyli się z mojej obecności; jej się to wyraźnie nie podobało.

Ewa: Myślę, że ona jest jednak samotna na własne życzenie...

Kasia: Może tak. Mężczyźni z nią nie mogą podejmować dyskusji, bo ich natychmiast załatwi, przegoni; jest bezsprzecznie lepsza. A kobiety nie wiedzą pewnie dość często, jak się z nią dogadywać. To, że ma wysoką pozycję w zawodzie, jest szefem bardzo dużej liczby ludzi, jest zrozumiałe. Ale te cechy, w towarzystwie czy w życiu, wydają się nam trudne. Tym bardziej że ona nie daje ani na chwilę zapomnieć, iż jest aż tak sprawna.

Ewa: Chce tym udowodnić swoją wartość, więc tym epatuje.

Kasia: Zobacz jednak, że ześlizgujemy się tu, nieświadomie, w bardzo tradycyjny sposób oceniania kobiet. Same sobie to robimy. Mężczyznom wolno epatować swoją wspaniałością, a kobiety mają to im ułatwiać.

Ewa: Tak jak to robi Sarenka. Ani be, ani me, ani kukuryku.

Kasia: I przy niej jej facet powiedział: „Głos jednego mężczyzny to tyle co trzech kobiet".

Ewa: Naprawdę to powiedział?

Kasia: Naprawdę. Może musi się wspierać tym, że jest mężczyzną, więc ma taką dziewczynę, która nic nie mówi.

Ewa: Taką samą refleksję miałyśmy po pewnym koncercie, na którym kiedyś obydwie byłyśmy, pamiętasz? Zespół złożony był z pana i pani, obojga o przepięknych głosach, zresztą małżeństwa, muzyków, wykształconych, oryginalnych...

Kasia: ...a wyglądało tak, jakby wszystko, co się tam dzieje, było tylko zasługą tego pana...

Ewa: ...choć wszystko robiła pani. Co dało się zauważyć jednym i drugim okiem. Ona mówiła w obcym języku, ona wiedziała, jaka jest kolejność utworów, ona przekładała nuty... I pamiętam, jak to wtedy skomentowałaś: że kobieta może być albo uległa, albo samotna...

Kasia: A on zawsze był krok przed nią. Chociaż oczywiście bywa i tak, że kobiety są dominujące.

Ewa: Ale jakoś nie mogę sobie przypomnieć takich duetów na scenie.

Kasia: To niezwykle trafna uwaga. Może tylko w zaciszu domowym...

Ewa: Sama mam podobne doświadczenie ze współpracy z moim partnerem w czasie publicznych wystąpień. U nas też było tak jak w tamtym duecie albo u Sarenki i mężczyzny za trzech.

Kasia: Nazwijmy go „Trójniak".

Ewa: „Potrójniak". To właśnie było tak. Wszystkie moje przyjaciółki i znajome, które widziały, jak jestem traktowana, podchodziły do mnie, pukały mnie w głowę i mówiły: „Boże jedyny, co ty tu robisz? Kobieto, to ty tam powinnaś stać i wygłaszać, a nie guziki przełączać...".

Kasia: Przecież też się przy tym napracowałaś, też się na tym znasz...

Ewa: A zajmuję się przewijaniem taśmy, mówieniem państwu, gdzie jest toaleta...

Kasia: I możesz jeszcze pobierać za bilety...

Ewa: Jest się z czego śmiać, zwłaszcza że śmieję się z siebie. I w gruncie rzeczy moja pierwsza rozmowa z nim na ten temat skończyła się nieprzyjemnie, bo nie rozumiał, o czym mówię...

Kasia: To takie normalne, że on błyszczy, a ty zbierasz za bilety...

Ewa: Nie dość tego, oświadczył mi, że gdybym mu wyraźnie powiedziała, to on by się usunął w cień i ja bym mogła grać pierwsze skrzypce...

Kasia: Gdybyś mu wyraźnie powiedziała... Ale żeby tak samo do tej główki ślicznej przyszło, to nie... Teraz sobie przypomniałam siebie sprzed lat. Byłam ciężko zakochana i chadzałam z moim ówczesnym narzeczonym na przyjęcia. On zaś w przeciwieństwie do mnie był człowiekiem ponurym, spokojnym bardzo i w ogóle nietowarzyskim.

Ewa: Trudno mi sobie państwa razem wyobrazić...

Kasia: Tak jakoś się rozkosznie dobraliśmy, łapiąc się na te swoje neurotyczne haczyki. I ja byłam nim wtedy tak przejęta, że gdy szliśmy gdzieś – a chodziliśmy głównie do jego znajomych, co też jest dla mnie niecharakterystyczne – on zamierał i ja zamierałam. Ja przy nim! Ja tak jak on!

Ewa: Coś nieprawdopodobnego!

Kasia: Przez rok byłam nieprzytomna. To, że on jest blisko, już mi wystarczało. Jednak powoli zaczęłam się orientować, że chyba się źle czuję. Czegoś mi brakuje... Po jakimś czasie odkryłam, że mi MNIE brakuje!

Ewa: O, Kaśka, gdzieś sobie poszła... Ze swoją pogodą, zabawowością, poczuciem humoru, towarzyskością.

Kasia: Jak to zrozumiałam, zaszłam w zadziwieniu bardzo daleko. Jak ja z moją naturą dałam się tak dalece podporządkować! Nikt inny by mnie do tego nie zmusił ani nie doprowadził... Tylko z miłości...

Ewa: Zmuszona z miłości... (śmiejemy się)

Kasia: Oczywiście on mnie musiał jakoś ogłuszyć... Popierał taki stan rzeczy...

Ewa: Wyobrażam sobie ciebie jako muchę w sieci, zahibernowaną przez pająka...

Kasia: Byłam naprawdę zahipnotyzowana czy zahibernowana, wstrzyknięty mi został taki sok z węża...

Ewa: Żyłaś, ale nie żyłaś...

Kasia: Tak, chodziłam, ale mnie nie było. Gdy to wspominam, myślę sobie, może ona też siedzi w takim stanie, ta Sarenka... Ona to nazwała „jestem grzeczna"...

Ewa: A może on mówi jej, że ma być grzeczna?

Kasia: To jest prawdopodobne.

Ewa: I on potem wiezie ją, taką grzeczną, na przednim siedzeniu swojej toyoty czy hondy, a ona, taka grzeczna, milczy uprzejmie albo grzecznie mu odpowiada, a potem on jej mówi grzecznie albo niegrzecznie, co ona ma zrobić, no i to robi.

Kasia: Ach, mówił parę rzeczy, które pokazują, co on robi, a czego nie robi. Mówił na przykład: „Bo ja nic nie umiem...".

Ewa: Herbaty sobie nie zrobi, bo nie umie?

Kasia: Bardzo inteligentny, kolejny taki...

Ewa: Ale nie na tyle, żeby jajecznicę sobie usmażył?

Kasia: No, na tyle to nie. A ona na to: „Tak, tak, on nic nie umie". I w domyśle: „Jaka ja mu jestem potrzebna, przecież beze mnie by zginął...".

Ewa: Oj, to jest bardzo smutne, to, co tutaj widać...

Kasia: Jakież to fascynujące... Popatrz, dzisiaj jest odwrotnie; ty mówisz, że to smutne, a ja, że ciekawe.

Ewa: Tak, ja w co drugim się smucę. Ostatnio doświadczyłam, z moim byłym mężem, całkowitego nieporozumienia międzyludzkiego (czytaj damsko-męskiego), kiedy każde mówi swoje...

Kasia: ...a po drodze nie ma tłumacza...

Ewa: Kasiu, po drodze miałam romans z dwoma tłumaczami i nic... Więc zostało tylko takie przecięcie. Dwa samoloty robią kreski na niebie. Te kreski się przecinają, ale samoloty nawet się nie widziały... I to ciekawe, bo dopiero wczoraj zdałam sobie sprawę, że myśmy się tak porozumiewali przez kilkanaście lat.

Kasia: Fiuuuu....

Ewa: Nie było tak, żeśmy się świetnie dogadywali, a potem przestaliśmy...

Kasia: Tu są dwa poziomy. Kultura i wzajemny szacunek oraz porozumienie...

Ewa: My akceptujemy swoje cechy, niektóre zachowania i w tym sensie ciągle się lubimy. Jesteśmy wobec siebie uprzejmi, ale to nie wystarcza, żeby porozumiewać się na głębszym poziomie. Gdybyśmy, ja i tamte dwie kobiety, o których opowiadasz, miały lepsze porozumienie z samymi sobą, to mogłybyśmy wyraźniej dostrzec też, co się dzieje w relacji z „nim".

Kasia: Wiele kobiet się temu opiera: ja się nie będę poznawała ani rozwijała, bo dlaczego to znów ja mam nad czymś pracować, przecież on się gorzej dogaduje z ludźmi. Co jest często prawdą.

Kiedy człowiek się rozwija, staje się bardziej wybredny. W takim dobrym sensie, że widzi więcej. Widzi, że potrzeba mu kogoś, kto jest normalniejszy, spokojniejszy, zdrowszy, bardziej znający siebie, umiejący się dogadać... Zaczyna wyczuwać, kto jest, a kto nie jest dojrzałym człowiekiem.

Z jednej strony zyskuje umiejętności wyboru, które są ważne, ale z drugiej z żalem stwierdza, że nie bardzo jest z czego wybierać. I z tego powodu niewiarygodna liczba wspaniałych kobiet decyduje się na bycie singlami.

Ewa: Bo już nie chcą tego, co wybierały przedtem...

Kasia: Kiedyś nie nazywało się tego w ten sposób, że się nie porozumiewamy. Ale z jakiegoś powodu te związki się rozłaziły i psuły.

Ewa: To ja kawałeczek skręcę, ale to jest *à propos*. Mój partner coś mi niefajnego zrobił i ja go pytam: „Dlaczego mi to zrobiłeś? Jaki miałeś w tym cel?". A wiesz, jaką odpowiedź usłyszałam? Nigdy byś nie zgadła! „Ja to po prostu zrobiłem. A ponieważ to zrobiłem, nie ma już o czym mówić. Nie chciałem ci zrobić przykrości...".

Kasia: Przynajmniej coś było nie-celem.

Ewa: Ale co było celem, tego się nie dowiedziałam. To jest dla mnie ciekawy i niezrozumiały sposób myślenia. Nie udało mi się wytłumaczyć, że choć to już minęło, jednak powód ciągle ma dla mnie znaczenie.

Kasia: On może leżeć w otchłani jego nieświadomości.

Ewa: Chciałam dociec, jaka potrzeba stała za takim paskudnym działaniem u tego nieświadomca...

Kasia: A na to faceci mówią tak: „A co wy tak dzielicie ten włos na siedemdziesiąt pięć części! Czego wy chcecie? Czy to tak o wszystkim trzeba rozmawiać? Czy to tak wszystko trzeba nazywać? Po co ciągle międlicie to i międlicie, aż flaki w brzuchu się przewracają?".

Ewa: A niejaki Marshall Rosenberg, twórca Porozumienia Bez Przemocy, odkrył, że mężczyźnie można powiedzieć trzy rzeczy. Nie więcej! W sam raz dla potrójniaka.

Kasia: Och, to ładne. Chłop jak miód, każdy potrójniak!

Ewa: I ma być jasno sformułowane, czego od niego chcesz.

Kasia: Ja się bardzo teraz staram o tym pamiętać.

Ewa: To coś, w co naprawdę kobietom trudno uwierzyć!

Kasia: Człowiek, który już czegoś się o sobie dowiedział, a tym samym wie też więcej o drugim człowieku, musi wziąć pod uwagę, że ten drugi jest inny. Mężczyzna jest inny i jeśli kobieta wie o tym, to mu powie dwie, góra trzy rzeczy. Co odniesie efekt, bo nie przeciąży jego zwojów mózgowych do stopnia przegrzania i przepalenia.

Ewa: A jak mu się przegrzewają, to musi się bronić i na ogół zaczyna atakować...

Kasia: Kobieta natomiast nie znosi tego, że mężczyzna ma jej do powiedzenia tylko dwie, góra trzy rzeczy. Ona by sobie pogadała...

Ewa: Tak. I do tego ma drugą kobietę.

Kasia: No właśnie. Ale ona z nim też by tak chciała gadać. Co rusz przychodzą do mnie kobiety, skarżąc się: „Mój partner nie chce ze mną rozmawiać...". On nie będzie rozmawiał tak jak przyjaciółka albo inna kobieta. Nie ma ani takiej umiejętności, ani takiej potrzeby. I trudno mu to wlać lejkiem do głowy.

Ewa: Może z nią rozmawiać o innych rzeczach, które ją też trochę, a czasem bardzo interesują, w taki sposób, w jaki mężczyźni rozmawiają.

Kasia: Można wtedy zrobić coś takiego: ona się troszkę przychyli i on się troszkę przychyli. Jeśli zauważy, że ona rozmawia z nim o tym, co go interesuje, może odpowie jej tym samym. I odwrotnie. Jakieś wspólne tematy warto mieć. Żeby się ta międzyludzka komunikacja nie ograniczała do „podaj mi sól", „czy wyrzuciłeś śmieci" albo „niech się te twoje dzieci przestaną wydzierać!".

Ewa: A czyje właściwie są te dzieci, jego czy jej?

Kasia: Prawdę mówiąc, ludziom potrzebne jest to, żeby ktoś koło nich był. To jest podstawowa rzecz, główny powód wiązania się.

Ewa: Chcesz powiedzieć, że dobór to luksus?

Kasia: Oczywiście, że to luksus. Pochodzący z epoki oświeconego społeczeństwa dobrobytu. Zachciało nam się miłości. Jako powodu związków małżeńskich jeszcze niedawno jej nie było...

Ewa: Zachciało nam się partnerstwa...

Kasia: Zachciało nam się porozumienia...

Ewa: Rozbuchała ludzkość swoje potrzeby...

Kasia: No i dobrze. Idziemy w stronę świadomości i poznawania siebie.

Ewa: Coraz mniej krzywdy chcemy robić sobie i innym. W gruncie rzeczy pytanie do mojego potrójniaka miało taki sens: „Czy chciałeś mi zrobić krzywdę?".

Kasia: Czułaś krzywdę...

Ewa: Tak. Czułam się zraniona, dotknięta.

Kasia: I chciałaś go zapytać: „Czy ty wiesz, co mi zrobiłeś, i czy właśnie to chciałeś zrobić?".

Ewa: „Czy też ci wyszło niechcący?". Odpowiedź: „Powiedziałem i już" jest bardzo charakterystyczna dla mężczyzn.

Kasia: Mężczyźni nienawidzą poczucia winy.

Ewa: Kobiety też.

Kasia: Ale oni są na to szczególnie uczuleni, ponieważ mamusie załatwiały ich, częściej niż nas, za pomocą poczucia winy. Rozumiem ich w dużym stopniu.

Ewa: Miałam takie wrażenie, że ten pięćdziesięcioparoletni, siwy i łysiejący facet zamienił się nagle w małego chłopca...

Kasia: „Albo mnie teraz za to zabij, albo zrób mi też krzywdę, zrozumiem, że zrobiłaś to w rewanżu, ale nie będę patrzył w swoje odmęty, bo ja nie wiem, jak w takich sprawach za siebie odpowiadać". Im się dokładnie myli odpowiedzialność z poczuciem winy, ponieważ nie byli uczeni odpowiedzialności. Tatusiowie ich nie uczyli, bo tatusiowie sami nie byli odpowiedzialni, więc nie mieli męskiego wzoru, natomiast matki związywały ich ze sobą na zasadzie: „Jesteś moim ukochanym syneczkiem, jak mogłeś zrobić coś takiego swojej mamusi... Przecież ja dla ciebie wszystko". Wspominany przez nas Wieck też o tym pisze*.

Ewa: My, dwoje, przeciwko całemu światu...

Kasia: Ty mój mały mężczyzno...

Ewa: ...miałeś być moją nagrodą za wszystko, a przynosisz mi cierpienie.

---

* Winfried Wieck, *Mężczyzna pozwala kochać. Głód kobiety*, Książka i Wiedza 1993.

Kasia: I teraz dzieje się tak: z jednej strony ta mamusia jest najukochańsza, kocha jak nikt, wybaczy wszystko, a jednocześnie nie wybaczy niczego.

Ewa: Podwójne związanie...

Kasia: Potem pojawia się jego kobieta. Kiedy poczuje się przez niego zraniona, powie mu: „Jak mogłeś mi coś takiego zrobić". Więc on zwiewa. Czuje tę samą pułapkę, której nienawidzi i boi się – nieczytelne dla niego emocje kobiet. Niejasne, sprzeczne, trudne. Mężczyźni są w ciężkim położeniu. Tak samo ciężkim jak my, tylko inaczej. Chcą być z kobietą, jest im niezbędna, ale jednocześnie nienawidzą jej za to, że jej chcą, potrzebują, a nie rozumieją.
Z jednej strony chcą z nią być, bo ludzie chcą być ze sobą i to jest klawe, z drugiej chcą z niej czerpać i ją wysysać, tak jak mogli to robić z matką. Chcą mieć kobietę pod ręką dla swojej wygody. I gdy pytasz: „Czy ty chciałeś zrobić mi krzywdę?", on zupełnie nie wie, na jakim gruncie się znajduje. Bo jeszcze nie uwierzył w to, że można z kobietą jak z człowiekiem...

Ewa: I może nigdy w to nie uwierzy...

Kasia: Ale co dla mężczyzny znaczy „jak z człowiekiem"? Ja mam taką tezę, że to dla niego nic nie znaczy. Mężczyzna się nie dogaduje. Nie dogaduje się z kobietą, bo dla większości mężczyzn kobieta to nie człowiek. Nie dogaduje się z mężczyzną, bo najczęściej z nim o coś walczy...

Ewa: Twoja teza jest przejmująca. Wyszłyśmy z przyjęcia i zobacz, dokąd żeśmy zaszły...

Nie wszystko o seksie, czyli dużo sensu, mało seksu

Ewa: Czy nie uważasz, Kasiu, że jednym ze sposobów manipulacji partnerem jest reglamentacja seksu?

Kasia: Seks to rzecz ważna w związkach. W jednych bardziej, w innych mniej. Reglamentacja seksu może działać w obie strony. Ale ty chcesz od tej strony, że facet reglamentuje seks, a kobieta jest głodna, chętna, lubi i on o tym wie?

Ewa: On to wie, a na dodatek jeśli już do seksu dojdzie, to on jest w tym bardzo dobry...

Kasia: I ona go chce. Tak zwany dobry kochanek i świadom tego. Oczywiście, ceni się i napusza, że kolejna kobieta go w tej sprawie uszanowała, tak go chce i chce, i chce. Więc on w związku z tym będzie coraz droższy, droższy i droższy...

Ewa: Podnosi cenę według praw rynku, że im towar bardziej pożądany, tym może więcej kosztować.

Kasia: Mogliby być dobraną parą. On lubi seks i mógłby się cieszyć, że jest ze wspaniałą dziewczyną, z którą może to robić chętnie i często. Jeśli jednak tak się to nie kończy, to znaczy, że jest manipulantem i że używa swojej umiejętności jako narzędzia. Że to nie jest jego radość, tylko sposób.

Ewa: Sposób na osiąganie celów.

Kasia: Miło, że on wie, czego kobieta potrzebuje w łóżku, i widocznie wkłada w to trochę pracy, ale nie ma w tym radości, tylko technika. I jak już ją tym uwiódł, przekonał, że jest najlepszy ze wszystkich, których miała, wtedy ona zrobi dużo, żeby ten seks dalej dostawać.

Ewa: Tak. Ja uważam, że są tacy mężczyźni, a – rzecz jasna – i takie kobiety, które używają tego do manipulacji. Ona mówi: „Kochanie, tu jest tak zimno, że ja tu naprawdę nie mogę. Ale jak pojedziemy na Majorkę, to wtedy nawet codziennie", albo: „Tak, ale jak mi kupisz futro, to ja dopiero poczuję się pełnowartościową kobietą i pójdę z tobą do łóżka choćby i trzy razy dziennie".

Kasia: Teraz mówisz o kobiecie, która nie lubi seksu, tylko chce się sprzedać za Majorkę lub za futro. Natomiast facet nie mówi swojej kobiecie: „Jak będziesz jeszcze lepsza albo jak wydasz na mnie jeszcze więcej pieniędzy, albo jak zbudujesz mi jeszcze basen obok domu, który już mi wystawiłaś, to ja wtedy pójdę z tobą do łóżka". W tej manipulacji kobiety są bardziej oczywiste. One stawiają jasne żądania i czekają, aż chłop je spełni. Natomiast mężczyzna, który manipuluje seksem, wydaje mi się, że czeka, aż partnerka sama wykaże się inwencją...

Ewa: To by znaczyło, że facet jest podwójnie przebiegły, a kobieta tylko próbuje sobie jakoś radzić.

Kasia: Bo kobiety są bardziej empatyczne. Nauczyły się tego przez lata niewolnictwa. Kobieta sama znajdzie przynajmniej ze trzy rzeczy dobre dla niego i jeszcze zapyta, na której mu bardziej zależy. A facetowi trzeba powiedzieć łopatologicznie. Toteż kobiety, które chcą mieć wymierne zyski z relacji, wyraźnie mówią, o co im chodzi. Ale też mówią tylko tym facetom, o których wiedzą, że są na nie tak napaleni, iż to dla nich zrobią.

Ewa: A facet nie mówi: „Kochana, najpierw musisz to, to i to", tylko czeka, aż ona sama domyśli się i zrobi...

Kasia: I od jej inteligencji, a emocjonalną inteligencję kobiety mają, zależy, czy się w tej sytuacji wyrobi.

Ewa: A jeśli jej się zachce, a on nie ma ochoty, to ona daje mu prawo, żeby jej odmówił. Tym bardziej będzie się cieszyła, kiedy on się ku niej pochyli.

Kasia: Bo to on jest rozdawcą dóbr.

Ewa: To zwykle kobietom przypisywało się manipulację seksem jako sposób na osiąganie celu, a tak naprawdę mężczyźni też są w tym całkiem nieźli.

Kasia: Chcesz podkreślić taki mniej popularny punkt widzenia?

Ewa: Chcę podkreślić, że mężczyźni również manipulują dupą, a reglamentują nie tylko seks, ale też własną osobę.

Kasia: Oczywiście.

Ewa: Ona mówi: „Kochanie, może byśmy poszli do znajomych albo do kina". A on na to: „Nie. Jestem zmęczony" albo „Mam pracę", albo po prostu „Nie teraz". Zachowuje się tak jak rodzic wobec dziecka, które ciągnie za rękaw: „Tatusiu, zrób coś razem ze mną...".

Kasia: Zachowuje się tak, bo gdy był dzieckiem, sam tego od tatusia nie dostawał. A teraz sobie odbija, bo ma kobietę, która bardziej chce tego niż on, więc on jest górą.

Ewa: Bardziej niż on...?

Kasia: Tak. Ona bardziej chce spotykać się z ludźmi, iść do kina, bardziej chce z nim gdzieś iść, razem coś oglądać i przeżywać. Wtedy ma poczucie bliskości. A on chce, żeby mu głowy nie zawracała.

Ewa: Ona ma być do jego dyspozycji, a on nie.

Kasia: Jeśli kobieta na to pozwoli, to tak będzie...

Ewa: Ale jeśli nie umie nie pozwolić, to jakie ma wyjście? Tylko z nim nie być!

Kasia: Rzecz nie w tym, żeby z nimi nie być, tylko żeby nie być bezradną.

Ewa: A jaki jest na to sposób?
Kasia: Na co?
Ewa: Na takich facetów, którzy manipulują kobietami...
Kasia: Oj, Ewa, naprawdę jesteś niepoprawna... Sposób jest tylko dla tych, które same chcą coś z tym zrobić. Nie dla wszystkich.
Ewa: Umówmy się, że przyszłam do ciebie po radę, co z tym zrobić, bo spotkałam takiego faceta...
Kasia: A co z tym robisz?
Ewa: Ja już z tym nie mogę wytrzymać.
Kasia: O, to znam: a ile pani lat już wytrzymała? Trzydzieści, dwadzieścia, piętnaście, trzy.
Ewa: Ja dopiero rok, ale już po prostu nie mogę.
Kasia: A na czym to polega?
Ewa: Wkurza mnie tak, że zabiłabym go, jak robi coś takiego.
Kasia: No i co będzie?

Ewa: Widzisz, tu jest taki paradoks – zabiłabym jego, żeby się od niego uwolnić, a nie potrafię po prostu powiedzieć mu: „Kolego, już nigdy więcej".
Kasia: Brawo! Celnym strzałem trafiłaś w istotę sprawy... Jesteś w takim stanie, że możesz chcieć go zabić, ale odsunąć się nie możesz. Spojrzeć na całość z dystansu. Jesteś uwikłana. Przyklejona. Cała jakby w jedną stronę: do niego. JEGO zabiję, a nie SIEBIE uwolnię. Jedyny pomysł, który ci się pojawia, to zrobić coś, co ciebie będzie obciążało. Znów obciążało, a nie uwalniało. Jakby kobieta mogła być tylko obciążona. I niekiedy kobiety tak robią! Doprowadzone do takiego stanu, że mogą tylko zabić: albo siebie, albo jego. A czasem jeszcze dzieci. Ale tak wielkich tragedii nie dotkniemy tutaj.
Ewa: Więc co zrobić?!
Kasia: Kiedy pada pytanie „Co zrobić?", nie można na nie odpowiedzieć od razu, ponieważ jeszcze nie wiemy, Z CZYM zrobić. Tutaj musimy najpierw „coś zrobić" z twoimi uczuciami, z tym, jak ci jest, gdy on cię tak traktuje. Jeżeli nie rozeznasz

się w swoich uczuciach, jeśli nie rozeznasz się w swoich możliwościach, w tym, na zrobienie czego cię w tej chwili stać, nie możesz zacząć działać. Pytanie „Co zrobić?" jest przedwczesne. Pokazuje tylko, że chcesz się pozbyć jakiegoś kłopotu, jakiejś trudności i że od razu chciałabyś się znaleźć w sercu rozwiązania, a najchętniej mieć to za sobą.

Ewa: Tak. Chciałabym dostać receptę. Zrób to i to, weź trzy jajka, pół kilo mąki, a otrzymasz swój upragniony efekt.

Kasia: Okej, mogę ci powiedzieć: podskocz trzy razy na lewej nodze i już. I co z tego wyniknie? Nic. Najpierw trzeba się rozeznać – i to z ciekawością – czym dysponujesz, na czym stoisz i na czym siedzisz.

Ewa: Czuję, że nie bardzo potrafię rozstać się z tym fantastycznym seksem, ale chętnie rozstałabym się z tym okropnym facetem, na którego jestem coraz bardziej zła. O czym jednak zapominam, idąc z nim do łóżka.

Kasia: Aha. Mamy do czynienia z przedmiotowym traktowaniem mężczyzny przez kobietę.

Ewa: Zaraz, zaraz, przecież to on jest okropny i to on manipuluje, nie ja!

Kasia: Kalemu ukraść – źle. Kali ukraść – dobrze.

Ewa: Pani to wyjaśni.

Kasia: A pani sama nie chce zrozumieć... Dopóki było o wyłudzaniu przez niego różnych rzeczy od ciebie dzięki jego *ars amandi*, mogłyśmy mówić o manipulacji z jego strony. Ale teraz pokazałaś drugi koniec tego patyka – siebie. Nie lubiąc go (co mało powiedziane), chodzisz z nim do łóżka właśnie z powodu atrakcyjności seksu. Czyli go używasz.

Ewa: Czyli w tym sensie jesteśmy kwita?

Kasia: Jesteście. Każde z was udaje, chcąc coś dostać. On udaje pragnienie i pożądanie, by dostać opiekę, poczucie ważności i uznania. Ty udajesz sympatię czy nawet miłość, by dostać seks. Być może czujesz, że nie dostałabyś seksu, gdybyś wprost tego chciała. A on, być może, wie, że nie dostałby szacunku i uznania za to tylko, kim jest, bez swego seksualnego talentu.

Ewa: Ciekawa zabawa.

Kasia: I zabawna, i smutna, prawda?

Ewa: To po co sobie to robimy? Sami sobie i nawzajem?

Kasia: Po to, żeby coś się działo. Żeby nudno nie było, bo nie umiemy być sami. Po to, żeby cokolwiek dostać. Z nadzieją, że może się jakoś samo tak zrobi, że dostaniemy to, czego pragniemy naprawdę, i że będziemy mogli zacząć wreszcie być szczęśliwi.

Ewa: Ale ja naprawdę chciałam tylko seksu!

Kasia: Jeśli sobie przypominam, to chciałaś od niego wszystkiego. Potem okazało się, że jest dobry do seksu, a nie do wszystkiego. Od tej pory chcesz już tylko seksu. Byłoby więc całkiem sensowne, gdybyś mu naprawdę darowała całą resztę. A ty za niespełnienie tej całej reszty chcesz go ukarać i go nie lubisz, i nie szanujesz. Zgadza się?

Ewa: Niekoniecznie. Chcę go raczej ukarać za to, że go wyidealizowałam, a on okazał się całkiem niefajnym facetem. Chcę go ukarać za swoją słabość. Bo zamiast mu powiedzieć: „Nie szanuję cię, ale chcę z tobą chodzić do łóżka", udawałam przed sobą, przed nim, że go lubię i że podoba mi się to, co robi.

Kasia: Wiesz, że gdybyś mu to uczciwie powiedziała, musiałabyś się pożegnać i z nim, i z seksem.

Ewa: Teraz jest jasne, dlaczego nim manipulowałam. Przecież mówiłam, że byłam gotowa rozstać się z nim, ale nie z seksem.

Kasia: Teraz jest też jasne, że manipulowałaś. A to jego od początku o to oskarżasz. Kto sieje wiatr, zbiera burzę.

Ewa: Uważam, że to on zaczął.

Kasia: Może i tak, ale ty kontynuowałaś.

Ewa: Masz rację, mogłam od razu powiedzieć: „Przestałam cię lubić i nie będę się z tobą spotykać". Co też w końcu zrobiłam. Ale wtedy byłam już okropnie wściekła na siebie i na niego.

Kasia: Dołożyłaś sobie i światu sporo wściekłości. Rozumiem, że nie umiałaś jeszcze zaufać swojemu rozeznaniu, że to nie jest fajny facet.

Ewa: Rzeczywiście długo byłam pomieszana, nie miałam zaufania ani do swojej intuicji, ani do tego, co widziałam. Myślałam, że może jestem zbyt krytyczna, że za dużo od niego wymagam.

Kasia: A czego się nauczyłaś ?

Ewa: Że nie można mieć fajnego seksu z niefajnym facetem.

Kasia: Ja bym powiedziała, że nie opłaca się mieć nawet fajnego seksu z niefajnym facetem.

O chłopach

Kasia: Dzisiaj nie chce się nam rozmawiać o poważnych sprawach.

Ewa: I poważnych problemach.

Kasia: Dzisiaj nam się chce odpoczywać.

Ewa: Chce nam się tematów lekkich, łatwych i przyjemnych. Dlatego...

Kasia: ...będziemy rozmawiać o chłopach!

Ewa: I chcemy uprzedzić, bo wcześniej to uzgodniłyśmy, że będziemy o nich opowiadać same miłe rzeczy. Po pierwsze, będziemy mówić o tym, które chłopy nam się podobają. No to Kasiu – wal!

Kasia: Od razu stają mi w oczach holenderscy ogrodnicy. Poezja. Byłam w Holandii oglądać ogrody i kwiaty...

Ewa: ...a skończyło się na oglądaniu ogrodników.

Kasia: Moja droga, powiem ci, że mam pełny album zdjęć z kwiatami, a ogrodnika żadnego! I aż żałuję, jak mogłam być tak nieprzezorna.

Ewa: Powinnaś mieć dwa albumy: jeden z kwiatami, drugi z ogrodnikami. Ja na pewno wolałabym oglądać ten drugi.

Kasia: A widzisz, babo? Ja kocham kwiaty, więc robiłam im zdjęcia jak oszalała, a ogrodników mam w tak zwanym rozumie.

Ewa: Tym bardziej opowiedz.

Kasia: Co weszłam do jakiegoś ogrodu i patrzę, a tam schylony przy hiacyntach albo tulipanach... a może to były żonkile...

Ewa: Miało być o ogrodnikach, a ty znowu o kwiatkach!

Kasia: Schylony, wielki, mocny, rękawy zawinięte do łokci, muskularne przedramiona, łapy wielkie, że całą moją pupę złapałby taki, duża rzecz! Poza tym spłowiałe od słońca przydługie włosy...

Ewa: Kręcone?!

Kasia: Takie lekko już zawinięte na końcach.

Ewa: Ja tu muszę zrobić wtręt.

Kasia: Coś byś sobie życzyła?

Ewa: Tak, ja sobie absolutnie życzę loki. Loki mnie biorą od dzieciństwa.

Kasia: Nie gardzę lokami, lubię różne rzeczy na głowie, natomiast bardzo mnie rajcują fryzury lekko odrośnięte, co już na końcach zaczynają się zwijać. No i twarz ogorzała, męska, skupiona nad tym hiacyntem albo nad przycinaniem czegoś. I wszyscy bardzo sympatyczni: jak się do nich uśmiechałam, to się też uśmiechali. A robiłam to z wielką ochotą, bo gdy się takiego chłopa zobaczy i to jeszcze przy takim zajęciu...

Ewa: Proszę cię...

Kasia: Serce rośnie i...

Ewa: A co powiesz o intelektualistach? Długie smukłe palce, zawsze czyste paznokcie, cera raczej blada...

Kasia: ...bo taki to na słońce nie wychodzi.

Ewa: Kiedyś mówiło się, że jak wyjęty z piwnicy, a teraz jak sprzed komputera. Taki, co to przy książce czyni notatki tymi smukłymi palcami, myśli, pisze, czyta. Więc oczy lekko nieprzytomne za okularem.

Kasia: W porządku, aprobuję...

Ewa: No i chyba włosy mu od tego myślenia wyszły.

Kasia: A, mogły, spokojnie.

Ewa: Łysy czyli.

Kasia: Może być. Ja akceptuję.

Ewa: Zaraz się okaże, że to nasz ulubiony typ... I że jesteśmy mało wybredne.

Kasia: Coś ty!

Ewa: Więc po tym z lokami może to być następny do przyjęcia przeze mnie. Całkowicie łysy to niechętnie, tak jak Ken Wilber lub kolano. A jeśli włosy takie, że za nic w świecie się z nich loków nie da zrobić, to żeby były krótko ostrzyżone.

Kasia: Ja Kena Wilbera popieram, to tu się nie będziemy musiały dzielić jak przy tym intelektualiście. Natomiast na pewno nie chcę takiego z „pożyczką"!

Ewa: Fu, nawet nie mów!

Kasia: Tego naprawdę nienawidzimy z całej naszej duszy kobiecej.

Ewa: Wyjaśnię tylko, że jest to przeczesywanie resztki włosów z lewej na prawą (lub na odwrót), co uprawiają niektórzy mężczyźni, którzy w lustrze widzą znacznie młodszego chłopaka, niż są. A jest jeszcze drugi typ, na czaszce wyłysiał już kompletnie...

Kasia: Jeśli z tyłu kucyk, to ja nie lubię! Bez kucyka, to i owszem.

Ewa: Przyznam, że kucyk też nie bardzo w moim guście. U młodych chłopców, którzy mają piękne włosy – tak. Ale jak już chłopiec jest powyżej czterdziestego roku życia i wciąż ma kucyk...

Kasia: Ale on wtedy chce być właśnie chłopcem i dlatego ma ogonek!

Ewa: Tak, tak, widziałam takie, nawet farbowane.

Kasia: O, w jakim kolorze?

Ewa: Czerń, krucza czerń...

Kasia: Duża rzecz! Ale zwracam ci uwagę, że miałyśmy mężczyzn nie wyśmiewać, tylko się nimi zachwycać.

Ewa: Ależ ja się nimi zachwycam!

Kasia: Przecież nie tym farbowanym kucykiem!

Ewa: Ja się zachwycam, że ktoś wpadł na taki pomysł. Tym się zachwycam.

Kasia: Że mężczyzna był twórczy.

Ewa: Swoją drogą, zauważyłaś, że chłopy coraz częściej farbują włosy?

Kasia: A, niech farbują, mnie nie przeszkadza. Wracam do tego intelektualisty, bo przez wiele lat to był mój typ numer jeden, astenik o wybujałym intelekcie i z brodą.

Ewa: A do tego jeszcze mizantrop i mizogin.

Kasia: To się, niestety, dopiero okazało po latach pobierania intelektualistów, że oni są po prostu mało życiowi. Tak że zdecydowanie przeniosłam się w stronę ogrodników i drwali, jeśli chodzi o moje preferencje. A jak taki jeszcze czyta i do kina chodzi, to już mam wszystko. O, i tu ci opowiem o moim uwielbianym hydrauliku... Choć nie wiem, czy akurat on czyta...

Ewa: Ale o nim już raz było...

Kasia: Nie szkodzi, jeszcze raz będzie. Wiesz co? Do tego stopnia zapadł mi w wyobraźnię, że ja tych rzęs nie zapomnę do końca życia, w dodatku jeszcze to był dobry hydraulik, bo wszystko działa. Wyrażam mu tą drogą słowa uznania. Te oczy, te oczy niebieskie i te rzęsy...

Ewa: Cisną mi się na usta słowa, których nie wypowiem, co jeszcze mógł umieć hydraulik.

Kasia: Najważniejsza jest wyobraźnia, przecież wszystkich się nie sprawdzi i nie o to chodzi.

Ewa: To prawda. Taki żart chciałam zrobić.

Kasia: Średni. Opowiadaj dalej.

Ewa: Miałam opowiadać o tym, co mnie zachwyca, ale mój repertuar się już chyba wyczerpał. Natomiast mogę powiedzieć, czego nie lubię: zdecydowanie nie gustuję w niewielkich mężczyznach.

Och, jeszcze mnie zachwyca taki typ patriarchalno-kolonialny. Duży mężczyzna o ciepłym spojrzeniu, dużych dłoniach, co umie strzelać z łuku i bynajmniej nie jest drwalem.

Kasia: Czy pamiętasz taki warsztat terapii metodą Hellingera, kiedy w ustawieniu znalazło się trzech mocnych, przystojnych mężczyzn? Stali jeden za drugim i reprezentowali czyichś pradziadów. Czuło się falę bliskości między nimi. Ich dojrzałość, dorosłość, pewność. Jak zobaczyłaś rząd takich wspaniałych mężczyzn jako przodków albo wyobraziłaś sobie, że są to bracia, którzy się wspierają w życiu, albo mężowie, na których naprawdę można liczyć, w kobiecym sercu wywoływało to żywą tęsknotę do takich – już niestety nieco zamierzchłych – mężczyzn. Niemal wszystkie kobiety zwróciły na to uwagę, bo to jest tak rzadki widok, bliscy, serdeczni sobie mężczyźni...

Ewa: ...z których każdy jest jakąś osobowością. Jest kimś, jest mocny sam w sobie.

Kasia: Przede wszystkim jest sobą. Na swój sposób. To było bardzo dobre przeżycie. Rozmawiałam o tym z kobietami, które patrzyły na to z tą samą co ja przyjemnością.

Ewa: My wtedy dostrzegamy tę męską, pozytywną siłę. Dopiero wtedy, gdy ich jest wielu, jeden wspiera drugiego. Nie ma w tym rywalizacji. Mogą być razem, ale i osobno.

Kasia: Bardzo dużo straciłyśmy na tym, że tylu tych wspaniałych mężczyzn wybili. W wojnach, w powstaniach, w partyzantkach. Nie przypadkiem zdjęcia rodzinne pokazują mocnych pewnych mężczyzn. Choć też prawda, że oni są tak na nich upozowani. Tatuś rodziny stoi, przeważnie z surowym obliczem, żona siedzi na fotelu, a on jeszcze dłonią ten fotel obejmuje, chroni ją. I z troską się zajmuje. Patriarchalne, ale miejscami przyjemne.

Ewa: A z drugiej strony myślę sobie o Hrabalu: o panu piwowarze i jego żonie, która była szalona i niezależna, a jednocześnie ten facet pełnił rolę takiej prawdziwej ostoi.

Kasia: Pełnił, bo też i musiał, ale wcale mu z tym łatwo nie było. Do tej pory nie jest. Bo z jednej strony mężczyźni otrzymują ten stary, tradycyjny przekaz, że muszą być ostoją, i wiele kobiet od nich tego oczekuje, a z drugiej przekaz się przeciera, bo kobiety coraz częściej same są dla siebie wsparciem albo równymi im partnerami, równoważną ostoją dla domu. Wojny pokazały, że to kobiety brały na siebie gospodarstwa, folwarki czy nawet fabryki...

Ewa: Brały odpowiedzialność za przeżycie swoich rodzin.

Kasia: I radziły sobie zawsze. „Solidarność" też wzięły na siebie i sobie poradziły, tylko potem historia, czytaj patriarchat, lubi o nich zapominać.

Ewa: Ty pamiętasz.

Kasia: Coraz więcej kobiet, mam nadzieję, o tym wie.

Ewa: My, kobiety, dużo tracimy też na tym, że mężczyźni się wzajemnie nie wspierają. Najczęściej mają konflikty z ojcem, braćmi. Ten obraz z hellingerowskiego ustawienia dlatego tak przykuł naszą uwagę, że to praktycznie nie występuje w naturze.

Kasia: A szkoda wielka. Kiedy widzę mężczyzn-przyjaciół, którzy się ze sobą witają serdecznym uściskiem, którzy się całują, patrzą sobie w oczy, to mnie to wzrusza i cieszy. Najczęściej chłopy się klepną lub sobie rękę podadzą, ale żeby tak bliżej, to gdzie tam... Jeszcze ich kto o homo posądzi...

Ewa: Tak, to na pewno jest przyczyna tego zażenowania, które występuje w bliskim kontakcie mężczyzny z mężczyzną, ale nie jedyna. A ciekawe jest, co mówi Hellinger, że mężczyźni czerpią swą męską siłę z przebywania z mężczyznami, a kobiety – z kobietami.

Kasia: To oczywiste. Dla obu płci jest to zbiornik energii. Kobiety mogłyby to lepiej rozumieć i zacząć popierać przebywanie swoich mężczyzn z innymi mężczyznami, czy to na piłce, czy nawet na tym nieszczęsnym piwie, czy na wycieczkach. A już najfajniej, jak tata z synem gdzieś razem wychodzą... Ogromnie mi się podobają ojcowie z dziećmi – ci będący w rzeczywistym kontakcie z nimi, co to pogadają, pobawią się, wytłumaczą, pozwolą się wypłakać, wytarzają się razem, a ojcostwa nie gubią.

Ewa: Wszystkim się podobają. A i jeszcze nauczą syna różnych chłopczarskich umiejętności. Choćby robaka na haczyk nakładać albo nożem rzucać...

Kasia: Tak, to zbyt rzadki asortyment mężczyźniany.

Ewa: Bardzo mnie zmartwiło, że mnie się tych chłopów tak mało podoba. A jeszcze bardziej zasmuciło mnie poczynione odkrycie, że ja wcale mężczyzn tak za bardzo nie lubię. Wydawało mi się, że przeciwnie, bo oni tacy fajni, a czuję, że mam chęć złośliwie szczypać ich po tyłku i jak oni się z czegoś cieszą, to im to umniejszyć, a jak są tacy mądrzy, to im pokazać, że wcale nie są. Zobaczyłam, że z jednej strony mogę się zachwycać, że on ma loki albo wygląd kolonialno-patriarchalny w typie Jacka Londona, ale że to jest zachwyt powierzchowny. A co jest u nich w środku, wcale mnie nie zachwyca, wręcz przeciwnie, wzbudza moją złośliwość i chęć utarcia im nosa albo ugryzienia w tyłek.

Kasia: O, więc chyba tak całkiem o zachwycie ten rozdział nie będzie.

Ewa: Ale o małych zachwytach...

Kasia: I małych mężczyznach za chwilę... Można oczywiście odfajkować twoją złość jako odwieczną walkę płci, ale to gotowiec. Czy pozwolisz, żeby w czasie tego miłego rozdziału powiedzieć, że nie możesz za bardzo lubić tych facetów, jeśli jesteś od nich tak zależna.

Ewa: Chwytam związek.

Kasia: Bo jeśli oni są dawcami dobrostanu, to za dużo jest po ich stronie, a za mało po twojej. Większość kobiet zbyt wiele im oddaje. I potem jeśli nie dostają tego, co by chciały, w dwójnasób czy w trójnasób – a nie mogą tak dostać – to nie lubią tych facetów. Po drugie zaś, przecież faceci też są niesamowicie uzależnieni od nas. O tym najlepiej pisze Wieck, odsyłamy do jego książek.

Ewa: Nie lubię używać tego słowa, ale absolutnie wszystkie MUSZĄ ją przeczytać.

Kasia: Tak, koniecznie przeczytajcie tę książkę!*

Ewa: A potem dajcie ją swoim mężom i partnerom.

Kasia: Im młodszym, tym lepiej... Ale wracając do wątku, oni są uzależnieni od nas, więc za to też nas nie lubią. I to jest ta wzajemność, że z jednej strony tak niezwykle przyciągamy się, potrzebujemy, a z drugiej nie lubimy, nie umiemy z tym przyciąganiem robić rzeczy prostych, dobrych. Nie umiemy się tak zwyczajnie potrzebować.

No, to ten mądraliński kawałek możemy już sobie zostawić, wracamy do małych. Ja zdecydowanie małych lubię.

Ewa: Ale co w nich lubisz?

Kasia: Ach, mały jest poręczny.

Ewa: Ja bym zgubiła takiego, zapomniałabym, gdzie go zostawiłam.

Kasia: Nie, mały jest taki zręczny, cały do objęcia. Wiesz, ja na przykład nie lubię bardzo wysokich, absolutnie nie. Moja jedna przyjaciółka to wyłącznie takich wielkich...

Ewa: Ja uwielbiam. Wysokich i chudych...

Kasia: Mnie jest z nimi niewygodnie. Muszę baaaardzo zadzierać głowę, żeby się całować. Jak się obok takiego idzie, to rozmawiać z nim oko w oko się nie da, bo musiałabym bez przerwy gapić się do góry, ramię jego, zamiast być blisko mojego, dynda gdzieś nade mną, ja właściwie obcuję z jego nogami.

---

* Winfried Wieck, *Mężczyzna pozwala kochać...*, dz. cyt.

Ewa: Może to mnie właśnie urzeka?

Kasia: Może ty chcesz nóg, a ja spojrzenia w oczy i spaceru ramię w ramię. Dlatego najbardziej lubię średnich. Nie powiem, żeby mi się nigdy żaden wysoki nie podobał, ale mali mają taką fajną żywość, zwrotność.

Ewa: Jaką? Taką intelektualną?

Kasia: Nie, ja mówię o fizycznej. Intelektualną jeden ma, inny nie ma. A kiedy ma jedną i drugą, to po prostu jest malina. Ojej, ważka siadła mi na ręce, widzisz?

Ewa: Widzę na własne oczy. Na pewno jest facetem. Raczej niedużym. Bardzo zwrotnym i lotnym.

Kasia: O, odleciał!

Ewa: Odleciał, zwrócił się do innej, jak to chłopcy mają w zwyczaju.

Kasia: No, jakbyśmy my nie były zwrotne w tej sprawie.

Ewa: A ty, Kasiu, jakich facetów miałaś najwięcej: dużych, małych, średnich?

Kasia: Wiesz co! Nie mogę się przyznawać do tego.

Ewa: Ale to dopiero jest ciekawe...

Kasia: Oj, Ewuniu, tobie to tylko jedno w głowie...

Ewa: Im jestem starsza, tym bardziej.

Kasia: A, tak, to dosyć powszechne.

Ewa: Może chodzi o to, że to są ostatnie chwile i już potem koniec... Ale jeśli pamiętasz film „Seks w wielkim mieście", to te kobiety w wieku zbliżonym do mojego też wyłącznie tym były zainteresowane i nawet nie teoretyzowały jak ja, tylko praktykowały. A poważnie powiem ci, że niektóre z tych odcinków nawet we mnie budziły rodzaj przerażenia i niesmaku – że już zupełnie wszystko zostało wystawione na sprzedaż, i to na aukcję, licytację. Najintymniejsze szczegóły opowiada się przyjaciółkom i gdy cokolwiek wydarza się między kobietą a mężczyzną, to dzwoni się do przyjaciółek, zawiadamia się je, omawia to z nimi szczegółowo.

Kasia: Na potrzeby filmu.

Ewa: Moim zdaniem akurat to jest odzwierciedleniem rzeczywistości. Życie intymne, być może przez naszą bezradność, zostało tej intymności pozbawione. Nie wiemy, co zrobić, więc ciągle musimy się dzielić, naradzać, pytać. Szukać oparcia, wsparcia, doradztwa.

Kasia: To jedna strona medalu. Druga jest taka, że ludzie mają na ten temat język wciąż zawiązany w supeł. Rozmawianie o erotyzmie, seksie, miłości fizycznej, ciele, potrzebach ciała prawie nie istnieje. Jak zawsze, łączy się średniowiecze z renesansem. Na pewno w naszej kulturze były okresy znacznie bardziej swobodnego i naturalnego podejścia do tych spraw.

Ewa: Ja nie mówię o swobodzie i naturalności, tylko o wyprzedawaniu intymności, która nie powinna być wystawiona na widok publiczny.

Kasia: Zgoda co do grubej przesady, ale wielu młodym dziewczynom może to uświadomić naprawdę sporo rzeczy, których inaczej by nie wiedziały. Nie wiedziałyby, że inne kobiety to myślą, robią, o tym rozmawiają.

Ewa: Nie wiedziałyby, że kobieta może być uzależniona od seksu...

Kasia: A, Samantha. Ale Samantha ostatnio się zakochała. Opowiedziała swoim przyjaciółkom, że kiedy jej kochanek, który coraz bardziej ją obchodzi, przyszedł na przyjęcie z jakąś laską, zrobiła mu awanturę. Powiedziała, że chce go mieć na wyłączność, a on się obruszył, bo umawiali się, że będą oboje mieli luz. Więc ona w tych emocjach zgarnęła jakiegoś faceta i poszli do gabineciku. Tymczasem jej ukochany jakoś zamyślił się dziwnie. Zaczął jej szukać i spotkał, gdy wychodziła z tego gabineciku. „Wiesz co? – mówi. – Z tobą to bym chyba nawet chciał na wyłączność". I widzi, jak zza niej wychyla się facet, dopinając koszulę i marynarkę. Mina mu zrzedła i powiada: „Sama widzisz".

Ewa: Wpadła we własne sidła.

Kasia: Bo się wściekła: „To ja ci odpłacę!". Nie zawsze należy odpłacać. Tak jak mówi Hellinger, co nas obie zachwyca: w miłości dawać więcej, niż się dostało, i odpłacać mniej, niż się oberwało. Nigdy tą samą monetą, którą się dostaje.

Ewa: W tym odcinku o chłopach jest sporo o Hellingerze, co też bardzo ciekawe.

Kasia: Bo Hellinger jest typem patriarchalnego mężczyzny, który z jednej strony uczy rzeczy nowych i otwierających...

Ewa: ...a jednocześnie bardzo podstawowych, powraca do tradycji. Dla mnie sam Hellinger jest mężczyzną reprezentującym patriarchalny porządek, w typie opisanym w cytowanej książce Wiecka. Jest tym słynnym ornitologiem, który przecież nie musi umieć fruwać, żeby się znać na ptakach, ale próbuje sobie tak podfruwywać...

Kasia: I to niepokoi. A z drugiej strony, jak to miło, jakby to powiedzieć, nadskrobać autorytet.

Ewa: Zwłaszcza męski... Uważam to za moje życiowe powołanie...

Kasia: Kiedy mówiłaś, że w gruncie rzeczy facetów nie lubisz, powróciły moje przeżycia z filmu „Fortepian". Przypominasz go sobie?

Nieznany przedtem bohaterce narzeczony, do którego przyjeżdża, nie może znieść jej odrębności, jej własnego wewnętrznego świata muzyki, a przypuszczalnie też coraz bliższej komitywy między nią a pewnym innym mężczyzną, dlatego odrąbuje jej palec. Nie umie wejść w prawdziwy kontakt, nie wchodzi z nią w kontakt jak człowiek z człowiekiem. Boi się zawiści, zazdrości. Jest biedny, sam okaleczony w uczuciach, więc jedyne, co może zrobić, to okaleczyć ją. W momencie gdy odrąbywał jej palec, poczułam nienawiść do mężczyzn. A pod tą nienawiścią odnalazłam lęk. Poczułam wielką kobiecą bezradność wobec męskiej przemocy, która załatwia te wszystkie delikatne sprawy siekierą.

Dotknęłam atawistycznej niepewności i urazy wobec mężczyzn, którzy od tysięcy lat gwałcą kobiety i wykorzystują na dowód swojej wyższości, robią z nami, co chcą. To jest właśnie ten drugi biegun.

Ewa: A jednocześnie są nam potrzebni i my jesteśmy im potrzebne, kochamy ich...

Kasia: I się nimi opiekujemy, interesujemy, chcemy ich mieć blisko. Ale ja to tylko trochę i co jakiś czas. Potrzebuję takiej bliskości, która się pozwala także od siebie oddalać. Idziemy jakiś kawałek razem, coś nas łączy, potem się każde z nas może udać w swoim kierunku, a po jakimś czasie znowu wracamy. Oczywiście, jest problem, jeśli jedno chce się już oddalić, a drugie jeszcze nie, prawda?

Ewa: Znowu przypomina mi się, co mówi Hellinger na temat związków. Jego zdaniem nie do wytrzymania jest dla obojga, jeśli patrzą tylko na siebie. Jedyna możliwość jest taka, że wspólnie patrzą w jakąś stronę, w jednym kierunku. Na ogół na dzieci, potem znowu na siebie, znowu na dzieci. Jeżeli nie mają dzieci, to patrzą razem na coś innego: na pracę, na jakieś zainteresowania, mają podobny światopogląd. I tylko wtedy związek się udaje. Gdyby patrzyli tylko na siebie, szybko to, co między nimi, stałoby się puste.

Kasia: Związek musi się gdzieś dopełniać. Przeczytałam w książce Johna Bayleya, męża pisarki Iris Murdoch, fragment, który to świetnie ilustruje: „Już wtedy bowiem zaczęliśmy z wolna podlegać działaniu tego dobroczynnego procesu, który sprawia, że para małżonków, by posłużyć się słowami australijskiego poety A.D. Hope'a, »oddala się coraz bliżej od siebie«. Oddalenie, swego rodzaju »osobność«, jest nieodłączną częścią bliskości, może nawet jej znakiem rozpoznawczym; a z całą pewnością rękojmią prawdziwego zrozumienia".

Ewa: Wracając jeszcze do filmu „Fortepian", czy pamiętasz, Kasiu, że główna bohaterka odrąbała też palec swojej córce?

Kasia: Nie, to mąż odrąbał palec Adzie. Ona nie okaleczyła swojej córki.

Ewa: Jesteś pewna?

Kasia: Na sto procent.

Ewa: Ja mniej pamiętam, że mąż odrąbał palec Adzie, natomiast pamiętam scenę z córką..., której, jak się okazuje, nie było. To ciekawe.

Kasia: To bardzo ciekawe. I tu obie się zamyślamy...

Ewa: Miało być o chłopach, a jest o zamyśleniach.

Kasia: Mogłoby być też o tym, co robią kobiety pod wpływem mężczyzn...

Ewa: Ona w filmie spotyka cudownego, wspaniałego, kochającego mężczyznę. A mogłaby go nie spotkać...

Kasia: Mogłaby go w ogóle nie spotkać. To się też zdarza, że przez całe życie jednak go nie spotykamy. Jak on ją uczył miłości... Czasem kobiety dają to mężczyznom. Czasem ludzie to sobie dają...

No i z czego się tak cieszysz?

Ewa: Jest taka znana prawda, że każdy pretekst jest dobry, żeby opieprzyć dziecko.

Kasia: Każdy pretekst jest dobry, żeby swoje napięcie wewnętrzne upuścić na dziecko, ponieważ ono się do tego najlepiej nadaje ze wszystkich ludzi na świecie.

Ewa: A czy potem się to samo robi ze swoim wewnętrznym dzieckiem?

Kasia: Tak. Mamusia krytykowała mnie, a ja potem to robię ze swoim wewnętrznym dzieckiem, o ile się nie spostrzegam, że to robię!

Ewa: Czy to jest tak, że potem, gdy czujesz napięcie z jakiegoś powodu...

Kasia: ...a nawet nienazwane napięcie. Bardzo często nasze nieokreślone napięcia są niezadowoleniem z siebie, które w jakiś subtelny sposób skojarzyło się nam z czymś, co właśnie robimy lub nie robimy.

Ewa: Kasiu, to znaczyłoby, że, twoim zdaniem, zadowolenie z siebie jest stanem zdrowym i – że tak powiem – głęboko ludzkim?

Kasia: Tak. Wyłącznie zadowolenie z siebie jest stanem zdrowym. Tyle że nie wyklucza ono samokrytyki.

Ewa: No właśnie, bo ja zaraz myślę o tych zadowolonych z siebie, którzy mnie po prostu tak wkurzają!

Kasia: Mogą być tego dwa powody. Albo mówisz o bezkrytycznych zarozumialcach, albo wkurzają cię zadowoleni z siebie, bo oni to mają, a ty nie.

Ewa: Zadowoleni z siebie, którzy mają jeszcze rację. Ci mnie najbardziej wkurzają.

Kasia: A, ci cię wkurzają! Możesz jeszcze czasem mówić, że oni tylko udają.

Ewa: Czasem tak mówię.

Kasia: No właśnie. Ale ty nie wiesz, czy taki ktoś udaje, czy jest naprawdę zadowolony. Jeśli sama nie jesteś zadowolona, to nie możesz poczuć, czy on jest zadowolony, czy tylko się zgrywa.

Ewa: A najbardziej mnie irytuje, kiedy ci zadowoleni z siebie mówią mi, co mam robić, żebym też była zadowolona.

Kasia: Czemu ci mówią, skoro ich nie pytasz?

Ewa: Nie wiem. Może żeby się jeszcze lepiej poczuć.

Kasia: A może ty jednak ich pytasz: „Coś ty taki zadowolony z siebie?". A on ci mówi: „Bo sobie zrobiłem to i to, i to, i ty też możesz".

Ewa: Tak.

Kasia: Więc nie mówią ci, co masz robić, tylko co możesz zrobić. Prawdziwie zadowoleni z siebie dobrze wiedzą, że nie ma sensu komuś mówić. I tak tego nie zrobi, po co sobie język strzępić?

Ewa: To prawda.

Kasia: Oni ci tylko mówią: możesz tak sobie zrobić. Jak będziesz chciała. Od ciebie to zależy.

Ewa: Ale i tak mnie to wkurza!

Kasia: Wierzę ci, głęboko ci wierzę. Ale to dla ciebie ma być sygnał: co mnie tak wkurza? Tu trzeba by rozmawiać o Cieniu. Wkurza cię to, co ty masz w Cieniu.

Ewa: Wydawałoby się, że to inni mnie wkurzają.

Kasia: Jest ci bardzo przyjemnie, bo wydaje ci się, że to oni cię wkurzają. To ci pozwala umknąć od tego, że sama siebie wkurzasz. Bo brakuje ci tego zadowolenia.

Gdy jesteś początkującą zadowoloną z siebie, takie wkurzenia mogą cię zatrzymywać na drodze do zadowolenia. To znaczy: jeśli się dopiero uczysz być zadowoloną z siebie, a ktoś jest bardzo zły na to, możesz się poczuć nieswojo i pomyśleć: „Ojej, czy ja mam prawo być zadowolona z siebie, bo ktoś inny jest z tego niezadowolony, że ja jestem zadowolona?". Gdy mamusia była niezadowolona, że ja jestem zadowolona, mówiła mi: „Z czego się tak cieszysz? Co się tak głupio śmiejesz? Idź do lekcji. Myślisz, że jak będziesz w moim wieku, to będzie ci tak fajnie?" albo „Zobaczysz, jak sama będziesz miała dzieci, wtedy porozmawiamy". I już dobry humor pryskał, prawda? Bo podzieliliśmy z naszą matką trudy i znoje jej życia, o co właśnie jej chodziło. Zamiast ona dzielić z nami naszą radość, myśmy dzielili z nią jej niezadowolenie. Wniosek z tego prosty: należy się z dziećmi cieszyć, a nie powstrzymywać je od tego.

Ewa: Kiedyś moja znajoma, stojąc w kolejce do kasy, zaczęła się do siebie głośno śmiać, bo rozbawiło ją coś, co wydarzyło się w sklepie, z czymś się jej to skojarzyło i zachichotała do siebie radośnie. W tym momencie z kolejki wychylił się jakiś pan i z naganą w głosie tak się odezwał: „Taka stara i się cieszy! Z czego tu się cieszyć!".

Zamiast zająć się sobą

Ewa: Wiesz, często łapię się na tym, że jadę za cudzym pogrzebem.

Kasia: Ciekawie się zaczyna... A jak się tam znajdujesz?

Ewa: Niby przypadkiem, ale ostatnio poczułam, że jest w tym pewna metafora. Czekam, aż żałobnicy przejdą, przed moim samochodem przesuwa się kondukt, a ja myślę, że nie ma to ze mną nic wspólnego. Uczestniczę przez jakieś zaplątanie. Porusza mnie to, że ktoś umarł, wzruszam się, chociaż nie jest to w ogóle moja sprawa.

Kasia: Bo to nie jest twój zmarły.

Ewa: No właśnie! A jednocześnie tracę czas. Pojawiają się jakieś uczucia, z którymi potem muszę sobie radzić.

Kasia: To znaczy, że ma to jednak z tobą coś wspólnego.

Ewa: Tak. Zamiast się zajmować własnymi zmarłymi i uczuciami wynikającymi z moich spraw, ja zajmuję się tym, co staje mi na drodze. Nie koncentruję się na własnym życiu.

Kasia: Można by powiedzieć, że rozsiewasz na marne własne nasienie po ziemi.

Ewa: Tak, zamiast wykopać dołek i posadzić coś w swoim ogrodzie.

Kasia: To olśnienie. Znaczy, że zaczynasz być gotowa, aby się z tym powoli rozstać. Tamta stara strategia już się wysyciła. Sprawdzała się przez jakiś czas i dopóki ją stosowałaś, była do czegoś przydatna. Ale teraz, gdy potrafisz już ją zobaczyć, jest tak, jakbyś się od niej odsuwała. Nie musisz już jej chronić. Jesteś w innym miejscu, o stopień wyżej. Możesz obejrzeć to z boku, postawić diagnozę i pójść dalej. Metaforycznie można powiedzieć, że grzebałaś samą siebie.

Ewa: Tak daleko się nie posunęłam w diagnozie, może ze strachu, ale zgadzam się. Powiedz, Kasiu, kiedy robimy różne rzeczy, zamiast zajmować się sobą?

Kasia: Przede wszystkim wtedy, gdy boimy się sobą zajmować. I kiedy nam nie pozwalają.

Ewa: Jak mielibyśmy się bać zajmować sobą?

Kasia: O, moja droga, możemy i to jeszcze jak! To jest temat dość podstawowy dla ludzkiego życia i dla ludzkiego bólu życia. Nie ma chyba większego bólu, niż porzucać siebie i nie wiedzieć, że się siebie porzuca. To właśnie jest najgłębszym źródłem frustracji i rozczarowania. To, że człowiek nie żyje swoim głębokim, wewnętrznym życiem. To jest słynne „nie być sobą". Nie całkiem zresztą dla ludzi czytelne.

Ewa: Bo nie wiedzą właściwie, na co to przełożyć. Być sobą, czyli kim?

Kasia: Właśnie, przecież przez cały czas jestem sobą.

Ewa: Bo kim innym miałabym być?

Kasia: Jestem sobą i nie potrafię rozmawiać z ludźmi, przecież to ja. To moja natura, mówią często moi pacjenci. Jestem z natury nieśmiały. O, nie – ja na to – na pewno to nie jest pana czy pani natura. My nie wiemy, jaka jest pani natura, bo ona się urodziła dawno temu. Dużo rzeczy się po drodze stało takich, które ją zasłoniły, zasypały, przygniotły, trochę poharatały, ale na szczęście nie zabiły, więc ma się co odrodzić.

Mam w oczach obraz zachwaszczonego ogrodu, nieuprawianego od bardzo dawna. Sadzi się tylko coś przed płotem, na zewnątrz ogrodu. A tam wewnątrz wszystko zapuszczone. Można tak sobie wyobrazić tę naszą naturę. Prawdziwa jej część została odgrodzona i tam się nie zagląda.

Ewa: Trochę jak „zaczarowany ogród", do którego nie wolno wchodzić. Dlaczego?

Kasia: Bo tam dziecko okazało się niegrzeczne, nie takie, jak rodzice umieli przyjąć, nie takie, jak sobie wymarzyli. Albo czegoś nie dostrzegli, na przykład że urodziło się im dziecko-artysta...

Ewa: Kiedyś chyba Magdalena Abakanowicz opowiadała o tym, że przez całą szkołę podstawową bawiła się patykami, liśćmi i układała z nich różne dziwne wzory, a nauczyciele uważali, że jest z nią coś nie w porządku, robi coś bezsensownego, zamiast się „normalnie" uczyć. To, kim była, nie mieściło się w ich wyobrażeniu o byciu dzieckiem.

Kasia: Na szczęście Abakanowicz nie dała sobie tych patyków zabrać.

Ewa: Ale ile musiała mieć siły, żeby ochronić to, co było istotne.

Kasia: Dziecko nie musi mieć aż artystycznych zdolności. Wystarczy, że ma wrażliwość, na przykład lubi patrzeć na ptaki, to niesie dla niego cały ogrom znaczeń. Gdzie te ptaki lecą, po co, ku czemu? Ale jeżeli mu nie wolno patrzeć na nie, bo ma patrzeć...

Ewa: ...w zeszyt...

Kasia: ...tylko i wyłącznie w zeszyt – wtedy posłusznie przestaje patrzeć na ptaki. Niektórzy nie przestają, ale większość tak.

Ewa: I to zostaje tam w tym zamkniętym, zakazanym ogrodzie?

Kasia: Tak, tam jest dobra, żyzna ziemia i ogromnie stęskniona.

Ewa: A nie wraca się tam, bo co? Bo ten powrót boli?

Kasia: Oczywiście, strasznie by bolał. Poza tym niesie poczucie wielkiego ryzyka. Nie wolno było mi tam przebywać, więc jeśli zajrzę, zostanę ukarany...

Ewa: Aha! Dorośli ludzie, a boimy się jak dzieci.

Kasia: Dokładnie. Nasze wewnętrzne dziecko wciąż się w nas boi przekroczenia zasad, czyli muru ogrodu. Albo jest tak: zajrzę, ale wiem, że nie mogę zostać tam dłużej, więc po co mam zaglądać? Żeby mnie bolało? Naprawdę bywa, że człowiek z lęku odgradza dużą część swego wewnętrznego jestestwa. Trochę tak jak z dzikim zwierzęciem, które złapane w pułapkę odgryza sobie nogę. Tu w pewnym sensie odgryzasz jakąś część siebie, żeby zniknęła z pola rozczarowania.

Ewa: Żeby ci nie przeszkadzała?

Kasia: Nie możesz żyć sama, mając oparcie we własnej naturze. Musisz żyć z ludźmi, ze swoimi rodzicami czy opiekunami, musisz jako tako przynależeć.

Ewa: Czyli być podobna do jakiejś grupy.

Kasia: Musisz mieć jakieś miejsce. A jeśli nie chcą cię w tym miejscu z naturalnymi dla ciebie cechami, to trzeba je zakleszczyć, gdzieś usunąć, ukryć.

Ewa: I co tam bywa w tych ogrodach?

Kasia: Och, cuda bywają! To zależy, czego się w danym domu czy środowisku nie akceptuje. Bardzo często bywa tam seks. Bo to tabu. Bywa tam śmiałość, odwaga, ale też i strach. Radość i smutek. To, co czyni cię absolutnie niepowtarzalną jednostką. A ponieważ przeważnie nam się każe, byśmy byli podobni do „reszty", zatem nie poznajemy swojej prawdziwej natury. „U nas się tego nie robi". „My się tak nie zachowujemy".

Ewa: „Ten to się wyrodził z naszej rodziny".

Kasia: „Co to za dziecko?". „Po kim on to ma?". Już zapomnieli, że oni też kiedyś może coś takiego mieli, prawda? Tylko już tak się uładzili, tak starli wszystkie kanty, tak się wszyscy postarali być do siebie podobni, że to dziecko jest „skądś", jakby z innej planety.

Ewa: A dziecko rośnie i przez cały czas stara się przetrwać, zadowolić rodziców i otoczenie. Upycha swoje prawdziwe skłonności, swoją naturę w ogrodzie, za murem.

Kasia: Czyli w Cieniu.

Ewa: I w końcu to zaczyna dopominać się o swoje.

Kasia: Ogród na szczęście nie umiera i co jakiś czas domaga się od nas uwagi, na przykład przez choroby, wypadki, sny...

Ewa: Och, jestem pod wrażeniem snu, który opowiedział mi kolega. Był wstrząśnięty. Bał się, że to, co mu się śniło, wydarzyło się naprawdę. A śniło mu się, że przed jego dom zajechał samochód, w którym siedziało dwóch groźnie wyglądających mężczyzn. Auto najpierw na chwilę się pojawiło i zaraz odjechało, to był rodzaj ostrzeżenia. On w tym śnie okropnie się przestraszył, zaczął zasłaniać okna, zapuszczać żaluzje, gasić światła w mieszkaniu. Chciał się ukryć. Po chwili auto znowu podjechało, zatrzymało się i tym razem wysiedli z niego ci mężczyźni z karabinami. Obudził się z wielkim lękiem i przez dwie godziny nie mógł zasnąć.

Kasia: Rozumiem jego lęk. Wiele osób miewa takie sny. Ja też miewałam podobne. Co znaczył ten sen dla niego?

Ewa: Tylko się go przestraszył.

Kasia: Pewnie jeszcze bardziej dlatego, że nie rozumiał. Takie sny mówią o realnym zagrożeniu. Nie o to chodzi, że jacyś faceci go zabiją, ale o to, że dobija się do niego coś, czego on się naprawdę boi, a co pochodzi z jego nieświadomości (czytaj: zamkniętego ogrodu, Cienia).

Ewa: Kim są faceci z tego snu i dlaczego są uzbrojeni? Czy rzeczywiście chcą go zabić?

Kasia: Rozbierzemy te pytania po kolei. Najpierw jednak zaznaczę, że tych wyjaśnień nie można zastosować do każdego snu, w którym przeżywamy zagrożenie. Tutaj przypuszczam, że ci groźni mężczyźni symbolizują wypartą część psyche twego kolegi. Ostrą, mocną, silną, agresywną, czyli przypuszczalnie tę, z której nie korzysta i się jej boi. Dlatego się jej boi, że z niej nie korzystał i jej nie zna; dlatego ci mężczyźni są uzbrojeni. Oni (czytaj: jego nieświadomość) dysponują tą siłą, do której on (jego świadomość) nie ma dostępu. Pozostaje kwestia, czy chcą go zabić. W pewnym szczególnym sensie tak. Chcą „zabić" tego „świadomego", który nie dopuszcza do głosu tak ważnej części siebie. Skoro czuje we śnie, że chcą go zabić, oznacza to, że jego dotychczasowa struktura psychiczna już nie unosi jego życia. Ma umrzeć. Właściwie obumrzeć. Chcą zabić, żeby uratować, czyli tak mocno rozbudzić świadomość, żeby nie mogła znów zasnąć. Muszą więc być tak wyraziści, aż przerażający, żeby śniący nie mógł odrzucić wagi tego snu.

Ewa: Ten wydaje się wyjątkowo ważny.

Kasia: Tak jak twoje odkrycie z cudzymi pogrzebami, choć uczyniłaś je na jawie. Gdybyś nie była tak otwarta na informacje od swojej nieświadomości, być może, żeby do ciebie dotrzeć, musiałaby „przysyłać" ci sny o pogrzebach.

Ewa: Przypomniałam sobie, że ten mój znajomy miał ostatnio liczne drobne wypadki.

Kasia: Aha! Jego mądra nieświadomość już wcześniej chciała dotrzeć do niego z informacją, że tak dalej nie da się żyć. Nie da się dłużej dobrze funkcjonować (bo źle oczywiście się da) bez takiego ogromnego kawałka siebie, jakim jest nasza siła i moc.

Ewa: Jeśli zauważyć, że było dwóch na jednego, można się domyślać, że on nie korzysta z dwóch trzecich siebie.

Kasia: Śmiała diagnoza, ale wydaje mi się prawdopodobna. Sen pokazuje, że całością jest dopiero ich trzech. Oczywiście całością w tym określonym aspekcie życia.

Rzecz jasna dywagujemy tu sobie z grubsza. Dopiero gdyby rzeczywiście przyszedł do mnie klient z takim snem, szukalibyśmy tej jedynie dla niego specyficznej treści, reprezentowanej we śnie przez napastników. Warto powiedzieć, że sny, z których budzimy się poruszeni silnymi uczuciami

– przerażeni, z płaczem, rozpaczą, gniewem – są idealnym materiałem do pracy terapeutycznej.

Ewa: Czy chcesz powiedzieć, że one są wołaniem z tajemniczego ogrodu, żebyśmy tam przyszli?

Kasia: Właściwie wrócili po długiej nieobecności. Są wiadomością od nas do nas, żebyśmy zajęli się SOBĄ.

O przyjaciółkach

Ewa: Co dla ciebie, Kasiu, jest najważniejsze w przyjaźni z kobietą?

Kasia: To, jak się z nią czuję. Poza tym podobna postawa wobec życia, światopogląd, osobowość, która mnie ciekawi w niej, więc też chyba ją ciekawi we mnie. Coś, co mamy sobie do przekazania i do wzajemnego wzbogacenia.

Ewa: Ale jednocześnie podobieństwo...

Kasia: Ja bardziej czuję to jako podobieństwo w emocjach – że jest mi przy tym kimś w miarę łatwo, ciepło, dość wesoło. To znaczy swobodnie. Nie trzeba się zastanawiać, o czym będziemy mówić, co robić, bo możemy milczeć albo możemy rozmawiać. To jest coś tajemniczego. Nie da się chyba inaczej tego nazwać niż „nasze aury pasują".

To może być osoba zupełnie inna ode mnie, wielokrotnie mi się to zdarzyło. Nawet światopoglądy były różne. Ale to powietrze, które się tworzyło wokół nas, było pełne zgody na siebie, zaciekawienia, serdeczności, dobrego bycia razem.

Ewa: Mówisz o rzeczach dla mnie mniej uchwytnych, leżących w sferze energii, trudno nazywalnych, a ku mojemu zaskoczeniu nie powiedziałaś tego, czego ja się spodziewałam: że ważna jest lojalność, przyzwoitość, dyskrecja. Nie wymieniłaś cech, które ja uważam za ważne i podstawowe w przyjaźni: oddanie, możliwość liczenia na siebie w trudnych sytuacjach.

Kasia: Dla mnie najważniejsza jest wzajemna potrzeba siebie. Lojalność jest czymś oczywistym – jeśli jej nie ma, to nie będziemy przyjaciółkami. Natomiast ta potrzeba siebie zakłada, że myślę o mojej przyjaciółce, mam ochotę dzwonić i pytać, co u niej, pamiętam. Kiedy jest chora, to się troszczę, kiedy jest mi źle, nie wstydzę się zadzwonić i popłakać albo poprosić ją o pomoc i powiedzieć, że jej potrzebuję. Możemy razem nic nie robić, ale umiemy też wziąć się do jakiejś roboty, tak że jedna drugą stymuluje.

Liczenie na siebie pojawia się w trakcie zaciekawienia sobą. Sprawdza się, czy ta wzajemna potrzeba siebie przekłada się na różne dziedziny życia. Bo ktoś może być interesujący, ale niekoniecznie będzie zaraz moją przyjaciółką. Można się od czasu do czasu spotkać, spędzić miło czas czy sobie pogadać, ale nie myśli się o tej osobie wtedy, kiedy się chce porozmawiać o czymś bardzo ważnym.

Ewa: Czyli dochodzimy do tego, co dla kobiet jest ogromnie istotne, a mianowicie: zwierzenia.

Kasia: I czy ufam tej osobie.

Ewa: Czy jej zdanie jest dla mnie na tyle ważne, że zapytam ją, co myśli o sprawach dla mnie naprawdę znaczących.

Kasia: Zauważam, że niektóre z tych rzeczy są mi coraz mniej potrzebne. Gdy byłam młodsza, o wiele częściej odwoływałam się do opinii moich przyjaciółek. Teraz od dłuższego czasu już nie potrzebuję czyjejś rady w podejmowaniu decyzji, aczkolwiek może być mi potrzebne, by powiedzieć jej: „Wiesz, podjęłam taką decyzję", szczególnie kiedy ona zna drogę, która mogła do tego prowadzić.

Ewa: Pamiętam, że raz umówiłyśmy się, że zadam ci trudne pytania, których ty nie umiałaś sobie zadać. Wypróbowałam to też z moją inną przyjaciółką, Elą. Rzadko mamy możliwość, by się widywać, ale posiadamy umiejętność wzajemnego zadawania sobie trudnych pytań, których same nie mamy odwagi sobie postawić. Moim zdaniem potrzebna jest taka osoba, pomagająca podjąć decyzję. Wsparcie polega na pokazaniu innej opcji.

Kasia: To jest wyższa szkoła jazdy, by dostać od przyjaciółki uczciwy punkt widzenia, prawdę i istotne informacje, a nie tylko mizianie się. O sobie myślę, że jestem taką przyjaciółką (choć „miziać" też się lubię). Ale straciłam jedną znajomą (nie mogę powiedzieć, że przyjaciółkę, bo właśnie się nią nie stała) dokładnie przez to, że coś świadomie sprawdziłam. Miałam poczucie ryzyka – co to będzie, jeśli jej powiem, że tak dużo opowiada o sobie, a mnie nie słucha. I niespecjalnie nawet pyta, co u mnie. Zapytałam, czy jej to nie interesuje, czy ona zawsze tak tylko o sobie. Już po dwóch, trzech pierwszych zdaniach odpowiedzi widziałam, że będzie niedobrze. Zaczerwieniła się, zrobiła spięta i okropnie pomieszana. Usłyszała tyle, że ja ją skrytykowałam, że jest niefajna, a to nieprawda, bo nie to mówiłam. Potem się okazało, że już w ogóle nic nie da się dalej.

Ewa: Powiem szczerze, że to ty mi zwróciłaś uwagę na coś, o czym nie wiedziałam przez wiele lat, że ja też mówiłam cały czas o sobie. I spotkałam wiele takich osób, które – podobnie jak do niedawna ja – uważają, że to jest objaw szczerości i wzajemności. Mówią: „A, wiesz, bo u mnie... Ja to mam tak a tak". W ich pojęciu jest to rewanż otwartości. Nie rozumieją, że nie odnoszą się wtedy do moich spraw, tylko do swoich.

Kasia: To typowe. Pierwsza zaczyna mówić: „Wiesz, bo z moją mamą ostatnio...". A druga od razu: „A, wiesz, ja z moją też...". I fru, leci... Tego szczerze nie szanuję, nie mam zamiaru uprawiać. Kiedy ze mną ktoś rozmawia o czymś ważnym dla siebie, to ja go słucham, pytam, odpowiadam, coś mówię od siebie, ale do niej, do jej tematu. I sprawdzam, czy tam coś jeszcze jest. Potem ewentualnie mogę powiedzieć, że mnie spotkało coś podobnego albo że ja to przeżyłam inaczej. Natomiast jeśli zaczynam mówić coś ważnego dla siebie, a ktoś na to: „Bo ja też" albo „Bo ja nigdy", to we mnie się wszystko cofa.

Ewa: Powiedz, skąd się bierze taki powszechny sposób komunikacji?

Kasia: Czysty egocentryzm. Nieprzekroczony pierwszy poziom zrozumienia, że świat drugiego człowieka jest absolutnie odrębnym, równoprawnym światem. Prawdopodobnie innym, nawet jeśli nam się wydaje podobny, i należy poświęcić mu osobno uwagę, by kiedyś dostać odrębną uwagę dla swojego świata.

Ewa: Ale ciebie twój zawód tego wyuczył. Jesteś taką profesjonalną przyjaciółką...

Kasia: Wypraszam sobie...

Ewa: No dobrze, jesteś uważną profesjonalną słuchaczką.

Kasia: Dlatego uprawiam ten zawód, że jestem uważna dla ludzi. Odwrotnie niż sugerujesz – nie nauczyłam się uważności, bo wykonuję ten zawód, tylko wybrałam ten zawód, bo interesuje mnie, co się dzieje w innych ludziach. Naprawdę mam – oprócz cudownie egoistycznego zainteresowania własną osobą, która jest dla mnie numer jeden – prawdziwe zainteresowanie dla drugiego człowieka, który jest dla mnie też numer jeden. Nie znaczy to, że kiedy go słucham, to siebie przekreślam. Jestem tylko naprawdę skupiona na tym, co się dzieje z nią lub z nim, bliska tej lojalności bez udawania. Nie wyobrażam sobie, żebym mogła wtedy myśleć o niebieskich migdałach, a ciebie puszczać bokiem. Tak mogę traktować gadatliwą sąsiadkę, która mówi o nieistotnych sprawach.

Mam taką jedną przyjaciółkę, pod tym względem jest rewelacyjna. Z nią zawsze mogę uzgodnić: „Czy ty, kochana, masz teraz czas, siłę i ochotę na omówienie ze mną ważnej dla mnie sprawy?".

Ewa: I jeśli ty odpowiesz, że dzisiaj nie, to co?

Kasia: To ona mówi: „Aha, to zdzwonimy się jutro". I nie dzieje się tak, że ona ma poczucie krzywdy...

Ewa: A jeśli ci powie, że jesteś jej ostatnią deską ratunku?

Kasia: Wtedy najprawdopodobniej sięgnę po rezerwy. Jeśli to moja przyjaciółka, tego samego spodziewałabym się przecież od niej. Aczkolwiek uważam, że nie wolno tego nadużywać. Zniesmacza mnie, kiedy ludzie mówią: „Mój przyjaciel ma mieć zawsze czas, kiedy ja go potrzebuję...".

Ewa: Myślę, że wiele osób nie umie przyjaźnić się z powodu tej niegotowości, żeby odwzajemniać...

Kasia: Ale też żeby inspirować, proponować, zrobić miejsce...

Ewa: Czy masz pomysł na to, ile można mieć przyjaciółek naraz?

Kasia: Nie za dużo, po pierwsze. Ja mam na przykład wokół siebie różne kręgi kobiece, które są tylko towarzyskie albo tylko profesjonalne. Kobiety te są dla mnie ważne, fajne, lubię być z nimi, chcę być z nimi, ale to nie są moje przyjaciółki.

Można je oczywiście tak nazywać, ale prawdziwych przyjaciółek ma się w życiu niewiele. Przez długie lata miałam przyjaciółkę, która była dla mnie niewiarygodnie ważną osobą, ale się to zepsuło. To odrębny temat, że przyjaźnie też się kończą, umierają czy chorują. I potem miałam poczucie, że nie mogę szybko mieć na to miejsce kogoś innego, że żałoba musi potrwać i że – co jest najważniejsze – przyjaźń się buduje. Ona się nie dzieje myk, myk. Ktoś może być tak fajny, że go od razu polubimy i chcemy, żeby był naszym przyjacielem, ale sprawdzanie tego, czy się uda zaprzyjaźnić, musi trwać przez jakiś czas.

Ewa: Gdy myślę o sobie, mam takie wrażenie, że nie bardzo umiem przyjaźnić się tak blisko. Mam jedną jedyną przyjaciółkę od 35 lat, ale tylko dzięki temu ta przyjaźń przetrwała, że moja przyjaciółka bardziej o to dbała niż ja. Teraz dla mnie największą wartością jest trwałość tej relacji. Ale jednocześnie przeżywamy wiele trudności, bo każda z nas się rozwinęła w inną stronę. A były też wcześniej takie momenty, że jedna z nas podporządkowywała się drugiej...

Kasia: Ciekawe, która której?

Ewa: Ja jej.

Kasia: Naprawdę?

Ewa: Tak. Ona jest bardzo silną osobowością. Ale od pewnego czasu już się jej nie słucham i często dochodzi między nami do konfliktu.

Kasia: Stałaś się silniejsza.

Ewa: Niestety, moja przyjaciółka z trudem to akceptuje. Ciągle próbuje mi narzucać swoje racje, które mają być jedyne i obowiązujące. Wtedy ja się wycofuję i mamy okresy milczenia. Ale ciągle jest tak, że wiemy o sobie różne ważne rzeczy i nawet jeśli nie liczę się już z jej zdaniem tak jak kiedyś, to i tak chcę, żeby wiedziała, co się ze mną dzieje, i chcę wiedzieć, co dzieje się z nią. A ona to też odwzajemnia. Po prostu Ela świetnie się sprawdza w sytuacjach kryzysowych.

Kasia: Tu mówisz coś ważnego, co dotyczy kobiet. Dla nas jest istotne, co się z tą drugą dzieje. Chcemy to o sobie wiedzieć, podczas gdy mężczyźni niekoniecznie.

Ewa: Ja niewiele wiem o przyjaźni z mężczyznami, bo dopiero się tego uczę. Myślę, że w ogóle mam problem z budowaniem bliskiego związku. Mam tę obserwację także po różnych naszych wspólnych perypetiach i rozmowach.

Udaje mi się mieć wokół siebie dużo grup życzliwych kobiet, które są dla mnie gotowe coś zrobić i ja dla nich także. Ale odczuwam to jako trudne, jeśli miałabym być zobowiązana do zbyt wielu rzeczy. Wolę nie zobowiązywać nikogo i sama nie musieć.

Kasia: Ciekawy kawałek. To chyba jest punkt graniczny relacji i związków, które mają być bliskie. Czy to ma być dobre małżeństwo, czy partnerstwo, czy właśnie przyjaźń – wtedy ten ktoś nabywa do ciebie praw. To tak jak w *Małym Księciu:* oswoiłeś mnie, więc teraz za mnie odpowiadasz – mówi lis. Ja bym się pod tym „odpowiadasz za mnie" w pełni nie podpisała, bo nikt za nikogo nie odpowiada, czyli nie odpowiadam za ciebie wobec innych, jednak odpowiadam za ciebie wobec siebie. I pewnych rzeczy mi wobec ciebie nie wolno, a pewne trzeba. Tu rzeczywiście pojawiają się powinności, pewnego rodzaju zobligowanie, a ty tego, zdaje się, nie lubisz.

Ewa: Nie, nie lubię i nie umiem.

Kasia: A dla mnie jest to dowód miłości. Jeśli ja dla ciebie czegoś się wyrzekam, z czegoś rezygnuję, podejmuję jakiś wysiłek, dbam o coś twojego, co muszę włączyć w swój normalny tok życia, a czego nie musiałabym robić, czyli pewna pula mojej energii jest związana tym, że ty istniejesz na świecie...

Ewa: Ja to mgliście pamiętam z jakichś wczesnych związków z młodości. To jest tak, jakby pewna część mnie podążała za czyimiś sprawami, problemami i to nie znaczy, że ja koniecznie w nich wszystkich muszę uczestniczyć...

Kasia: Ale masz taką gotowość... Jeśli ona zadzwoni, to podniosę słuchawkę. Jeśli ktoś inny, mogę mieć włączoną sekretarkę i usłyszeć, ale nie odebrać... Wolno jej obudzić mnie w nocy, bo naprawdę coś ważnego potrzebuje. Wolno jej poprosić mnie o pieniądze i kiedy ja mam ostatnie 500 zł, to się z nią podzielę i oddam. Albo pożyczę jej moją ulubioną torebkę wieczorową, co jest wielkim gestem, przyznasz...

Ewa: Wielkim! Moją, od Armaniego, nigdy! Nie wiem, jak musiałabym ją kochać.

Kasia: To jest ważna prawda dla kobiet, że bez innych kobiet nie ma dla nich dobrego życia. Jeśli spotkałabym kobietę, która nie ma żadnej przyjaciółki, nigdy nie miała, tobym sobie pomyślała, że jest to niewiarygodnie samotny i zagubiony, i nieszczęśliwy, zubożony człowiek. A gdy mówię, że dla kobiety nie ma życia bez innych kobiet, nie chodzi tylko o przyjaciółki, ale też sąsiadki, znajome, przyszywane ciocie. Tego, czy mamy przyjaciółki, czy nie, przypuszczalnie uczymy się od swojej matki.

Ewa: Mnie się zdaje, że moja mama nie umiała się przyjaźnić. Albo miała przyjaciółki, w których szukała matki dla siebie, bo moim zdaniem – sama była pozbawiona matki w takim emocjonalnym sensie...

Kasia: To też tłumaczy, dlaczego jej było trudno z przyjaciółkami...

Ewa: Szukała matki i czuła się często zdradzona i porzucona, bo żadna przyjaciółka nie udźwignęła aż takiego obowiązku. Natomiast miała wielu różnych życzliwych dalszych znajomych, także młodszych od siebie, już później, którzy ją uwielbiali jako taką równą starszą koleżankę. X w ogóle była pożądana towarzysko, bo była osobą atrakcyjną: inteligentną, dowcipną, w jakiś sposób szaloną, a ci młodzi ludzie to cenili, być może też dlatego, że nie dostawali tego od swoich matek, ale nigdy nie były to bardzo bliskie relacje.

Kasia: Jakbyś malowała swój własny portret...

Ewa: Do tej pory moja matka nie ma takiego bliskiego związku, ale... ma siostrę, której ja nie mam, a z którą ona jest w bardzo bliskiej, sklejonej relacji...

Kasia: Jeśli sklejonej, to jest jeszcze coś innego.

Ewa: Ale – tak czy owak – ma taką drugą kobietę w swoim otoczeniu, jakby bliźniaczkę.

Kasia: Wiesz, że to się często zdarza u bliźniaków jednojajowych, że oni nie potrzebują żadnych bliskich osób, poza znajomymi oczywiście?

Ewa: Moja ciotka natomiast, o ile wiem, nigdy nie miała żadnej przyjaciółki. Jedyną jej przyjaciółką jest moja matka.

Kasia: To rzeczywiście w żadnym innym związku żadna z nich nie dostanie aż tyle. Moja mama zawsze miała przyjaciółki, co było rzeczą cudowną dla mnie, bo większość z nich stawała się także moimi przyjaciółkami. Mama była czasem zazdrosna z tego powodu, jakby nie cała umiała się cieszyć, że jej przyjaciółki lubią też jej dziecko. Rozmawiałam z nimi o mamie, bo z nią bywało trudno, a one rozumiały i mnie, i ją; stanowiły jednocześnie rodzaj bufora i pomostu między nami. Uczyłam się w ten sposób zaufania do kobiet i bliskości z nimi.

Widziałam też, jak moja mama była cudownie oddana, jak potrafiła dbać o czyjeś sprawy, jak była wspomagająca, jednocześnie sama dużo zyskując. Oboje rodzice byli towarzyscy i dużo mi w tym zakresie pokazali: że warto mieć ludzi wokół siebie, że warto z tymi ludźmi pracować i się bawić, i coś tworzyć. Dużo było ludzi w naszym domu, częściowo pewnie dlatego, że im ze sobą było niełatwo, więc się chowali między znajomymi i nimi zasłaniali.

Ewa: W moim domu tak nie było. Mama przyjmowałaby gości, ale ojciec wyraźnie tego nie lubił. Mama miała różne koleżanki z pracy, które do niej chętnie przychodziły, ale zamykały się wtedy w kuchni i wszystko było ściśle tajne, łamane przez poufne i trzeba było cicho mówić.

Kasia: Kobiece podziemie.

Ewa: Kiedy tam przychodziłam, to nawet nie miałam gdzie usiąść, bo kuchnia była maciupeńka. Pamiętam takie momenty z wczesnego dzieciństwa, potem już nie.

Kasia: To jest też przykład na to, jak kobiety godzą się, by siebie pomniejszać. On był jeden, ich parę, ale to one musiały siedzieć stłamszone w kuchni, żeby mu nie przeszkadzać.

Ewa: Potem mama realizowała swoje towarzyskie potrzeby, których mój ojciec zupełnie nie rozumiał, w pracy. I chyba nieźle jej szło, bo mimo iż jest od kilku lat na emeryturze, do tej pory dzwonią do niej młodsze koleżanki, żeby ją zapytać, jak się czuje, zapraszają gdzieś; wyobraź sobie, że do niedawna nawet na dyskotekę.

Kasia: To rewelacja. Może – jak mówisz – nie są to przyjaźnie, ale są to bardzo dobre „kontakty zadaniowe". Bo przecież bardzo często ludzie wiążą się ze sobą z tego powodu, że ze sobą pracują. Zostają z tego życzliwe koleżeństwa.

Ewa: Leszek Kołakowski powiedział coś, co mnie bardzo ujęło: Przyjaciel to jest ktoś taki, komu wewnętrznie pozwalamy zachować się kompletnie niezgodnie z własnymi normami i nie stajemy przeciwko niemu.

Kasia: To wielka, pełna miłości zgoda na „mojego innego". Pokazuje mi drugą stronę. Zdarza mi się durnowato odezwać, coś nie najlepszego zrobić i wtedy spojrzenie albo uwaga: „Kasiu, co się z tobą dzieje?" doprowadza mnie do przytomności. Od kogoś innego bym się żachnęła, ale jeśli mówi mi to mój przyjaciel, to ja uznaję, że ma prawo.

Ewa: To ciekawe. Dla mnie jest to raczej powodem konfliktu. Ja chybabym nie chciała, żeby przyjaciel zwracał mi uwagę „przy ludziach". W ogóle jest to dla mnie dosyć ciekawe, do jakiego momentu możemy stać po stronie przyjaciela, nie opuszczając jednocześnie siebie, bo przecież zdarzają się takie sytuacje.

Kasia: Mój przyjaciel obraził się na mnie, bo zaprosiłam ludzi, z którymi on się pokłócił, więc on nie przyjdzie.
Pomyślałam: ja ich wizyty nie odwołam, bo nie mam powodu, ja się na nich nie obraziłam, nie dość tego – uważałam nawet, że w tym konflikcie oni mieli leciutko rację. I nawet mu to powiedziałam, ale wtedy on się na mnie pogniewał (na szczęście na trochę). No właśnie – nie mogę stać po jego stronie aż do zaprzeczania sobie. Byłabym nielojalna wobec siebie i, paradoksalnie, także wobec niego. Jak wtedy ufać?

Ewa: A co zrobić w sytuacji, gdy przyjaciółka zmusza cię do tego, żebyś wobec niej nie była szczera, a ty jesteś osobą, która nie kłamie...

Kasia: To zależy. Jeśli przypuszczasz, że człowiek się rozwali i rozpadnie po usłyszeniu za trudnej dla siebie prawdy, to trzeba przeczekać. Ale generalnie warto mówić uczciwie, właśnie w imię przyjaźni. Bliskim, ale przede wszystkim sobie. Największą moją przyjaciółką jestem ja. I nie jest to egocentryzm, ale zdrowa postawa. Jeśli siebie będę oszukiwać i zwodzić, to nie będę wtedy ostoją dla nikogo.

Ewa: Oto kolejna kwestia, na której się same potykałyśmy – mianowicie mówienie trudnych rzeczy i przyjmowanie ich.

Kasia: Należy mówić trudne rzeczy, ale trzeba myśleć o tym, jak się je powie. Wiem, i ty chyba też, że jeśli się nie powie, to zacznie narastać mur, dystans. Przyjaźń powinna się rozwijać. Podobnie jak miłość, ogarnia coraz to nowe przestrzenie.

Ewa: Jeśli tak nie jest, to robi się z przyjaźni daleka znajomość.

Kasia: Żeby zaś mogła się rozwijać, jedną z ważnych spraw jest podejmowanie ryzyka, czyli robienie rzeczy nowych. Nowe jest powiedzenie czegoś trudnego, ale także odsłonięcie siebie, np. że ci zazdroszczę albo że się wstydzę...

Jeśli usłyszę coś trudnego do przełknięcia, to mogę powiedzieć: „Nie lubię cię w tej chwili" albo „Nie lubię siebie w tej chwili", albo „Okropnie się z tym czuję". Najważniejsze jednak, by nie rewanżować się na zasadzie: „A ja tobie też chciałam powiedzieć, że nie jesteś taka super". Najpierw wysłuchajmy tego niemiłego o sobie, zostańmy z tym przez jakiś czas. To może się okazać ważne. Przy następnych spotkaniach możemy wrócić do tego spokojniej.

Ewa: Ale odpowiadanie pięknym za nadobne jest powszechne. I o wiele łatwiejsze niż powiedzenie: „Mam ochotę cię złoić za to, co powiedziałaś" albo „Jestem na ciebie wściekła", bo to zakłada kontakt ze swoimi uczuciami.

Kasia: Oczywiście. Wielu ludzi nie umie określić, co czują. Coś ich zabolało, więc chcą się tego natychmiast pozbyć. Przerzucają wszystko na „sprawcę". Winien ich dyskomfortu jest, według nich, ten, kto im to pokazał. Wystarczy go odrzucić i już sprawa będzie z głowy. Nie będzie. Coś ich nadal męczy, więc orzekają: „Ona mnie zawiodła", w ogóle nie zastanawiając się nad tym, co taki komunikat znaczy i co ja sama zrobiłam.

Ale ja nie o tym. To nie są przyjaźnie. To są chwilowe sojusze, które rozpadają się w tej samej chwili, w której przestają nas chronić.

Dla wielu osób rozwój osobowościowy i emocjonalno-psychiczny nie jest ważny. Ja się z takimi ludźmi nie przyjaźnię. Nie dlatego, żebym ich uważała za gorszych, tylko że ja z nimi nie mam głębszych tematów. Mogę z dziewczynami porozmawiać o ciuchach, o urządzaniu mieszkań, o kosmetykach, o dzieciach – bo wszystko to uwielbiam – ale to nie są moje przyjaciółki, tylko znajome.

Ewa: A co się dzieje, jeśli jedna twoja przyjaciółka zaczyna się przyjaźnić z twoją drugą przyjaciółką?

Kasia: Właśnie doświadczam takiej sytuacji i na początku poczułam zazdrość: Ojej, coś się wymyka z mojego stanu posiadania! Śmieszne, bo przecież nie można posiadać człowieka, a jednak trochę boli.

Ewa: Patrzę na moją córeczkę, która ma dziewięć lat i jest w fazie przyjaźnienia się parami. Zdarza się, że dziewczynki, które nie mają swojej przyjaciółki „od pary", starają się rozbić jakąś inną parę, by zyskać upragnioną partnerkę. I wtedy następuje syndrom trójkąta. Dzieją się tam rzeczy na najwyższym poziomie emocji. Zawsze jest jakaś osoba na szczycie trójkąta, ta, o którą pozostałe się ubiegają. I zobaczyłam, jak szybko ta dziewczynka zorientowała się, że to o nią chodzi, i próbuje manipulować dwiema, które o nią walczą.

Zaproponowałam mojej córce, żeby uczciwie porozmawiała ze swoją przyjaciółką, powiedziała jej, jak się czuje w takiej sytuacji, albo po prostu wycofała się z tego trójkąta i dała szansę przyjaciółce na zastanowienie, z kim rzeczywiście chce być.

Kasia: Najlepszym wyjściem jest chyba powiedzieć. Wtedy twoja córeczka okaże się świadomą partnerką.

Ewa: Ale powiedzenie zakłada też jakąś reakcję z drugiej strony. A jej może nie być.

Kasia: Oj, na to nie mamy wpływu.

Ewa: Następną rzeczą, która – wydaje mi się – ma sens, jest wycofanie się.

Kasia: Ze słowami: „Ponieważ mi nie odpowiedziałaś, to ja poczekam z boku. Kiedy już będziesz wiedziała, przyjdź i powiedz".

Ewa: To jest wtedy danie szansy, żeby tamta coś sprawdziła, zastanowiła się, bo na razie jest dla niej zabawne patrzeć, jak dwie konkurentki tłuką się o nią. Widzę to i czuję powagę całej sytuacji, i próbuję sobie wyobrazić, jak to się przekłada na nasze dorosłe życie. Pewnie jako dorosłe osoby mogłyby przyjaźnić się we trzy. To jest dosyć trudny układ, ale gdyby wszystkie były wystarczająco uczciwe... A jednak nie jest to powszechne w naszej kulturze...

Kasia: ...czy raczej w naszej niekulturze emocjonalnej.

Ewa: A jak ty się poczułaś, gdy zobaczyłaś swoje przyjaciółki, spotykające się ze sobą?

Kasia: Poczułam, że się dopracowywałam i z jedną, i z drugą, a one to mają tak od razu.

Ewa: Ale przecież one też się ze sobą będą musiały „napracować". Tak od razu nie mają...

Kasia: Oczywiście. Mówię o mojej pierwszej reakcji. W tym jest lęk, że może one będą sobie bardziej odpowiadały niż ja im. Że mnie porzucą. Ten lęk jest całkowicie irracjonalny. Bo przecież one mają też innych przyjaciół, o których ja wiem, i nie jestem o nich zazdrosna, ale ponieważ one obie były „moje" i ja je ze sobą poznałam... Zresztą nie robią nic za moimi plecami, mnie jest miło, że moje przyjaciółki się ze sobą polubiły, ale mam małą igiełkę... Teraz sobie uświadomiłam, że pewnie właśnie to samo czuła moja mama. Byłoby mi bardzo przykro, gdyby się okazało, że one bardziej lubią się spotykać ze sobą niż ze mną. Bo jeśli będziemy trzy czy cztery, to proszę bardzo, ale żebym nie została odstawiona.

Ewa: A czy nie masz takiego uczucia, że tracisz jakby kontrolę nad tym, co się dzieje?

Kasia: Myślę, że ta kontrola dotyczy tylko tego, o czym mówiłam. Poza tym dla mnie to ukłucie nie jest końcem sprawy. Jest dopiero początkiem. Ja się nad nim zastanawiam, rozbieram, oglądam. Pytam siebie: o co mi chodzi, co to jest, co ja z tym mogę zrobić, co ja z tym zrobię? Nie mówię sobie: „Ojej, nie wolno być mi zazdrosną o moje przyjaciółki, bo to nieładnie!" – robi tak mnóstwo kobiet; w ogóle zabraniają sobie cokolwiek poczuć, bo jak się coś czuje, co powszechnie czy stereotypowo nie jest pochwalane, to trzeba się tego uczucia natychmiast wyprzeć. Ja mówię sobie: „Aha, jest we mnie takie uczucie". Kiedy czuję, że ten dziecięcy lęk: „Porzucą mnie!", jest we mnie tak żywy – to tym bardziej mam się temu przyglądać. I zastanowić się, co zrobię, gdy kolejny raz dowiem się, że widziały się beze mnie. Czy będę umiała powiedzieć: „Słuchajcie, jestem zazdrosna, też bym chciała tam być"? Czy powiem: „To fajnie, żeście się polubiły. Zróbmy, dziewczyny, wspólne spotkanie"? A może się obrażę i zezłoszczę: „To tak! Wyście mi nie powiedziały"? I będzie im przykro, nieswojo i nie będą wiedziały, co z tym zrobić... Różne rzeczy mogą się stać. Sam fakt, że poświęciłam tej sprawie tyle uwagi, że pojawił się taki dobry pomysł, żeby się umówić razem – to mnie stawia już w innej sytuacji wewnętrznej. Już się lepiej czuję.

Zabawna sprawa mi się zdarzyła: Małgosia była u mnie, kiedy zadzwoniła Beata, a ja nie powiedziałam jej, że Małgosia jest u mnie, chyba z tej zazdrości. Po chwili Beata zadzwoniła też do Małgosi, która powiedziała: „Jestem u Kasi". O! – ją stać na to, żeby powiedzieć: „Jestem u Kasi", a mnie nie było stać, żeby powiedzieć: „Małgosia jest u mnie". „Ale Kasia jest bardziej dyskretna" – powiedziała Beata. Pomyślałam: sprawa się toczy. One się poznały u mnie podczas spotkania w większym gronie. Zaprosiłam wtedy wielu znajomych z różnych grup, żeby zobaczyć, co z tego wyniknie. Między innymi wyniknęło to, że się sobie bardzo spodobały.

Ewa: Kiedy o tym opowiadałaś, poczułam, że mnie sprawiło wielką ulgę, gdy okazało się, że moja przyjaciółka ma też inne przyjaciółki i ja nie muszę tego wszystkiego unieść.

Kasia: To jest ważny aspekt. Nie jesteśmy już dwunastolatkami. Ale może czujesz tak też dlatego, że ty się już z nią dość daleko – jak sama mówiłaś – rozeszłaś. I już nie dałabyś rady, gdyby ona chciała być z tobą tak blisko, bo już z nią tak naprawdę bardzo blisko od dawna nie jesteś. Jesteś lojalna, jesteś oddana, ale już nie czujesz tego wspólnego feelingu.

Ewa: I w ten sposób patrząc, ja już nie jestem w niej zakochana. Bo w przyjaźni jest też pewien rodzaj zakochania, taka fascynacja drugą osobą, że się chce z nią spędzać czas, robić z nią kolejne nowe rzeczy, wybierać bycie z nią zamiast z kimś innym.

Kasia: To ma swój początek w dziecięcej fascynacji, kiedy dziewczynki się do siebie przytulają, szepczą, chichoczą, całują. Uczą się swoich ciał. To jest dobra droga edukacji, także seksualnej.

Chciałam powiedzieć jeszcze coś o zakochaniu – ono niesie iluzję: oto osoba, która spełni wszystkie moje wymarzone potrzeby. A po jakimś czasie dowiadujemy się, że oczywiście wszystkich nie spełni. I to samo jest w przyjaźni: o Boże, ona taka doświadczona, wprowadzi mnie tam, gdzie sama bym nie weszła, zawsze mnie zrozumie albo pomoże mi pracę magisterską napisać. A potem okazuje się, że nie pomoże, bo nie jest mamusią.

Ewa: Wtedy porzucamy taką osobę albo czujemy się porzuceni przez nią.

Kasia: Bywa, że kiedy czujemy się porzucone, wydaje się nam, iż to nie my porzucamy, a właśnie tak jest. Czyli np. przestajemy do niej dzwonić, nie troszczymy się już o nią, omijamy ją. Nie wyjaśniamy sprawy, nie pytamy, co się stało. Obrażamy się, bo się boimy, że ktoś nas już nie chce, więc na wszelki wypadek odpowiadamy szybko tym samym. To jest charakterystyczne dla tych, którzy mieli za mało matki, czyli nie czuli się przez nią wystarczająco kochani.

Ewa: Ja dopiero się uczę w takich sytuacjach nie porzucać.

Kasia: To jest ten punkt, który dla dorosłego człowieka staje się granicą, za którą dopiero można mówić o przyjaźni. Można powiedzieć: „Miałam pewne oczekiwania, ty ich nie spełniłaś i wiem, że ich nie możesz spełnić nie dlatego, że jesteś wstrętna, wredna i nie chcesz mi dać czegoś, co masz w nadmiarze, ale dlatego, że nikt nie może tego nikomu dać".

Ewa: Ja też już to wiem. Dzięki tobie. Jesteś moją pierwszą naprawdę świadomą przyjaciółką. Do tej pory żadna moja przyjaciółka nie wiedziała, co robi, nie wiedziała, co ja robię.

Kasia: Bardzo się cieszę. Dziękuję.

Ewa: Wiele się od ciebie nauczyłam. Czy nadążam za tym emocjonalnie, to już osobna sprawa. Nie umiem ocenić, czy te zmiany następują szybko, czy wolno...

Kasia: Tempo jest twoje. Póki żyjemy, mamy czas.

Ewa: Zyskałam po raz pierwszy możliwość świadomego przyglądania się moim przyjaźniom. Zobaczyłam swoją wydolność w relacji, czy może raczej jakiś rodzaj niewydolności. Z tym mogę się tylko pogodzić, nic więcej.

Kasia: Ludzie robią różne rzeczy – mają sobie za złe albo, wręcz przeciwnie, zaczynają się usprawiedliwiać...

Ewa: ...albo się starać.

Kasia: I każde z tych rozwiązań jest skazane na niepowodzenie. Nie ma nic wspólnego z prawdziwym przyjmowaniem wiadomości co do samej siebie i takimi krokami, które jesteś w stanie zrobić, oraz z obserwowaniem swoich możliwości.

Ewa: A wracając jeszcze do przyjaźni – nie lada problemem są w niej pojawiający się faceci...

Kasia: Miałam przyjaciółkę na studiach, byłyśmy prawie nierozłączki. To jest ten czas, kiedy prawie wszystko robi się z przyjaciółką. Moja była prześliczna i miała lepsze wzięcie u chłopów niż ja. Właśnie z nią przeżyłam taki moment, że facet, którego ja poznałam, który był mną zdecydowanie zainteresowany, a ja nim, kiedy zobaczył moją przyjaciółkę, przestał widzieć mnie. A raczej widział mnie, ale już inaczej. Odzywał się do mnie po koleżeńsku, a ją zaczął wyraźnie adorować, w co ona weszła jak w masełko, i pamiętam wyraźnie stan mojej kompletnej bezradności. Bardzo mnie bolało. Cierpiałam, ponieważ on mnie porzucił, ale czułam się także porzucona przez nią. Z drugiej strony, nie byłam w stanie powiedzieć jej: „Słuchaj, mnie to okropnie boli, a dla ciebie on nie jest (bo ja to przecież wiedziałam) tym ważnym mężczyzną. Zbierasz sobie tylko śmietankę z adoracji". Nie byłam w stanie powiedzieć: „Zrób to dla mnie i odpuść go sobie".

Ewa: Trudna sytuacja. Mogła się położyć cieniem na waszej kobiecej przyjaźni.

Kasia: Pewnie lepiej byłoby jej to powiedzieć. Ja to wtedy przemilczałam, przecierpiałam, przeczekałam. Oczywiście z nich nie było żadnego związku. Potem zresztą, na całe szczęście dla mnie, ten facet przestał mi się podobać – to znaczy zobaczyłam, że skoro tak łatwo i natychmiastowo przerzuca się z jednej damy na drugą, to chyba nie jest mężczyzną mojego życia. Zobaczyłam też, że ona przecież nie robi tego przeciwko mnie, choć wcale nie byłam tego taka pewna. Nie wiedziałam, nigdy też o to nie spytałam. Na pewno dawałem jej zdecydowane pierwszeństwo, jeśli chodzi o urodę, więc już tym samym siebie opuściłam. Skoro więc uznałam, że ona mu się podoba bardziej, byłam skazana na przegraną właściwie w każdym sensie. Wtedy sama gaszę w sobie żarówkę.

Ewa: I chciałabyś, żeby to ona cię „wywyższyła".

Kasia: Żeby ona mi dała tego swojego światła. Ja gasnę, bo się robię smutna. To gaśnięcie oznacza rzecz głębszą i ważniejszą niż ten facet, niż ta sytuacja i dlatego tak boli, że dociera do jakiegoś starego, bardzo głębokiego wątku. To był oczywiście mój wątek z matką. Miałam bardzo piękną matkę, która goniła panów ode mnie i mnie od panów. Rywalizowała ze mną, kiedy dorastałam. To było strasznie trudne. Kiedy więc moja przyjaciółka, z którą mam ciepłą, bardzo bezpieczną relację, „robi mi coś takiego", to ja się znajduję w najniebezpieczniejszym kawałku, jaki był w moim życiu, czyli że moja matka nie pozwala mi być kobietą.

Ewa: Czyli druga kobieta niejako „czyha" na twoją kobiecość.

Kasia: I mnie jako kobietę unieważnia, co oczywiście przekłada się na to, że i ja siebie unieważniam. Myślę, że dlatego jej nic nie powiedziałam ani jej nie poprosiłam, bo po prostu nie wierzyłam, że można dla mnie zrobić coś takiego, żeby powiedzieć: „O, Boże, wcale mi nie zależy na tym facecie. Bardziej mi zależy na spokoju mojej przyjaciółki. Kolejny facet, który się do mnie podwala, nie jest znów taką atrakcją". Oczywiście mogłoby się okazać, że jest, i wtedy mój ból byłby jeszcze większy, czyli nie odważyłam się też z powodu lęku przed takim ryzykiem.

Ewa: To, o czym mówisz, wydaje mi się bardzo charakterystyczne dla przyjaźni kobiecych, bo skoro jesteśmy przyjaciółkami, chodzimy razem i spotykamy się razem, to siłą rzeczy razem też uwodzimy mężczyzn lub mężczyźni uwodzą nas. Jako uwodzicielka mam skłonność do wpuszczania facetów w maliny i zanim się zastanowię, co może to komuś zrobić, już gram swoją grę. Robię to czysto odruchowo. Myślę, że wiele kobiet ma taką skłonność...

Kasia: Jeśli ktoś ma taką skłonność do uwodzenia, to znaczy, że od tego coś bardzo ważnego zależy, na przykład prawo do istnienia, do bycia kobietą...

Ewa: Albo moje poczucie, że jestem atrakcyjna, bo po raz kolejny udało mi się zwrócić na siebie czyjąś uwagę i gdybym chciała to dalej pociągnąć, to któż wie, jak by się to skończyło...

Kasia: Gdybyś chciała, ale przecież nie musisz...

Ewa: I teraz myślę o tym, że możemy łatwo zrobić krzywdę naszym przyjaciółkom, jakby bawiąc się uwodzeniem.

Kasia: Jeśli tylko bawiąc się, to rzeczywiście krzywdę, ale jeżeli musząc, to już trochę coś innego. Jeśli masz przymus uwodzenia, to warto, żebyśmy sobie postanowiły: jedne rzeczy możemy robić razem, innych nie możemy. Na przykład nie będziemy chodziły z wizytą do kogoś, na kim mi zależy, bo ty wtedy zaczynasz uwodzić (skoro cię na razie nie stać na to, żeby przestać to robić) i mnie to boli. Albo uwodzicielka może powiedzieć: „To ja będę patrzyła w ziemię, liczyła do stu i narażę się na to, że zostanę uznana za niewychowaną durnotę, ale nie będę robiła tego przy mojej przyjaciółce wobec mężczyzny, który jest dla niej ważny. Po prostu popracuję nad tym dla siebie, ale też dla niej, bo zyskuję przez to samowiedzę i kawałek dobrego opanowania siebie". To się opłaca. Ale jeśli taka szczera rozmowa nic nie da, to przeważnie dzieje się tak, że ta przyjaźń zaczyna się rozłazić. Możemy się oczywiście też umówić, że idziemy sobie razem na dyskotekę czy do klubu i obie robimy furorę i dużo miłego zamieszania. Ale jeżeli, co nie daj Boże, jeden nam się wspólnie spodoba, to trzeba będzie ustalić, co dalej z tym robimy.

Ewa: Najczęściej mówi się, że zawsze kobieta zdradzi kobietę...

Kasia: Ja nie lubię tych tekstów, choć wiem, że tak się zdarza, ale z moich doświadczeń wynika, że można to obgadać, można się na coś umówić i że kobiety, co jest dla mnie bardzo cenne, potrafią uznać: ważniejsza w moim życiu jesteś ty. Bo facetów już było trochę i będzie, i ten kolejny mężczyzna, który podoba mi się dopiero od pięciu minut, nie jest aż tak istotny, a ciebie znam wiele lat i wiem, jak jesteś dla mnie ważna. Nie będę ryzykowała straty ważnej przyjaźni dla niewiadomego flirtu. Ale jeśli dziewczyna uzna: „Wolę niewiadomy flirt od ciebie", to oznacza, że był to tylko tymczasowy sojusz, a nie przyjaźń albo że ona nie jest zdolna do przyjaźni.

Ewa: Zastanawiam się, na ile kobiety są w stanie myśleć w sposób, o jakim mówisz...

Kasia: Jedne są, inne nie. Sporo z nich uważa, że sławetne „ułożenie sobie życia" polega jedynie na posiadaniu mężczyzny. Wraz z jego pojawieniem się znikają „przyjaciółki". Coraz więcej kobiet jednak wie, że przyjaciółka to dobro niewymienialne. A jeśli mężczyzna się udał i jest to dobry partner, wtedy nie będzie za nimi latał jak oszalały ani one nie będą go uwodziły...

Ewa: Myślę też o tym, że bardzo różne są kobiety.

Kasia: Są i takie, które żyją całkowicie bezrefleksyjnie. Uważają, że ułożenie sobie życia polega na złapaniu faceta, i to nie takiego, jak byśmy chciały, ale takiego, jaki się akurat nadarzył. Są też w stanie oddać za niego przyjaciółki – co się zdarza. Spotyka się z facetem i nie ma już czasu dla przyjaciółek albo on sobie nie życzy, żeby je widywała. Po czym po paru latach sama zauważa, że nie ma dokąd pójść, nie ma z kim pójść, a to, co brała za jego miłość, jest zawłaszczeniem. Może tego też tak nie nazwać, bo niektóre osoby wolą niczego nie nazywać. Ale jeśli kobieta odda swoje relacje, swoje przyjaźnie, swoje spotkania, sprawy poza związkiem miłosnym, wtedy staje się nieciekawą i nudną partnerką, ponieważ okazuje się, że ona to wszystko robiła nie dlatego, że naprawdę było jej to potrzebne, ciekawe i ważne, ale dlatego, że nie miała co ze sobą począć, dopóki nie spotkała chłopa. Nie jest to osoba, która by coś wniosła w związek.

Ewa: Musi się zawiesić emocjonalnie na tym facecie.

Kasia: Czego on ma szczerze dosyć. Na początku niby chce być tym jedynym ważnym, ale kiedy już się stanie, to się przed tym broni.

Ewa: Nie uniesie tego.

Kasia: Ona też wtedy mówi mu: „Nie chodź do kolegów, nie graj w piłkę, nie idź na piwo, nie lataj na lotni, bo masz być ze mną...".

Ewa: Kiedyś jeden tak się na mnie zawiesił. Pamiętam, jak go prosiłam, żeby zaczął coś robić dla siebie lub się z kimś spotykać, bo czułam, że go nie udźwignę.

Kasia: Oczywiście za żądaniem, żebyś była tylko moja, stoi obawa, że gdy tylko ujrzysz kawałek świata, zaraz mnie rzucisz, bo ten świat okaże się ciekawszy ode mnie, czyli kryje się za tym emocjonalna bieda i niewiara w siebie. A ludziom się wydaje, że to miłość. Otóż donoszę paniom, że to nie jest miłość.

Ewa: Zauważyłaś, że przyjaźnie bywają trwalsze od miłości?

Po co mi ta zmiana?

Ewa: Próbowałam sobie przypomnieć, czy w moim życiu w ogóle był czas, kiedy czułam się szczęśliwa. I wiesz – z przerażeniem zdałam sobie sprawę, że gdy tylko udawało mi się osiągnąć to, o czym marzyłam, za chwilę chciałam mieć już coś innego. Przez wiele lat żyłam w nieustannym poczuciu braku, w poczuciu wypełniania pustki, którą sama sobie tworzyłam. Być może, gdyby nie nasze długie rozmowy o szczęściu, nigdy nie dowiedziałabym się, że nie umiem się cieszyć tym, co jest.

Kasia: To bardzo głębokie i poruszające odkrycie. Współczuję ci, że tak było, ale gratuluję, że możesz to teraz jasno nazwać, bo to właśnie daje ci ogromną szansę na zmianę.

Ewa: Już tej zmiany doświadczam. Ostatnio znów zaczęłam spotykać się z moim poprzednim ukochanym, z którym miałam trudny związek, pełen nieporozumień i rozstań, ale jednocześnie długi i bardzo dla mnie ważny. Rzecz jasna mój były przyjaciel ma też mnóstwo zalet, jest bardzo interesujący, inteligentny, błyskotliwy, bywa zabawny.

Pomyślałam, że dobrze by było spotkać się czasem i skorzystać z tego, co najlepszego oboje mamy sobie do dania. I wyobraź sobie, pierwszych kilka spotkań udało się nadzwyczajnie. Byliśmy na miłym spacerze, zjedliśmy pyszny obiad, potrafiliśmy ze sobą szczerze – być może nawet tak jak nigdy przedtem – rozmawiać o trudnych sprawach, które były między nami, a także o naszych niełatwych charakterach i skomplikowanych emocjach.

Zauważyłam z zadowoleniem, że nie łapię się już ani na własne, ani na jego gierki. Tak nam dobrze szło, że postanowiliśmy się spotykać przez kilka dni z rzędu.

No i zaczęło się. To samo, co znałam przedtem: jego humory, niezadowolenie, stałe napięcie, nagłe milczenia, odburkiwanie, złośliwości pod adresem moim i innych, drobne nieuprzejmości. Ze zdumieniem spostrzegłam jednak, że reaguję inaczej. On mówił lub robił coś niemiłego, a ja spokojnie myślałam: „Trudno, taki jest, ale ja nie muszę tego ani brać do siebie, ani brać na siebie, ani towarzyszyć mu w jego finezyjnym niezadowoleniu. Owszem, lubię go, chciałabym się z nim kumplować, a nawet przyjaźnić, ale nie za każdą cenę".

To, co trzy, a może nawet jeszcze dwa lata temu, wpędzało mnie w czarną rozpacz, w poczucie, że nie jestem dla niego wystarczająco dobra, mądra, ładna – a co gorsze, że kocham go za mało, skoro siła mojego uczucia go nie zmienia – tym razem pokazało mi się w całkowicie odmiennym świetle. On jest, jaki jest – trudny, i choć wie o tym, niewielka jest szansa, że coś z tym zrobi. Ja pewne rzeczy mogę spokojnie przepuścić przez palce, ale są takie, których nie chcę i nie wytrzymam już za żadne skarby. Zrozumiałam, że w gruncie rzeczy lubi być niezadowolony i dużo poświęci, żeby pozostać w tym stanie. A ja już nie.

Kasia: Alleluja! Fajny kawałek wyfasowałaś! Serio: gratuluję, cieszę się. Witaj w klubie zadowolonych kochających kobiet.

Mamy tu przykład tego, jak jedna neuroza pozostaje w tym samym miejscu, a nawet okopuje się głębiej, a druga odnajduje znacznie zdrowszą drogę. Jeśli będziesz konsekwentnie szła w tę stronę, doczekasz się wielu nagród od siebie i losu.

Ewa: Brzmi to jak bajka. Ale jeśli masz na myśli takie nagrody, to już jedną dostałam. Kiedy on po staremu zaczął popadać w szaleństwo, ja pozostałam spokojna i przytomna. Gdy to spostrzegłam, tak się ucieszyłam, jakbym dostała wielki prezent.

Kasia: Dostałaś go rzeczywiście i to ty byłaś twórcą i ofiarodawcą. Stać cię już na tak wielki prezent dla siebie: spokój, zrozumienie, a nie wkręcanie się w stary schemat, wolność, niezależność, empatię, zdolność do decyzji, opanowanie i zwykłą życzliwość. Widzisz, ile dobrego?

Ewa: Do niedawna nie widziałam tego dobrego. Podzielałam obiegową opinię, według której teraz zachowuję się egoistycznie, bo odwracam się na pięcie i idę w swoją stronę.

Kasia: A co robiłaś przedtem?

Ewa: Płakałam, chodziłam za nim i próbowałam mu wytłumaczyć, że nic złego nie chciałam zrobić, i zupełnie nie rozumiałam, dlaczego on przede mną ucieka i złości się na mnie jeszcze bardziej.

Kasia: Czyli czułaś się i zachowywałaś jak ofiara. Nie wierzyłaś w siebie, więc oczekiwałaś od niego dla siebie tylko tyle, żeby też czuł się winny. Nic dziwnego, że nie chciał i się złościł. Nie mogliście się spotkać, bo oboje czuliście się „nieudani". Ty – niechciana, on – obarczany winą za twoje nieszczęście. Zachował się wobec ciebie nieprzyjemnie i zamiast powiedzieć „przepraszam" i pilnować, żeby tego nie powtarzać, wścieka się na siebie, ale wyładowuje na tobie. Bo nie bierze odpowiedzialności za to, co robi, i za własne uczucia. Twoja reakcja (płacz, smutek, pretensje, odsunięcie się od niego) pokazują mu, że zrobił coś niefajnego i nie jest już w pełni akceptowany. Gdybyś nie zareagowała, on sam z siebie nie zauważy i nie poczuje, co ci zrobił, bo jest tak skoncentrowany na sobie, że nie wie, co się dzieje w drugim człowieku.

Jest tak pochłonięty chaosem własnych uczuć, że nie dociera do niego fakt, że inni też czują. Jest to jedna z głównych cech neurozy. Neurotyk przeżywa rozpacz osamotnienia, nie wiedząc, że przez brak empatii sam wtrącił się do tej celi i wyrzucił klucz. Dużo takich chodzi po świecie, cierpi, szuka zrozumienia, miłości, a znajduje głównie winnych tego, że jest im tak źle.

Ewa: Sama taka byłam i, uczciwie mówiąc, wiem, jak ciężko jest przegryzać się przez swoją neurozę.

Kasia: Wpisz mnie na listę.

Ewa: Jednak lista byłych neurotyków jest wciąż znacznie krótsza niż lista aktywnych. Ci aktywni wiążą się też ze sobą w pary.

Kasia: A co mają zrobić? W neurotycznych związkach nie ma przyjaźni, współpracy, jest natomiast walka i męczeństwo. A na okrasę momenty uniesień, mylnie traktowanych jako możliwe do utrzymania: „Przez cały czas mogłoby być tak cudownie między nami!".

Ewa: Mogłoby tak być, gdyby oboje się wyleczyli.

Kasia: Ze smutkiem muszę cię po raz kolejny pozbawić iluzji. Neurotyczne uniesienia dlatego są tak boskie, że następują po wielkich, bolesnych dołach. Para kochanków (czytaj wzajemnych dręczycieli) ogromnie boi się, że po zadanych sobie ranach zaraz się rozpadną i zostaną sami ze swoją pustką i lękiem, bez upragnionej szansy na miłość (czytaj: wybawienie). Dlatego gdy się pogodzą, doznają tak wielkiej ulgi i rozluźnienia napięcia, że czują się przez chwilę jak w niebie. Uniknęli totalnej katastrofy.

Ewa: Och, jak ja pamiętam takie stany. Jakbym wysiadła z kolejki górskiej w lunaparku i wciąż była żywa. To jest uczucie jak na haju.

Kasia: Właśnie tak się uzależniamy od toksycznych związków. Mnóstwo ludzi powie ci z przekonaniem, że TO właśnie jest prawdziwa miłość i że nie zamienią tego na żadne letnie, wyblakłe uczucia.

Ewa: Gdy zaczynałyśmy rok temu pisać tę książkę, sama ci to mówiłam. Teraz mogę się tylko z tamtej siebie śmiać.

Kasia: Byle życzliwie, kochanie, i z czułością. Możesz być dumna z siebie.

Ewa: Przez całe życie, patrząc na kobiety i mężczyzn w mojej rodzinie, uważałam takie związki za jedyne możliwe. Pełne szarpaniny, wzajemnych oskarżeń i niezadowolenia. Bycia ze sobą za każdą cenę.

Kasia: Świetnie służy tej sprawie obowiązujący model. Ten stereotyp utrwalają kultura i religie. Szykują dla kobiet głównie rolę ofiar, a dla mężczyzn – dręczycieli i oprawców. Czasem partnerzy zamienią się tylko rolami. I wszyscy, na swój sposób, cierpią.

Wyjściem jest wypisanie się z tego tańca, wzięcie odpowiedzialności za stany swojej psychiki i dokonywanie zmian. Spokojna, opanowana, pewna siebie kobieta, a jeszcze do tego szczęśliwa, nie zgodzi się na byle co. Mężczyzna, by być z nią, też musiałby chcieć pracować nad sobą, budować wiarę w siebie nie jej kosztem, tylko własnym wysiłkiem. A to, przyznajmy, jest trudne, pracochłonne i długotrwałe. Nic dziwnego, że wielu z nich woli damę, która też nie całkiem rozeznaje się w sobie i swych prawach.

Potocznie uważa się, że kiedy kobieta wrzeszczy, przeklina, wypomina, krytykuje, żali się, walczy, wbija partnera w poczucie winy, wtedy nie jest ofiarą, tylko agresorem. Nic błędniejszego. To też reakcja ofiary, tylko wyrażona w języku agresji. Ludzie mają różne temperamenty. Niezależnie od nich skazani zostają jednak na porozumiewanie się, które nie jest porozumieniem, tylko walką, ciągiem uników, manipulacją, ucieczką, atakiem, konfliktem. Ostatnią rzeczą, której oboje mogliby tutaj oczekiwać, byłoby wzajemne zrozumienie. Takie zrozumienie wymaga, aby obie osoby czuły się samodzielne i bezpieczne w swojej odpowiedzialności za siebie.

Ewa: Czuję, że jestem już w połowie zmiany. Już nie wchodzę w konflikt, ale nie wiem, co zrobić, żeby naprawdę porozumieć się z moim przyjacielem.

Kasia: Ewo, ty sama jesteś połową zmiany. Naprawa, uzdrowienie relacji wymaga pracy obu stron.

Ewa: Moją wewnętrzną dobrą zmianą jest również to, że chyba po raz pierwszy ze spokojem myślę, iż on może nie chcieć nic naprawiać. Bo to jest dla niego za trudne albo nieopłacalne. Może się bać, że popadniemy w stary schemat, nie wierzyć w możliwość zmiany ani w to, że ja już się zmieniłam. I ma do tego prawo. Wiesz, powiedział mi coś, co bardzo źle rokuje jakiemukolwiek porozumieniu, mianowicie, że nie ma zaufania do swoich uczuć. Dziś czuje coś, co następnego dnia już znika. Trudno na tym cokolwiek budować.

Kasia: Trudno budować coś trwałego. Może wam pozostać taka migotliwa ważność, bliskość. Z tego, co o nim mówisz, rozumiem, że coś, co ci później zaczęło przeszkadzać, najpierw cię pociągało. On był trudno dostępny emocjonalnie, mało czytelny, niejasny, a inteligentny. Był wyzwaniem dla ciebie, a potem stał się męką i porażką, bo kogoś takiego nie pojmiesz, nie odczujesz; on sam siebie też nie pojmuje, tylko migocze.

Ewa: Moja zmiana polega też na tym, że wiem teraz, iż byłam podobnie nieprzytomna jak on. I tak sobie migotaliśmy. Raz z bólem, raz z frajdą. Ale teraz już tego nie chcę za żadną cenę.

Kasia: Ty, jak i my wszyscy, chciałabyś pewnie wszystkiego. Żeby on także się zmienił i żebyście żyli długo i szczęśliwie. Ale być może tym, co ci naprawdę zostanie, jest twój spokój, świadomość, czego chcesz, kim jesteś. Może nie da się tego nigdy dzielić z nim, ale dzielisz to już ze sobą i kto wie, kogo jeszcze spotkasz? Jedno jest pewne: czas migotania masz za sobą.

Ewa: Ja już się za nim tak bardzo nie oglądam. Ani specjalnie nie liczę na jego zmianę. A najbardziej zachwyca mnie, że się dowiedziałam i na własnej skórze sprawdziłam, że migotanie nie jest jedynym sposobem życia. Tak niewiele brakowało, a utknęłabym w tym na zawsze.

Warto się przeczyścić

Ewa: Wiesz, Kasiu, ja z terapii i pisania naszej książki mam taką korzyść, że o wiele częściej czuję się dobrze na świecie. Krzyki dzieci mi już nie przeszkadzają, podoba mi się każda pogoda, mam więcej okazji do tego, żeby było mi dobrze, czasem nawet bez powodu.

Kasia: Cieszę się razem z tobą. O, tak, wielkie mogą być korzyści z pracy nad sobą... Znienacka dociera do nas, że już nie boimy się tego, co przedtem, że dogadujemy się z tymi, z którymi nam nie szło, że zaczynamy rozumieć do tej pory nieczytelne dla siebie ludzkie zachowania i decyzje, a także – co najcenniejsze – własne stany i emocje oraz wiele innych niejasnych, straszących nas niegdyś okoliczności. Wymieniam tylko niektóre zyski z robienia porządków, wyrzucania swoich wewnętrznych śmieci.

Myślę o tych wszystkich kobietach, które zapamiętale sprzątają mieszkanie, zamiast sprzątnąć swoje życie. Kobiety tak lubią: „Jak wszystko już wypucuję, to tak sobie usiądę, wypiję herbatkę albo kawkę, zapalę papierosa i popatrzę, jak mam ładnie". Mogą osiągnąć ten sam stan ducha w swoim życiu, w którym może być coraz więcej przestrzeni, światła, luzu, bo ileś rzeczy może przestać denerwować, iluś ludzi wyprowadzać nas z równowagi, ileś zachowań dzieci można przestać traktować jako podrywanie naszego autorytetu i powód do obaw, że jestem złą matką. I może się okazać, że iluś mężczyzn jednak się mną zachwyca.

Ewa: Moja przyjaciółka ma idealny porządek w domu, tak że za każdym razem wpadam w najwyższe zdumienie i podziw. Ma wszędzie czyściusieńko. W szafach i szufladach równiusieńko poukładane. Mówi, że musi mieć porządek na zewnątrz, bo ma wielki nieporządek w sobie. Często manifestuje się on tym, że nieustannie ma komuś coś za złe, robi awantury i mówi ludziom, jacy mają być.

Kasia: Ja bym się tym jej porządkiem w domu tak bardzo nie zachwycała. Ale dobrze, że już wie, że to jest porządek zastępczy, o który nie dba w swoim wnętrzu. Zamiast tego jest ciągle zajęta zaprowadzaniem swojego porządku u kogoś.

Ewa: I chciałaby, żebym ja jej w tym towarzyszyła, stawała po jej stronie w konfliktach, a ja już przestałam czuć potrzebę wchodzenia w konflikty. To jest już dla mnie zbyt uciążliwe. Niestety wywołuje to między nami rozdźwięk, bo ona czuje się porzucana przeze mnie.

Kasia: Wychwalając korzyści pracy psychologicznej nad sobą, powiedzmy też o tym niełatwym aspekcie, że możemy stracić bliską łączność z tymi, z którymi neurotycznie było nam po drodze. Nie martwmy się o nich – i tak na pewno spotkają wielu innych ludzi, którzy będą „brali stronę", wiedzieli lepiej, narzekali na społeczeństwo, rząd, Boga...

Ewa: ...pouczali, mówili, co i jak powinno się robić. Właściwie w każdym miejscu można zrobić aferę, w każdym sklepie, w każdym kinie.

Kasia: Jeżeli ci na tym zależy, to zawsze coś znajdziesz.

Ewa: Kiedyś, a nawet do niedawna, sama tak traktowałam ludzi: jestem najważniejsza, mam prawo do wszystkiego, a cała reszta ludzkości ma mi służyć i robić dobrze. Nie widziałam w drugim człowieka, takiego samego jak ja, równie ważnego; raczej były to dla mnie postaci wycięte z papieru. Moje tło.

Kasia: Misiu, przecież jeszcze na początku tej książki tak gadałaś. To czysta neuroza. Mamy żywotny interes nie widzieć, nie czuć, nie wiedzieć. Gdybyśmy dopuścili równą ważność cudzych światów, przestalibyśmy mieć prawo do bycia jedynie ważnym. Nie radzimy sobie z takim paradoksem, że możemy być ważni jednocześnie my i oni. Wcale nie chodzi o to, żeby nigdy nikomu nie zrobić awantury i wszystkich kochać, bo to jawna bzdura. Mówimy o postawie: „tak w ogóle może być całkiem nieźle" zamiast: „im więcej powodów do niezadowolenia, tym lepiej".

Ewa: Ja coraz częściej doświadczam, że sporne sytuacje można rozwiązywać w sposób pokojowy.

Kasia: Poszłam kiedyś na spacer nad rzeczkę, a tam stał wędkarz, który w pewnej chwili wyciągnął wielką, błyszczącą torbę z chipsami, zeżarł chipsy i bach ten papier w krzaki. Myślę sobie – nie chcę się kłócić, ale co mogę zrobić? Pytam go grzecznie i z uśmiechem: „Będzie pan tu jutro?". A on: „Pewnie tak, a co?". A ja na to: „A będzie panu miło, jak pan przyjdzie w taki śmietnik?". On już nic nie odpowiedział, ale torbę po chipsach schował.

Ewa: Przecież mogłaś go nawyzywać od chamów i brudasów, a znalazłaś fajny sposób. Chłop myślał, że mu randkę proponujesz...

Kasia: Ja się z takimi, co śmiecą, nie umawiam. A od chamów nikogo nie wyzywam.

Ewa: Kiedy siebie lubimy, możemy zamiast konfliktu, który obu stronom zmarnuje pół dnia, wybrać rozwiązanie, które zabierze ze trzy minuty i jeszcze może być przyjemnie.

Kasia: Ale widzisz, to jest ważne dla osób, które lubią załatwiać takie sprawy w trzy minuty. Pamiętaj, że są i tacy, w których życiu dzieje się niewiele innych istotnych spraw; wtedy awantura na pół dnia ich rajcuje, bo mają czym żyć.

Ewa: Aha! Ja w ogóle nie brałam tego pod uwagę. Raczej traktowałam ich tak, że im się coś zepsuło, tak jak samochód, któremu zatka się gaźnik i niespodziewanie strzela: bum, bum.

Kasia: Bywa, że ludzie tak dalece nie wiedzą o istnieniu naprawdę ciekawszych rzeczy, które mogą wypełniać życie, że gdy spotkają kogoś i powiedzą mu: „Pan to jest cham", a na to usłyszą: „A pani jeszcze większa chamka" – czują, że ich życie jest intensywne i coś się w nim jednak dzieje. Mają o czym myśleć, co opowiadać.

Ewa: Często słyszy się takie zawadiackie zdanie: wolę piekło, bo w niebie straszna nuda. W miarę jak utrwalam teraz tę nową perspektywę, życie pełne konfliktów wydaje mi się coraz mniej atrakcyjne. Czuję się tak, jakbym opuszczała piekło; owszem dużo się tam działo, ale wcale nie było to interesujące, za to bolesne, bez sensu i uporczywie powtarzane. W niebie w pewnym sensie rzeczywiście dzieje się o wiele mniej, ale ten spokój jest twórczy, pełen możliwości i odkryć. Tylko że gdybyś mi to powiedziała rok temu, nie chciałabym wierzyć...

Wdzięczność

Ewa: Rzadko spotykam się z innymi osobami z taką regularnością i rozmawiam o rzeczach tak ważnych.

Kasia: Owszem, w towarzyskich okolicznościach robimy różne miłe rzeczy: kawka, obgadać, pośmiać się, ale zbyt rzadko decydujemy się poruszać naprawdę istotne, niebanalne, konkretne tematy. To jest coś, za czym tęsknię w kontaktach z ludźmi. Moja młodość upływała na ogromnej ilości intelektualno-dusznych (od duszy, a nie od duchoty) rozmów. Staram się robić to nadal, ale mniej jest do tego chętnych, bo – jak to lubimy mówić – jesteśmy TAK zagonieni... Ale sami żeśmy się zagonili.

Ewa: Nasze rozmowy uświadomiły mi, że z nikim tak poważnie, uczciwie i głęboko nie rozmawiam. Od ciebie nauczyłam się słuchać i dostrzegać, w jaki sposób ludzie słuchają i co uważają za szczerą rozmowę. Pamiętam, jak bardzo byłam zdziwiona, że to, co brałam za empatyczną reakcję, ty poczułaś jako brak uwagi dla twoich spraw. Teraz, kiedy mówię coś ważnego, a druga strona odpowiada: „A wiesz, ja też...", czuję, że miałaś rację. Trudno jest się porozumieć dwóm osobom, z których każda mówi tylko o sobie...

Kasia: Każdy wyczuwa, kiedy nie jest słuchany. A przecież chce być wysłuchany. Czemu więc nie poświęca uwagi również temu, jakim jest słuchaczem dla tych, od których oczekuje wysłuchania i tak chętnie je bierze? Bardzo by mi się podobał świat, na którym nie byliby potrzebni psychoterapeuci.

Ewa: Chyba opis tego świata wymagałby odrębnej książki... Warto powiedzieć, że do pisania tej nie zabrałyśmy się jako przyjaciółki. Byłyśmy dalekimi, życzliwymi sobie znajomymi.

Kasia: Spotkałyśmy się jako osoby wzajemnie sobą zaciekawione i zainteresowane tym samym.

Ewa: Przez ten rok budowałyśmy bardzo osobistą relację, którą uważam za wartość w moim życiu. Kasiu, było super. Coraz bardziej jestem zachwycona życiem... Poczułam do siebie i do ciebie wdzięczność za to, co się wydarzyło. Dziś kończymy pracę nad książką. Spędziłyśmy mnóstwo czasu na rozmowach, które stały się jakby moją upublicznioną terapią...

Kasia: Ze względu na twoją szczerość, moje prawdziwe reakcje, nasze wspólne przeżycia oraz przyglądanie się tobie z intuicją i wiedzą psychologiczną można by ten proces rzeczywiście nazwać jakąś paraterapią.

Ewa: Były też i trudne chwile, ale naprawdę chciałabym wyrazić ci wdzięczność. Zauważyłam zresztą, że do tej pory rzadko podchodziłam do siebie, do świata i ludzi z głęboką wdzięcznością.

Kasia: A więc to historyczny moment!

Ewa: To nowy element mojego spojrzenia na świat. Sobie jestem wdzięczna za odwagę, tobie – za uwagę i za mądrość, nam – za czas, który spędziłyśmy razem, a także za wiele rzeczy, które robiłyśmy, za spacery, za „miesiąc na wsi" (będący co prawda dwoma tygodniami, ale jakże ważnymi dla mnie), za pyszne śniadanka, które u ciebie na mnie czekają zawsze, kiedy przyjeżdżam, obiady i kolacyjki, i za mnóstwo drobnych prezentów.

Wiele dobrych rzeczy przytrafiło mi się z tobą. Dzięki temu zauważyłam, że przecież zdarzają mi się one także w relacji z całym, że tak powiem, pozostałym światem. Te piękne zdarzenia, urocze momenty, znaczące i ważne przychodzą codziennie, a my często (mówię o sobie, ale dotyczy to pewnie wielu osób) nie zwracamy na nie uwagi. Takie drobne radości: że sprzedawczyni w sklepie jest miła, że śnieg pada, że dzieci są zdrowe. Za mnóstwo rzeczy można być życiu wdzięcznym. Bezustannie. I patrząc w ten sposób na życie, można iść przez nie z uśmiechem, z życzliwością...

Można sobie wyobrazić, że pisząc tę książkę, odnotowałybyśmy tylko początek i koniec, nie zauważając środka, czyli naszego wspólnego bycia. Moim odkryciem jest, że można być szczęśliwą z powodu parującej rano herbaty, z powodu miauczenia kota, ciepła w domu, tego, że mamy bułkę, może nie zawsze świeżą, ale mamy... A patrząc na życie w ten sposób, nie jesteśmy nastawieni wyłącznie na rezultaty, ale widzimy cały proces życia, jego ogromne bogactwo.

Kasia: Wtedy przez cały czas jesteśmy w samym jego środku.

Ewa: Dla mnie wdzięczność jest też sposobem koncentrowania się na teraźniejszości. Można na nią różnie patrzeć. Można ją tylko obserwować, krytycznie lub beznamiętnie, ale można w niej być z uczuciem.

Kasia: Ja chcę podziękować ci za spotkanie. Nasze pisanie książki jest przede wszystkim spotkaniem, które ma wiele barw, wiele etapów i faz. Ono jest dla mnie równie ważne jak fakt powstawania tekstu. Ale ogromnie mnie cieszy, że z tego zostają zapisane kartki, ktoś to będzie, mam nadzieję, czytał, coś może z tego uzyska. Pewnie gdyby nie było zamysłu książki, nie siadałybyśmy razem tak regularnie i nie omawiały tak zapamiętale tylu spraw. Gadałybyśmy bardziej na łapu-capu. Ta żywość – której ja tak pragnę od ludzi, to otwarte, uczciwe wymienianie się sobą – jest niezwykle cenna...

Dziękuję za twoją otwartość i bezwzględną uczciwość, za to, że pozwoliłaś sobie i odważyłaś ujawnić się w cechach i sferach, w których ludzie najczęściej lubią się zakryć i udawać, że są dużo fajniejsi. A ty opowiadałaś rzeczy, o których od czasu do czasu ktoś mógłby powiedzieć: „O, nieładnie...”.

Ewa: Tak, sama myślałam o sobie w tych momentach: „O, nieładnie...”.

Kasia: Powiem ci, że najbardziej widać po tobie zmianę w tym, co cię może zaskoczy, że na początku najchętniej rozmawiałaś o chłopach, nieustannie...

(Ewa śmieje się)

Kasia: ...wszystkie nasze rozmowy oscylowały wokół tego, co on zrobił, jak ty się z tym czujesz, a co tamten, a co jeszcze inny. Byłaś kobietą uzależnioną od mężczyzny i od mężczyzn.

Ewa: Mnie się naprawdę wydawało, że ośrodkiem, celem i sensem życia kobiety jest facet. Ty mi to moje uzależnienie pokazałaś.

Kasia: A ty mi na to pozwoliłaś, za co gorąco dziękuję, bo odważyłaś się na to, że będziesz tu żywym, niewymyślonym przykładem...

Ewa: ...żywym człowiekiem. Będę sobą.

Kasia: Ja też, choć moja rola jest inna. Dziękuję też sobie za przekroczenie paru progów szczerości. Widzę naprawdę, że się zmieniłaś. Teraz chętnie rozmawiasz też o innych sprawach. To nie znaczy, że nie lubię rozmawiać o facetach, bo lubię, ale ty się stałaś znacznie bardziej niezależna, dojrzała, coraz więcej mająca do zaproponowania, bardziej wnikliwa i głębsza, zaciekawiona wieloma sferami życia, które cię uwolniły od ciągłego oglądania się na miłość mężczyzny.

Ewa: Ostatni sen jest o tym. Moja przyjaciółka, Cyganka, która żyje naprawdę, w tym śnie chciała koniecznie wydać mnie za mąż i przedstawiała mi różnych kandydatów. Byli to niezbyt udani mężczyźni, którzy albo mieli dziwny wygląd, albo się okropnie zachowywali. Na pewno wiedziałam, że żaden z nich nie jest dla mnie, a ona uporczywie...

Kasia: ...wciskała towar...

Ewa: ...pokazywała mi kolejnych, żeby choć jeden z nich zdobył jakąkolwiek aprobatę czy zainteresowanie z mojej strony. Mówiła mi, że ja koniecznie muszę wyjść za mąż, bo kobieta MUSI być z mężczyzną. Patrzyłam na nią z niezwykłym zdumieniem, czując, że jestem wolna od tej presji. Ona próbuje wmusić we mnie takie przekonanie, a takiej mnie, która by się dała w to wmanewrować, już nie ma. Nie czuję konieczności bycia z kimś. Widzę też, że żaden z tych mężczyzn nie jest dla mnie.

Kasia: Świetny sen. Widzisz w nim, że masz w sobie jeszcze tę część, która namawia, tę Cygankę, ale ona już nie ma jakby kogo namawiać. Choć bardzo się stara.

Ewa: Podświadomość korzysta z różnych sprytnych sposobów, żeby się z nami porozumieć. Uwielbiam moją przyjaciółkę-Cygankę i cieszę się, że mi się przyśniła, bo rzadko ostatnio się widujemy, ale gdyby analizować język podświadomości, to Cyganka kojarzy się ze słowem „cyganić", a to oznacza oszukiwanie.

Kasia: Ta część twojej psychiki cię oszukuje. Nie chodzi też o to, żebyś od tej pory patrzyła na facetów z pogardą...

Ewa: Ja w tym śnie nie patrzę z pogardą, raczej zauważam, że ci wszyscy są nie dla mnie.

Kasia: Czyli też że ci, których sama sobie podsuwałaś, nie byli koniecznie najlepsi dla ciebie.

Ewa: Trafiłaś w sedno. Tak było w moim życiu.

Kasia: Sen trafił. Twoja mądra nieświadomość przyniosła na nasze spotkanie sen, który potwierdza zmianę. Przestałaś być w niewoli...

Ewa: ...niewolnica miłości.

Kasia: Przypuszczam, że twoje doły, głęboki smutek, tendencja do zapaści wiązały się u ciebie z mężczyznami w ten sposób, że łudziłaś się, że tylko oni mogą pomóc ci wywikłać się z tego, ale też oni bywali tego przyczyną... Kręciłaś się w kółko. Już teraz tego nie robisz. Wyszłaś z gęstego lasu...

Ewa: ...na jakiś nowy obszar. Widzę nową drogę, wieś gdzieś w oddali...

Kasia: Chcę jednak podkreślić, że cieszę się, iż już nie gadasz o facetach, nie dlatego, że chodzi o to, żebyśmy nie były z mężczyznami lub że sukcesem dla kobiety jest życie bez mężczyzny. Chodzi o to, żeby kobieta czuła, że jest bytem odrębnym od mężczyzny, że będąc sama, istnieje tak samo intensywnie, bez żadnej wątpliwości.

Ewa: Gdybym od początku mówiła głównie o alkoholu, seksie, pracy albo zakupach, też byłoby to niepokojące, jednak mężczyźni to na pewno był dla mnie obsesyjny temat; teraz z perspektywy to widzę.

Kasia: A ponieważ to obsesyjny temat dla wielu kobiet – bo uczy się nas, że rozwiązaniem wszystkich naszych życiowych problemów będzie „posiąście" mężczyzny – jesteś wzorcowym modelem, bardzo użytecznym. Byłaś modelem niewolnicy miłości, teraz możesz być modelem wychodzenia z niewoli i odnajdywania swej wszechstronności jako człowieka.

Ewa: Wiąże się to też z uwalnianiem dużej części energii. A wracając do początku rozmowy: wielkim progiem, trudnym niezwykle, było dla mnie przekroczenie roli dziennikarki. Mam taką obawę, że ta książka jest ekshibicjonistyczna...

Kasia: Pewnie niektórzy będą tak uważać.

Ewa: Jestem teraz w innym miejscu i ostatnio zastanawiałam się nad różnymi osobistymi, wręcz intymnymi, fragmentami: czy je zostawić, czy nie? Postanowiłam je zachować... Wiesz dlaczego? Bo będąc taką osobą, którą byłam na początku „paraterapii", na początku tej drogi – sama chciałam przeczytać podobną książkę, bo pozwoliłaby mi przejrzeć się w lustrze.

Kasia: Dotyczy to wielu książek, dzięki którym dowiadujemy się, że nie tylko ja się borykam, nie tylko ja jestem w niewoli uczuć...

Ewa: Gdybym została w roli dziennikarki, to bym cię po prostu odpytywała.

Kasia: Bardzo ci dziękuję, że byłaś sobą, a nie w roli. Obie tu ryzykujemy. Ale tak to chciałyśmy napisać.

Ewa: Mało znam osób, które – tak jak ty – świadomie istnieją w przyjaźni.

Kasia: Bo nie uczą nas świadomego bycia w kontakcie ze sobą, w miłości, w przyjaźni.

Ewa: W tym sensie przyjaźń z terapeutką ma swoje dobre strony...

Kasia: Rozmawiałyśmy uczciwie, bez odpuszczania sobie.

Ewa: Dziękuję, że pokazałaś mi taką drogę. Tobie się to udaje ze mną i z innymi ludźmi. Dla mnie jest to wciąż trudne, ale widzę w tym wielką wartość. Staram się, próbuję to robić z każdym człowiekiem...

Kasia: ...z każdym chętnym, tu bym podkreśliła...

Ewa: ...ale z każdym przynajmniej próbuję. Nie mam samych sukcesów, mimo to przynajmniej raz próbuję. Najlepiej jak na razie udaje mi się z dziećmi. A ostatnio też z moimi rodzicami... Zobaczyłam ich zupełnie na nowo i miałam odwagę przyznać się sama przed sobą, że ich kocham. Wiem, że to, co robili dla mnie, robili najlepiej jak umieli.

Kasia: Tak. Dzieci są bardzo wdzięczne za taki rodzaj komunikacji. Lubią, gdy się im jasno, otwarcie mówi o swoich uczuciach i słucha ich jak równoprawnych współtwórców relacji.

Ewa: To dla mnie wielkie odkrycie i chyba jedna z największych korzyści, które mam.
Kiedy zaczynałyśmy, wydawało mi się, że jestem otwarta, bo mówię, co myślę...

Kasia: Tylko potem nie słucham.

Ewa: Tak, miało się to sprowadzać do tego, że ktoś wysłucha, co ja myślę, a potem będzie myślał tak samo.

Kasia: I wtedy byście się porozumieli! A przecież możemy zostać przy swoich zdaniach i nie mieć jednocześnie poczucia nieporozumienia. Jeśli się pojawia nieporozumienie, odczute jako dyskomfort, to znaczy że przyszła pora na wejście na inny, subtelniejszy poziom.

Ewa: Nieporozumienia są drogą?

Kasia: Są to kolejne schody... Coś sobie wypracowałyśmy, szłyśmy sobie po równym, a teraz znów trzeba wspiąć się jeszcze wyżej lub zejść głębiej. Otworzyć nową przestrzeń.

Żeby móc robić kolejne kroki, potrzeba czasu, zatrzymania się, niekiedy popłakania, pokłócenia albo takiej finezyjnej rozmowy, bardzo precyzyjnej: spójrzmy jeszcze z tej strony i jeszcze z tej, i z tamtej. Lubię to, że masz umiejętność takiego wszechstronnego rozmawiania. Dzięki temu, że robiłam to z tobą w taki intencjonalny sposób, łatwiej mi też tak klarownie rozmawiać z innymi.

Problem z porozumieniem jest wtedy, gdy każda ze stron przeżywa coś zupełnie inaczej. Bo gdy obie jesteśmy zmartwione albo złe na kogoś innego, możemy po prostu wymienić się wrażeniami i szybko zgodzić ze sobą. To jest łatwe. Jeśli natomiast mamy do siebie pretensje, czujemy urazę lub ból, żal, wymaga to cierpliwego, uważnego potraktowania się nawzajem i uszanowania wysiłku każdej ze stron, włożonego w NIEprzerwanie porozumienia. Łatwiej się pokłócić i rozstać z poczuciem, że wina leży po drugiej stronie.

A chodzi o to, by mieć świadomość, że robimy z innymi ludźmi tyle istotnych rzeczy. I stąd wdzięczność. Nie dwie pańcie, które piją sobie z dziobków i jakie to one zadowolone, że taką wspaniałą książkę napisały, a ktoś powie: „Akurat wspaniała, nic takiego".

Ewa: Ale to, czy czujemy ważność tych spotkań, śniadań, spacerów, rozmów, kłótni, wakacji – zależy od nas. To my temu nadajemy lub odbieramy sens. Warto, żebyśmy sobie dziękowali, okazywali, że jesteśmy dla siebie wzajemnie ważni. Ludzie ze sobą pracują, przyjaźnią się, kochają, a tak rzadko sobie mówią: „Dziękuję, jesteś dla mnie ważny/ważna". Gdy się to zrobi, świat się wtedy uśmiecha...

Kasia: I gdy się zrobi raz, potem zachce się i drugi... Żona mówi do męża: „No, chodź na ten film". On: „Nie chce mi się". Ona: „Chodź, mi tak zależy...". On: „No, dobrze". I ona mu wtedy już nie dziękuje, jest tylko na niego zła, bo on idzie niechętnie. Gdyby mu powiedziała: „Dziękuję ci, kochanie, że idziesz ze mną, mimo że ci się nie chce", to jemu od razu nóżki szybciej by poszły. Przecież dziękowanie nikogo nie psuje.

Ewa: Uprę się przy przykładzie pokazującym, że przyjmujemy różne dobra jako oczywistość. Czy dziękują kobiety, które mężczyźni wożą samochodami? Tu się odzywam jako kierowca: baby, to jest strasznie ciężka praca! Niektóre z was nawet same fotela sobie nie umieją przestawić! Powiedziałyście kiedyś: „Dziękuję ci, mój mężu, za tę ciężką pracę, którą dla mnie wykonujesz"? Mnie od kilku lat niemal nigdy nikt nie wozi, dlatego doceniam wysiłek tych mężów, naprawdę!

Kasia: Widzi mi się, że nie częściej te kobiety słyszą „dziękuję" od swoich mężów.

Ewa: Mężowie, mężczyźni, dziękujcie swoim kobietom za każdą z tych rzeczy, które dla was robią... Za kanapki, za czyste, wyprasowane koszule, za wsparcie, które od nich otrzymujecie, choćby kiedy wysłuchują waszych opowieści o sukcesach i o problemach w pracy...

Kasia: Dlatego tak sobie dziękujemy, że ta książka jest dla nas ważna. I mamy nadzieję, że chociaż trochę będzie też taka dla Was. Czy nie myślisz, że to jest dobre zakończenie?

Ewa: Zaraz zrobimy miejsce na stole, bo mamy co, łososia? Chcę jeszcze powiedzieć jedno zdanie przed kolacją. Ludzie mówią czasem: „Nic dobrego mi się w życiu nie zdarza". To jest nieprawda! Po prostu nie widzą, ile cudownych, wspaniałych...

Kasia: ...zwyczajnych...

Ewa: ...rzeczy codziennie nas spotyka, czasem już od samego rana!

Kasia: A nawet w nocy!

Ewa: Może już skończmy, co? Bo ja jeszcze znów zacznę o chłopach...

Wydawnictwo Zwierciadło Sp. z o.o.
ul. Karowa 31a, 00-324 Warszawa
tel. 22 312 37 12

Dział handlowy
handlowy@grupazwierciadlo.pl

Wydanie II

Redakcja
Anna Kotynia-Kosmynka, Dariusz Rossowski
Korekta
Melanż
Okładka i projekt typograficzny
Paweł Panczakiewicz/PANCZAKIEWICZ ART.DESIGN
Ilustracja na okładce
Mirosława Szawińska
Zdjęcia Autorek
Ewy Konarowskiej – z archiwum domowego
Katarzyny Miller – Zosia Promińska (stylizacja: **Dominika Zasłona-Dukielska, Marcin Brylski**;
makijaż i fryzura: **Aneta Kacprzak**)
Łamanie i skład
Plupart
Redaktor prowadzący
Magdalena Chorębała
Dyrektor produkcji
Robert Jeżewski

ISBN: 978-83-64776-86-1

Druk
BZGraf S.A., Białystok